管理哲学

The Philosophy
Of Management

〔英〕奥利弗·谢尔登 著
刘敬鲁 译

Oliver Sheldon
THE PHILOSOPHY OF MANAGEMENT
Sir Isaac Pitman & Sons, Ltd.
London
1923
本书根据伦敦艾萨克·皮特曼父子出版公司 1923 年版译出

目 录

前 言	B.希波姆·朗特里	1
作者序言		3
第一章	社会背景和工业背景	8
第二章	管理的基本原理	37
第三章	管理的社会责任	72
第四章	工厂的组织	101
第五章	劳动力管理	144
第六章	生产管理	196
第七章	工业管理培训	242
第八章	结论	274
译后记		285
2025年修订重印说明		289

前　　言

B.希波姆·朗特里

"与企业行为的其他任何方面相比，人们对管理知之甚少。如果按照对管理概念的通常理解，并仅仅根据结果来判断，那么，管理在整个世界范围内都是一种失败。大量的机械成就、科学成就、化学奇迹已经涌现出来，但管理的科学才刚刚进入到对科学方法的技术探讨阶段。它还处于自己的摇篮时代。"

"企业组织不仅必须处理远远比过去任何时候更大的工人规模，而且必须处理远远比过去任何时候更加复杂、更具自我意志的工人的个性。可供奴役的族群和对工人的剥削已不再可能，管理越来越变成一种对个性、人性、精神、组织、领导、发展、报酬等方面的研究。"

这些话语，引自J.G.弗里德里克的《企业研究和统计》[①]，是极其正确的。

工业管理才刚刚开始被视为一门科学，并且是任何雇主都不能再忽视的一门科学。当前的世界经济形势，以及工人所提出的他们不应被迫返回到战前工业条件的急切要求，使得在当前时代

[①] 图出馆出版公司，伦敦。

对管理方式的研究变得极为迫切。

当务之急是要消除工业中的所有浪费。目前，由于不良的管理方式，造成了大量浪费。雇主们太倾向于把他们的全部注意力用于对工人吹毛求疵了，的确，这样做能够很好地从他们自己身上转移开人们的视线。

我们需要工人提供全部热情和努力——我们需要所有从事工业工作的人们进行最真诚的合作，但是，如果我们所建立的工业运行结构是不完善的，那么，我们将不能够获得这些本质的贡献。

谢尔登先生的书，对于开发一种更好的管理实践，是一种宝贵的贡献。

任何读这本书的人，都会掌握良好管理所基于的那些原则。而且，作者认识到，企业是有灵魂的；企业不是肮脏的机械事物，而是社会有机体的活生生的有价值的部分。它本身并不是一种目的，而是达到目的的一种手段，而这个目的就是整个共同体的福祉。任何没有考虑企业中每一个人的个性和福祉的机械效率，都应该自我谴责。

我希望我们国家的每一个工业管理者都能够读读这本书。它会极大地提升管理者对自己工作的尊严和责任感，并且能够为他打开广阔的领域，只要他去探讨这些领域，就会得到丰富的收获。

作者序言

在当今时代，工业管理的血管中有一种新的青春血液在流动，充满新的活力和热情。人们正在既从科学的角度、也从伦理的角度审视工业管理的实践。对于工业管理的业绩，人们一方面根据作为科学分析的结果所建立起来的标准进行衡量，另一方面根据已经恢复生气的社会良心所建立起来的标准进行衡量。作为一种生产性的事业和一种社会信托，工业管理正在发现需要攀登的新高峰，并且，伴随着由各种新目标所产生的活力，它正在朝不同方向扩展，探求各种理论和原则，希望找到可以遵循的道路。工业管理的人事构成也在迅速变化，它正在吸纳我们中最有才能的人，把科学家和艺术家、教师和理论家、教育家和工程师集合到它的队伍之中。它正在提出更加广泛的责任，并且要求更加专业的从业者。当工业的航船变得日益重负、并且航行在风暴和危险不断增大的海浪中时，驾驶这艘航船的任务的复杂性和责任便急剧增加。在我们这个时代，比劳方的巨大发展也许更加重要的，是已经唤起了管理阵营阔步前进的号角。

对管理来说，危险不在于缺乏行动，而在于缺乏行动的计划。在发展的过程中，存在着只见树木不见森林的危险。管理意味着详细制订计划系统、聘用部门、福利方案、工时研究、领班培养课程、成本会计系统、研究团队,以及许许多多的其他行为分支。对于这样一种能量的支出,最重要的是提供一种达到某种明确目标的方向,并且形成对那些根本原因的理解——那些根本原因从终极上可以解释管理的上述行为。正是由于这个原因,本书的书名才使用了"哲学"这一术语。哲学是一种广泛追问的要求,它把日常事情的问题变为相对的无。它要求知道,我们是根据某些原则或法则来指导我们的实践,还是仅仅依赖于某些不可靠的东西。当我们忙于管理扩张的细节时,如果没有追问管理的目的和本性,那就会是致命的。我们是否已经把我们的新发展与某种根本信念联系起来,并且根据某种终极目的来审视它们?或者,我们只是存在一天便消失的机会主义者——满足于今天是能够吸引我们的好日子就足够了,满足于种植一棵新树并且培育它成长,而不管它与森林有无关系?

本书的写作正是基于下列信念:无论从科学还是伦理的角度来看,工业方向的确定——这被看作是广义的管理的职能——主要是一种关系到原则的事情,而应用这些原则之后所产生的细节则是第二位的。因此,下面的内容不是对管理的任何分支的解释,而是作为一种努力,说明那些支配作为一个整体的管理实践的目的、成长路线和原则。

在第一章中,我试图对工业的发展给予一种全景式的考察,指出那些可能表明未来进步路线的特征。

在第二章中,我考察了管理本身的基本原理,把管理作为工业中的主要伙伴之一,追溯了管理从原来与资方同义这一状况中逐步摆脱出来的过程,指出了组织起来的劳方的发展对管理的影响。

管理是包含许多部分的总概念。因此,我指明了管理所包含的各种职能,以及执行这些职能所需要的人的各种各样的能力。必须特别记住的一点是管理的稳定性。不管工业将逐步演化为什么样的形式,对工业的指导总是属于它的管理方。

因此在第三章中,我努力说明我对管理的责任的看法,包括它所服务的共同体的责任和对构成工业中人的因素的各个层次的工人的责任。一个领导层如果没有意识到对它必然作为其中一个部分的那个社会的责任,就不能真正被认为贡献了充足份额的有效服务。因此,重要的是在我们对工业管理的思考中坚持认为,无论管理变得如何科学,无论它的力量的充分发展在多大程度上依赖于科学方法的使用,它的主要的责任是社会的和公共的。事实上,管理的效率不仅要根据科学标准来判断,而且要根据公共的福祉这一最高标准来判断。

在第四章中,我以在第二章中所阐明的对管理的划分为基础,探讨了工厂的实际组织,论证了工厂的组织过程不是建立在单独一种原则之上,而是建立在几种相互补充的原则的统一之上。组织的职能形式一定是被组织的"直线和参谋"与"部门和委员会"形式的某些特征所造就。在这章的结尾部分,在参考由霍尔丹领导的政府机构委员会的报告的基础上,我认为有必要指出工厂组织和政府机构之间的某些相似之处。

第五章和第六章讨论的是管理的两个主要分支——对人的方面的管理和对非人的方面的管理。可以宽泛地说,工业是由两种综合性的因素所构成——生产的人的方面和生产的事的方面。因而,第五章讨论了管理人这一意义上的管理,第六章讨论了管理事这一意义上的管理。因此，前者涉及处理工资、聘用、经济保障、福利工作、培训和教育、工会以及合作的基本原则。后者涉及研究、成本核算、标准化、计划活动，以及为了进行生产而涉及的所有方面的协调。

第七章提出，为了适当履行管理的职责，正如在前几章中所指出的那样，特别的培训是不可缺少的。随着管理变得日益复杂，随着它的责任的增长，这种职业的实践变得日益困难。一门关于管理的科学正在我们眼前形成。与此相应，对于那些应用这门科学并且有助于它的发展的人们来说，更高的资格是必需的。这既适用于高层的管理干部，如工厂和部门的经理，也适用于低层的管理人员，如领班。因此，我力图指出培训的方式和这两类群体的学习科目。此外，我认为，由于管理现在所具有的重要性，对于工业中办公室工作的新的地位做出评论是合乎需要的。

最后，在第八章中，我强调了认识到以下观点的重要性：伴随着工业的进化过程，在管理中一直有一种稳定的要素，因而一直存在着对它做出哲学阐释的必要性。因此，我通过尽可能简明地提出一个启示性的信条作为结束。可以说，未来的管理实践将由这种信条来支配。

在这样的考察中，由于所涉及的领域如此广泛，所作的讨论不可能深入到细节或者用大量事实支持每一个论点。其实，如果那样做的话，会模糊主要的目的。所涉及的细节可以在许多文献中找到。在这里，我的目的是从山谷、城镇、道路、田野中撤离出来，在某种令人愉快的山顶上俯瞰景色，对那个代代相传的永恒问题——我们走向何处，做一点沉思。

最后,我最衷心的感谢要归于希波姆·朗特里先生,他给我提出了善意的批评和宝贵的劝告,我也感谢他的工作班子成员,他们提出了许多有益的建议。

第一章 社会背景和工业背景

概　　要

1. 历史进步的连续性；理解历史视角的需要；社会生活对工业的一般影响——公众关注、自我发展、联合、科学。

2. 公众智力的发展先于公众对工业事务的一般认识的发展，并且已被战争所强化；这一点对管理的影响。

3. 对工作的新理解；宁为兴趣而不是为利润工作；对娱乐生活的社会价值的认识；这些因素对管理的影响。

4. 联合精神；目前的分裂力量；正式工会的非代表性特征；通过管理使工厂成为联合之基础的机会。

5. 在劳动和管理方面科学精神的增长；管理科学的可能性。

6. 调查劳方思想和资方思想的需要；劳方的思想，不能单从个体工人或劳方宣传家的角度来判定；"骚动"和"聚合"的区别；革命精神的特征；不断发展的教育的影响；劳方思想的道德性质；对工业行为的改变；劳方思想的力量；它对地位和工作条件的态度；管理的教训。

7. 资方本身没有思想；股份制的后果；使资方变得人道的必要性。董事的地位；在董事薪水制下资方和行政的结合；资方变得人道的可能性。

> 8. 工业的基本人性；工业中物的方面和人的方面的不平衡发展；对动机、领导与合作的需要。管理方在树立正确理想方面的职责。在工业遵循这种理想之前，公众思想复兴的必要。

如同连接了从18世纪向19世纪过渡的拿破仑战争一样，1914—1918年的战争，虽然给那些决定我们国家进步的因素注入了新的力量，但无论如何却并没有扫除标志着上个世纪开始并伴随着它的进程的那些问题。它给予了我们新的观点；它界定了社会景观中迄今为止仍然模糊不清的高峰，但就绝大部分而言，社会景观的广泛特征还同以前一样没什么改变。

我们行进得非常迅速，在几年的时间里，就像在所谓的工业革命时期一样，我们已经走过了通常要50年才能走完的路程。但是在这一前进过程中，在任何时候我们都可以很容易地看到，它所引起的变化相比较而言是多么微小，而原有事情的绝大部分仍像以前一样保持未变。无论我们多么热情地寻找一个新的世界，最终仍不得不在过去的废墟中寻找它的基础。现在，就像有史以来的任何时候一样，我们不能逃避连续性这一伟大的进化论法则。

我随机找到了一本关于1914年工业状况的论文集[①]。作者所讨论的问题有哪些呢？工人不满的起因；国家的最低工资；合作与利润共享；健康状况不佳问题；失业问题；生产效率问题——这些也正是今天人们讨论的问题。1914年到1921年的7年时间，尽管包含了多事的战争年代，但也只是工业生活的一段较短时间。

---

① B.希波姆·朗特里：《通往工业和平之路》，费希尔安文出版公司，1914年。

举例来说,我们这个时代流行的许多作品、成就和抱负,在政治方面可以和80年前宪章派的努力相比较,在工业方面可以和一个世纪以前罗伯特·欧文的理论和实验相比较。理论已经演变成为现实,小的开端演变成了巨大的运动,尝试性的实验变成了既定的事实。这些变化与其说是受到那些明确地重新引导前进之流的新因素的影响,不如说是受到公众舆论的起伏波动、同情和努力的影响。确实,我们已经引进了新的因素——电力、电动牵引、生产的新工艺、劳动力解放的新方案和工厂生活结构方面的巨大进步——但是这些仅仅是通过越来越多的公众舆论对新环境的适应而变得完全具有可操作性。没有公众舆论的发展,经济和政治的进步是缓慢的。的确,这些进步只能同公众舆论的发展并肩同行。

除非我们至少对工业主要特征的演变有大致了解,否则,就没有希望能够掌握现代工业状况的重要性。特里维廉说,"对历史演变进程的考察,可以教会一个人用这一时代特有的理想和兴趣、以适当的视角,把自己的时代看作各种时代中的一个时代。"[1]在我们进入今天的各种道路和小道之前,我们应该认识到那个视角,因为昨天的原料确实是明天的成品。离开了一个而观察另一个是不够的。同样,观察工业生活的一个方面而不是全部也是不够的。在试图探索管理的哲学之前,我们必须把工业当作整体来鸟瞰。进一步说,恰恰只是空间上的严格界限妨碍了我们去思考工业作为其内在部分的社会生活全景。在过去,工业一直由于对自身的

---

[1] G.M.特里维廉:《克拉伊欧——一个缪斯女神,以及其他论文》,朗曼格林出版公司,1913年。

过分狭窄的视野而受到损害。工人被视为一个个劳动者而非公民，工业生产与共同体的一般生活之间的重要联系，被多年舒适的自满和道德体面弄得模糊不清了，工业被作为共同体生活的偶然的而非根本的方面来对待。这一点我们将在后面的章节中进行论述（见第三章）。目前，我们必须努力从当前影响工业的一大堆杂乱事件和趋势中抽取出那些显然是最重要的积极特征，然后根据它们过去的发展来考察它们，最后考虑战争条件使它们发生了多少改变，或者公众态度使它们发生了多少改变。

在思考目前社会生活的特征和趋势时，尽管它每一次低沉的表现都确实引起了工业生活的敏感反应，但是我们也只能希望挑选出它对工业生活的更直接的影响。我们也应该记住，这些现在看起来好像是最引人注目的影响，从工业的角度来看，可能并不是特别的重要。相反，那些我们真正可以忽略其影响的事件，表面上却显得很重要。汤森德·沃纳先生说，"例如，比较一下1666年伦敦的那场大火和大约30年后英格兰银行的建立这两者的重要性。前者使伦敦的交易瘫痪，但只是在很短的时间内。后者原本只是一个暂时的财政上的权宜之计，结果却深刻地影响了这个国家的整个商业体系，因为它的影响一直是逐步积累的。"[①]

那么，我们现代社会的一般生活的特征是什么呢？即那些直接或间接地影响着工业的特征——它们与其由之发展而来的过去、它们似乎可以预见的未来相关——我们可以选择出来作为具

---

① G.汤森德·沃纳：《英国工业历史的里程碑》（第11版），布莱基出版公司，1920年。

有持久意义的特征是什么呢？我们可以概括出以下四个方面：

（1）公众关注　　（2）自我发展

（3）联合　　　　（4）科学

公众关注，指的是公众对工业内部运转方式的广泛熟悉。自我发展，指的是那种正在创造一种新的工作哲学的精神。联合，指的是在不同的群体中正在促成不同种类的合作这样一种精神的发展。科学，不仅仅是指在各个特殊领域中研究的发展，而且是指一种更加广泛扩散的批判和分析精神。

我们将会看到，上面所作的列举没有考虑社会生活中那些更直接的因素，例如目前的财政状况，女性的日益增多的责任，我国工业霸权在世界上面临的挑战——这些因素肯定会改变工业结构，但对我们眼前的目的来说，可以认为它们是次要的因素。

在过去半个世纪中，关于工业事务的一般知识的显著发展，是诸多重大事实之一，然而，正是由于它无处不在，因而没有引起我们的关注。我们对它是如此熟悉以至于倾向于忽视它，但它是基础性的。不仅工业中的工人更好地了解了工业事务，而且工业之外各种各样的民众也是如此。至少有30％的现代报纸投入到对工业事务的报道之中——仲裁、会议、罢工、发明、立法和理论。远远比过去更多的人们成为工业公司的股东，他们也自然从其中获取利益。作为纳税人，大多数人越来越盼望工业能够复兴贸易，希望由此将减轻他们的负担。另一方面，作为消费者，他们盼望工业发展能够降低价格，盼望由此恢复社会的平衡。

战争强化了这一趋势。可以说，在军需部所协调的巨大企业中，一般公众变成了股东。慢慢地，公众像关注军队的行动一样关注董事会的工作。带着一种特殊的新鲜感,整个民族比以前任何时候都更加鲜明地意识到了他们对北方的制造工厂、中部的铸造厂和商店、沿海的造船厂的依赖。他们急切地注视着工业产品的数量、劳方的作为和资方的努力。他们对工厂理事会、工业研究、津贴支付的熟悉程度,变得与对堑壕战、毒气、考克斯银行的熟悉程度差不多。

然而,在公众对工业事务的兴趣增强之前,有一个公众智力发展的长期过程。普通的初等教育和成人教育(后者带有强烈的经济和社会倾向)在前一个世纪里一直撒播着它们的种子。① 大学为社会和工业方面的学生提供更大的方便这一不断增长的趋势,为智力的发展这一硕果做出了贡献,同时,那些议会文件和皇家委员会报告的公开,已经使大众读者能够了解工业生活方面的事实。工业立法的扩展和日益急迫,促进了这一行动,正如新闻界的报道越来越意识到工业事务的意义深远的重要性一样。这些影响的产生,还离不开以下因素的作用:自从1835年法案以来市政企业的扩展②,由工会和工党的相互配合所形成的工业与政治的联系,以及工会、合作社和互助会在数量、组织、力量方面的增长。

所有这些具有教育作用的力量的汇集,与许多其他不太明显的因素相结合,并被战争的特殊条件所加强,最终导致了工业生活和国家一般生活之间的非凡的紧密联系。这是我们这个时代特有的现象。这种紧密联系已经反过来对工业和社会产生了影响。它

---

① 读者可参考重建部成人教育委员会最终报告的前29页。
② 市政公司法案(1835年)。

影响着既作为工业中的一个工人又作为一个社会单元的个体。更进一步说，不仅工业越来越受到它为之服务的共同体的有见地的批评的影响，而且工业董事们也越来越受到他们所指导的人们的持续和尖锐的批评的影响。

今天，工业行为不再被认为是董事和经理之间的"交易秘密"。公众正在通过议会、市政府、新闻媒体和自我教育团体，呈现出持续的恰当询问的热情。与此类似，工薪阶层也询问政策、道德、方法以及控制他们劳动力应用的那些人们的组织状况。要求公开所有这些事情的社会需求，是我们时代的最显著特征之一，是注定要改变工业的整个面貌的一个因素。工商业曾经被认为是具有非凡成就的一群个体的神秘职业，现在变得由其在生产方面所提供的服务的效率而不是它的所有者的财富成就来评价。

这个事实的反面也是真实的。如果工业现在并且将来会更多地在公众关注下来进行它的活动，那么，公众在工业方面的利益就会觉醒——它首先点燃了公众关注之光，也会给共同体增加新的责任。公众对工业的需求越多，那么工业从公众那里得到的需求也就越多，因为工业的效率在越来越大的程度上依赖于对工业需求的一般理解。如果公众关注工业，那么工业将要求公正地评判这种关注所呈现出的东西。换句话说，如果工业对共同体的关系被认为主要是一种服务的话，那么，工业则明确要求共同体应该是公平的主人。对价格的歇斯底里、牟取暴利、榨取血汗、"消极怠工"，以及工联主义，对要求工业提供服务责任的共同体来说，根本是不适当的。

于是，通过在共同体和工业之间建立起一种关系——这种关系必定并且日益改变工业企业的全部行为——公众在工业方面的利益的增长和由此产生的对工业的责任,已经深刻地影响了工业管理的艺术实践。

第二个直接影响工业的现代社会的一般特征,是人们已经增长的对在动机作用下而非在控制日常工作的规则下自我发展的要求和天性需要的意识。我们正目睹着人们对工作看法的深刻变化。不是社会成员更少渴望锻炼他们的能力,而是他们愿意这样做但不依赖于以此为生。人们的信念正在从仅仅为了获利而工作,转移到从兴趣出发而工作。

战时环境实质性地支持了这种新的动机观念的形成,这种观念应该主导对于人们的努力的运用。国家的绝大部分人们转向了新的任务,在其中虽然金钱利润的动机仍然存在,但贯穿着更加美好的高级激励因素。战后,个人获利再次成为工作的主导动机这种状况的恢复,已经显示出极度缺乏类似那种由战时工作动机暂时提供的工业一般规划。1920年,码头工人工会的全国组织者贝文先生在《码头工人调查报告》中说道:"工人已经有了不断增长着的抱负,文化的发展对他们与对中产阶级和上层阶级具有同样的意义。"①

---

① 这一报告发表在1920年2月7日的《泰晤士报》中,内容如下:"劳方有了不断增长的抱负,文化的发展对劳方与对中产阶级和上层阶级具有同样的意义。厂方正在为工人们建造一个起居室的房子。这对工人们是一种侮辱。工厂原来的会客室可能已经被废弃,但它会成为未来的工人图书馆。如果法院拒绝这种要求,还有另一个选择。这就是必须到首相和教育部长那里告诉他们把学校关闭,工业能够仅仅通过把工人变为纯粹的饲料和动物来运转。不要去教给人们任何东西,也不要让人们学习任何东西,因为如果在工人的心中创造抱负和对美好事物的热爱,而与此同时,又不给他们必要的财力来满足他们的需要,这是一种错误的政策和方法,倒不如让他们处于愚昧无知之中更好。"

这一评论既是重要的,也是真实的。工业中的工人,和其他一般工人一样,不仅仅满足于挣得他们的工资。他们需要闲暇时间做一些自己感兴趣的工作。这一需要与我们这个时代认为为了获利而工作仅仅是人的活动的次要部分这种一般趋势是一致的。最近,布思将军在环球旅行之后发表评论说,现在普遍缺乏工作的意愿。① 的确,人们现在所缺乏的是一个合理的工作动机。增加了的闲暇时间已经允许工人沉浸在远比工厂的例行工作能更好地展示自己的任务之中。工人们开始意识到,尽管必须维持生计,为了兴趣而工作是更加吸引人的追求。于是,工业就面临着一个选择,要么控制工人的兴趣,要么允许工人有更多的闲暇时间从事他们感兴趣的活动。任何一个选择都会给工业管理增添一种责任,这将使它花费最大的能力来承担。

更进一步说,闲暇这一使自我发展成为可能的现代需求的涌现,并不单单是由于获利这一动机的失效,而且也是由于对娱乐的社会价值的承认。现代工作哲学表明了对娱乐的正当认可,这是比一般所认为的更为近期的发展。工业革命彻底消除了我们民族的大部分运动和闲暇。1840 年,面对下议院的大城镇卫生委员会,一个目击者回应关于曼彻斯特的娱乐问题时说道:"根本没有任何体育活动,除了有时候有一些不安分的家伙偷偷溜到柴郡和

---

① 正如在 1920 年 8 月 3 日《泰晤士报》中所报道的那样,布思将军认为,"几乎在每一个国家,我都发现人们正在表现出对工作的厌恶。如果我们要培养出这样一种信念,即在工作本身中存在着对人类生活和幸福有害的东西,那么对工作的厌恶是一个非常严重的危险,这对下一代人来说尤其如此。"

约克郡的边界上去——他们把这个叫'转了一圈'。"①确实,只是在最近的50年内,娱乐才被认为是工作的必要补充。自从1819年以来,我们用了一个世纪的时间才将平均日工作时间减少了四个小时。并且,仅仅在上个十年中,更具进取精神的工业领导人才意识到了一部分所谓的"工作时间"必须被当作是娱乐性质的。关于这一方面,工业管理再一次面临着不断发展的形势,这一形势是由远远超出工业领域之外的因素所支配的。当整个时代的趋势是探求娱乐在个人生活中的地位时,工业不再能够固守诸如"八小时工作日"或"一周48小时"这样的陈旧观念。真正说来,并没有神存在,而对工业而言,创造一种共同体精神所拒绝崇拜的神是无用的。工业管理方将会被迫意识到,对它的工薪阶层来说,就如同对整个共同体一样,用于追求非报酬工作和娱乐的闲暇时间,必须最终得到保证。

在我们这个时代,第三个深远影响工业的一般特征就是广泛传播的联合精神。联合,不是一种自然意义上人类冲动的那种联合,而是有意识的个体间的结合,这些个体对于许多一般事务的看法有着很大的不同,但他们拥有一两个共同观点,他们通过联合而产生出更大的力量来促进和加强这些共同观点。

19世纪见证了这种联合精神在社会生活各个领域中的繁盛。在19世纪,工会、合作社、互助会、政治俱乐部、体育俱乐部、慈善组织和宗教协会等如雨后春笋般涌现。不形成一个团体几乎什么都做不了。可以说,在今天,这种联合精神在某种程度上由于

---

① 参见 C.R.费伊:《19世纪的生活与劳工》,剑桥大学出版社,1920年。

好高骛远而弄巧成拙,并且被严重的分裂力量所威胁。首先,团体和协会的形成,导致了多样性而非统一性。建立联合组织的原因是如此繁多而又相互分离,以至于一个人可能属于不同的联合形式。这样,联合精神不是使人民大众统一起来,相反,它往往倾向于把社会划分为建立在不同观点、忠诚和兴趣之上的小群体。

从表面上看,考虑到工业中一方面在工会之间的合并与协作,另一方面在雇佣者群体之间的合并与协作,上述情况的反面似乎也是事实。然而,这样的合并在很大程度上是各种团体的高层执行官员的高明手段,并不真正代表一般的趋势。当为了任何一个目的而建立起一个团体时,一开始通常是由于它的支持者的推动而前进。然而,随着它的发展,它不得不根据自己所计划的未来目标而形成一种规章并建立起组织,直到它发展到这样的阶段——它的支持者发现,他们与自身创造的组织所必然实行的干预式治理发生了分裂。这样,必然产生不断增多的次级组织,同时,在所有这些组织中都可以看到,被选出来的管理团体或被任命的官员都把他们和他们过去所代表的目标分离开来。因此,我们发现这种联合精神越来越受到它所形成的组织的制约,导致的结果就是,一方面存在着进一步再分化的趋势,另一方面存在着这一组织团体的权力被管理官员所侵占的趋势。由此,工业团体的合并,不论是劳方团体的合并,还是资方团体的合并,普遍是由于策略上的利害、而不是由于它们成员的自然自发的动力所形成。

这对于工会来说尤其如此。工会之间的合并和协作这一趋势[1],在任何可见的程度上都不是产生于工会成员的自发愿望,而是相关工会有意识地计划组织的产物。事实上,它并不真正是联合精神的结果,而是由于策略上的原因所导致的管理的变化,而工会成员可能大部分对此持冷漠态度。因此,对于这种并不代表成员精神的组织结构,人们产生了反作用——这一点已被近来商店服务员运动、工会之间的不断争吵、未经批准的罢工、工会分支机构的退出、对工会领导人的敌意以及"三方联盟"的崩溃所证明。[2]

今天,我们正在目睹那种原创的联合精神的增强。任何联合以之为基础的共同利益正在更小的范围内得以形成。出现的趋势

---

[1] 参见下列文件:
(1) 合作雇员工会、商店售货员工会、仓库工人协会的合并。(1920年)
(2) 木匠和细木工人联合会与木匠和细木工人总工会,合并为木匠和细木工人总工会。(1920年6月)
(3) 工程师联合会和十个较小的工程师协会,合并为工程师联合工会。(1920年7月)
(4) 工会大会的新章程,在其下任命了劳工总理事会。(1921年)
(5) 女性工人全国联合会与普通工人全国总工会的合并。(1921年2月)
还有许多其他类似的合并与协议。

[2] 参看:
(1) 港口阳光合伙者组织反对木匠和细木工人全国工会。(1919年10月)
(2) 威尔士分会从全国职员工会的退出。(1920年6月)
(3) 曼彻斯特排字工人举行的未经批准的罢工。(1920年8月)
(4) 在谢菲尔德的工程师和消防人员全国工会举行的未经批准的罢工。(1920年6月)
(5) 铁道工人全国工会和联合工程师工会的争端。(1921年2月)
(6) 奥尔德姆的纺纱工人对协议的拒绝。(1920年9月)
(7) 1919年形成的锅炉工人协会和薄板钢铁工人及镀金匠协会的联合会,发生了分裂。(1921年12月)
并且还有许多类似的瓦解性征兆。

是人们怨恨那些不代表大多数支持者或距离众多个体的情感和观念太遥远的组织的强迫。人们愈来愈感觉到,大的联合组织的官员可能开始代表着一种远离于其成员的前景。极其重要的是,1918年工党允许其个体成员的资格不同于所有工会组织的成员资格,由此而对如下的事实给予了正式的承认——各种工会、附属的社会主义团体,以及合作团体,并不全部代表支持工人事业的那些人们的观点。

这种联合精神在工业内部的最近发展——这反映了它在工业之外的类似发展——把工会和雇主联合会的问题置于新的视野下,这对那些从事工业管理的人们来说尤其如此。一种联合要有活力和效率,就必须忠实地反映它的拥护者的意愿,并且成为每一个拥护者利益的一个内在部分。人类,作为一个整体,是天生具有公共头脑的。因此,工业管理被赋予了使工厂而不是使阶级成为联合基础的机会。在那些工会、雇主联合会中的大规模联合显示出正在失败的地方,每一个工厂能够提供的联合有可能会填补这个裂缝。对于特定的目的来说,大规模的联合也许是必需的,但这很少是自发形成的。与此不同,工厂生活却是更加紧凑而非分离的,它极有可能在审慎明智的管理下为自发的联合提供真正的基础。个体之间最自然的纽带是共同事业中的合作纽带。撇开工厂之间的合作不谈,工厂内部的合作比阶级之间的合作更加自然。当结合不同工厂的工人群体的纽带可能是必需的时候,它也不能像工厂公共生活的纽带那样,提供简单而自然的合作。工业管理方应该认识到,工厂共同生活中的工人的联合,与工人为了取得对他们阶级有影响的特定目标而以更遥远和非个人的方式所发生的联合之间，是没有任何不一致的。

第四个对工业具有明确影响的现代社会发展的一般特征，是通常以"科学"来定义的分析和批判精神的增长。没有必要强调这一有力事实，即我们生活在一个科学的时代——一个把信念和行动建立在确定和已证实的事实而非信仰、传统或者习惯之上的时代。的确，目前的时代不能由此假装它所有的信念和行动都具有科学基础；它的态度可以被描述为探寻式的而非综合式的。它在历史上的标志将是一个大的问号——这是注定要把未来的信念和生活建立在更坚实的真理基础之上的一代人的标志。

这种探索精神——如同客观地重新认识分析教堂和国家的精神一样——正在迅速地蔓延到工业中。劳方正在质疑目前工业结构的道德正当性。它已经建立了自己的研究机构，以便使它的要求可以建立在不可辩驳的事实基础上。它也正在质问管理的方法。管理方自身也正在质疑它自己的方法。它正建立起新的分支机构去测验和分析工业事实，包括人力的事实和物质的事实。它正趋向于把它的政策建立在确定的信息之上，根据对其所从事工作的科学分析来建立自己的组织，按照准确研究和精确测量而形成的标准来控制生产制造。它倾向于在管理的所有分支中采用科学的分析和综合方法，并且为观察和记录事实提供连续的规则。在形成和应用它的原则之前，它总是整理、比较和衡量那些事实。

社会精神的这种运动在工业管理活动中的应用，是本书赖以成立的主要正当理由之一。作为一个共同体，我们正在开始为我们共同活动的每一个分支形成一门科学。我们正在形成工程科学、神学科学、家政学和社会科学。工业中的管理科学是我们时代的一个自然结果。在以下的章节中,管理作为一门科学这一理念——一门正在形成中的科学这一理念——构成了每一段落的基础。

然而,在我们开始考察管理方之前,简要地考察一下管理方的两个伙伴——劳方和资方——的思想状态是有益的。管理方,作为工业的一种职能,能够轻易地与这两者相区别。在劳方和资方两者的相互作用中,管理方是稳定的因素。它并不被资方所束缚,因为它通常对它所指导的企业没有或很少有金钱上的兴趣。它也不附属于劳方,因为它的职能是指导和控制劳方。它客观地保持着自己的自由,对两个伙伴平等地持有批评态度。然而,在工作中,管理方不仅必须不断地根据形势情况引导自己,而且也必须根据它对两个伙伴的一般和特殊思想状态的理解引导自己。尤其是在对劳方的管理方面,没有一个工厂在这一方面可以例外。这里存在着一个超出各个单个企业范围的劳方问题——一个作为日常管理诸多次要问题的真正原因的问题,这就是作为一个群体的劳方的思想态度问题。工业管理方需要澄清它对这一问题的看法,之后才能在每一个行业和工厂中成功地实施切实可行的劳工政策。

评价劳方思想态度的通常方法是,要么选择一个可以被认为是代表劳方的工人个体,要么引用劳方理论家和宣传人员的话语而强行引出劳方大众的责任。除了这两种方法,人们通常会否认有任何可以恰当称之为"劳方"的群体心灵。当把"劳方"当作通用概念使用时,非常有必要确切澄清它的涵义。沙德维尔博士对理论家和极端分子们的"骚动"与组织起来的劳方这个一般群体的

"力量或聚合"进行了有益的区分。他说,"有一种巨大的运动在发展,并且正在形成通向改变工业秩序的道路,但它并没有考虑使用暴力的手段,任何理论家所设计的乌托邦也不是它的目标。"[①]"骚动"代表着进步思想的多面性、极端分子的放肆、过激和暴力,以及内在的煽动性破坏因素。"聚合"则代表着一种更加庞大而沉重的运动,以平凡和普遍认可的事实为基础,通过缓慢的、实验的步骤而前进。这种"聚合"才是真正的"劳方"。在"劳方"几乎完全附属于工会的意义上,我们可以称它为"组织起来的劳方",但是它的精神还远未组织起来。它的纯粹的技术性组织这一事实,不能保证使它接受其宣传家所主张的"劳方第一主义"。劳方大众的困难在于他们大部分是不善言辞的。我们必须猜测他们努力要表达的思想。

然而,如果我们所说的革命,指的是除了日常工作条件的具体困难之外那些广泛指向修正社会系统的趋势、行动和情感的相对缓慢和费力的集结[②],那么,要否认劳方大众在主要性质上是革命的,是没有意义的。这一点的证据就在于这样一种趋势,即劳方越来越多地投身于接受教育,特别是经济和社会生活的教育。托马斯说,"这个国家的工人,比历史上以往任何时候都更多地在阅读那些能够带给他们知识和改善的各种书籍,包括科学家、哲学家、

---

① 见沙德维尔博士以"革命运动"为题,在1921年《泰晤士报》上发表的系列文章。
② 参见工会代表于1919年2月27日在全国工业会议上所作的关于工业骚乱的报告:"人们将会发现,劳方骚乱的根本原因,存在于劳方不断增长的挑战资本主义工业整个现存结构的决心之中,而不是存在于任何特定时间内都浮于表面的那些特殊和更小的抱怨之中。"

历史学家、宣传家和技术专家的著作。"① 他们越来越多地到学院、夜校、成人学校、暑期学校、社区学校、大学延伸课程和公共演讲场所学习。② 他们阅读自己喜爱的报纸和杂志,甚至在阅读泰勒、吉尔布雷斯和哈林顿·埃默森的作品。这种对更广阔精神生活的渴望,在年轻人中尤其显著。

在人们越来越追求接受教育的地方,暴力革命的精神在消失。真正的革命在稳定地前进。我们正在看到的是社会面对变革的车轮所承担的缓慢压力。极端分子的喧闹只是在变革车轮遇到困难时所发出的吱吱声响。真正的压力来自于劳方大众,其力量在于他们所进行的有目的的、作为进步的一种手段的"自助自立"实践。

然而,劳方大众的这种进步思想的重大意义,不仅仅在于它的最热切的倡导者所采取的自我教育方法,而且在于那种使它充满活力的精神和它所选择的运行领域。它的精神基本上既不是政治的、哲学的,也不是科学的,而是伦理的。这种精神已经被它的敌人描述为一种阶级战争精神、无产阶级专政精神、与资本主义斗争的精神、一种颠覆世界的精神,以及布尔什维主义和共产主义精神。在一般的工人团体中,不可能发现对这种描述的实质性证明。劳方的群众运动,尽一个人最大限度想象的词语来描述,主要是被

---

① J.H.托马斯:《当劳方统治的时候》,柯林斯出版有限公司,1920年。
② 1920年,伦敦工人学院的人数大约是1 500人。牛津拉斯金学院平均每年招收35个学生,同时有成千上万的人学习其函授课程。伦敦劳工学院大约有30个学生,并有几千人晚上在它的各个分校上课。在1916年到1917年间,工人教育协会注册了10 750个成员、2 336个附属组织。在那一年,开办了99个个别指导班、154一年班、70个学习圈子、526个公共讲座。截止到1921年5月31日的这一学年中,这个教育协会接收了19 294个学生、1 038个暑期住校生,超过1 000个学习圈子。它是2 986个工人阶级的教育机构、组织组成的联盟。

引导去反对由财富所造成的利益和机会的不良分配,并且植根于这样的信念——这种分配没有伦理上的正当性。它不是一场阶级斗争,因为财富不是按照社会阶级来分配的。它不是一场政治运动,因为劳方群体仍然被旧的政党所分割,并且有着相当程度的政治冷漠,在这一点上,所有社会阶层都是相同的。它也不是一场哲学运动,因为这一运动的哲学与整个劳方大众的真实态度是严重分离的,普通工人确实也没有清晰和自觉的哲学。当高尔斯华绥把社会划分为发布命令和接收命令的人们时,他的观点接近于事情的核心。这是建立在不可接受的伦理规则基础之上的权力、利益和机会的分配,而这正是劳方大众的精神所反对的。它坚称当前在个人之间的权力分配并非完全地对公众福祉无效,并非整个地没有代表性,并非没有进步性,并非不可操作——而是在伦理上是不正当的。它质问人类价值的整个道德基础,就像在目前的社会和经济制度下所评价的那样。

同样重要的是这种精神在最近50年间的运动领域的改变。1838年,宪章运动者指望由政治运动特别是普选权带来社会秩序的预期变化。① 在"80年代",约翰·伯恩斯和他的追随者期望通过市政企业行动带来进步。今天,人们认为进步涉及工业模式的重铸。劳方也许正在不自觉地认识到,这种进步与其说是通过立

---

① "作为人民的利益由之而能够被有效辩护和保证的唯一手段,我们要求这些利益应该托付给人民来保持……因此,我们要求普选权……如果人民的自我治理不能够消除他们的困苦,至少能够消除他们的抱怨。普选权,也只有普选权,能够给民族带来真正持久的和平;我们坚定地相信它也将会带来繁荣。"——《宪章派给下议院的请愿书》,1838年。

法或者哲学来实现的,不如说是通过从社会的基本工业需要出发而锻造出工业联盟的形式来实现的,就像哈迪·福特所说,这种形式"不仅提供生存,而且提供生活"。

一般来看,可以说劳方总体上要求一个更加平等的社会机会的分配,这要通过重铸工业财富的创造和分配机构,使它变成这样一种方式:在这种方式中,不论对于工业还是对于个人来说,给予共同体的服务将成为所收报酬的最终标准。毫无疑问,同共同体的所有其他阶级一样,劳方也已带有财富本身是一种最终目的这一普遍的战后成见。"生存"已经模糊了"生活"。然而,根本的是,劳方大众不是为了物质上的平等、不是为了不计手段而获得财富,而是为了它自身的道德权利而要求一条通向自我实现的开放道路。

如果工业管理方错误地估计了劳方的这种思想状态,那么它有可能严重地误入歧途。例如,如果它假设高工资会解决劳方的问题,那么它就有可能严重地迷惑自己。劳方的问题是伦理上的,而不是物质上的。如果提高了工资而工业结构没有改变,那么问题的本质仍然存在。如果工业管理方低估劳方的力量,那么,它有可能再一次行动在错误的路线上。劳方的思想大部分是没有清楚表达的,这并不能证明它就是愚钝的。它常常不能理解它的宣传家的主张,但也没有根据假定它是不成熟的和不坚决的。劳方的力量主要在于它的主张得以建立的道德基础,在于它的受教育水平的提高,在于它的工会手段。工会不是劳方,而是它的工具。工会是一种组织,而不是一种精神。但在它促进劳方事业这一点上,它可以被合法地描述为劳方所使用的一个杠杆。像任何一个组织

第一章　社会背景和工业背景

一样，当工会组建时的那种需要不再存在时，工会就会逐渐消亡。当劳方为自己说话并且它的声音挫败了那些声称为它说话的人们的声音时，工会的消亡时间也就到来了。但是，在劳方正在为自己赢得的教育方面，在它对道德假设的信赖方面，它正在脱离自己的官方工具而发展自己。因此，劳方的这种发展才是未来工业管理应该首要考虑的问题，因为它组成了劳方力量的更为深远的基础。进一步说，正是这种发展正在为劳方赢得在他们之外的那些人们的支持，来推进他们自己的事业。有人认为，劳方已经被组织为一个巨大的集团，它如此关心工业的管理，以至于它正在缓慢但肯定地准备为工业提供大幅增加的价值贡献，同时它正在提出要求以迫使我们质问社会基本法则的那些根据来为工业进程重新定向。这并不是事实。

劳方的思想状态最清楚地表现在它对自己的社会地位和工作条件的态度上。社会地位是一个相对的问题。因此，社会地位问题，不论对一个阶级或者对一个个体来说，并不要求确定一个绝对标准，而是要求确定一个相对标准。一个共同体，随着它的成长，通过联合而形成的活动使得物质上和精神上的利益成为可能。因此，某些利益是社会地创造出来的，它们不同于那些撇开共同体而创造出来的利益。社会的不同层级对这些利益的创造起着不同的作用。因此，根据对共同体的利益所作的贡献评估人们的价值是可能的。我们可以把这称为社会伦理学。劳方要求社会地位应该建立在这样的价值贡献基础上。它认为，社会地位上的巨大差距是由对贡献于公共福祉的价值的不当评价产生的。因而，它对更高社会地位的要求在本质上是一个伦理要求。这是一种主张纯粹按照个体或群体的社会价值这样的伦理原则进行再评价的要求。因此，诸如把工业控制的某些方面分配给劳方、为了劳方建立代表性机构、以及与劳方分享利润这样的一些问题，要作为社会伦理方面的问题来考虑。问题不是什么是想要的，甚至也不是什么是可能的，而是什么是正当的。劳方应该拥有什么？这是工业管理应该采取的新的态度，而且这是为我们面临的种种困难得到满意解决而提供任何希望的唯一态度。希辛斯先生说，"所有的工业问题，都使自身转变为伦理问题，我们在何种程度上解决这些问题，依赖于共同体已经达到的道德自觉的程度。因此，不能解决我们的工业方面的问题意味着我们在道德上的失败。"[①]

而且，劳方的思想状态也显现在它对更好工作条件的要求。这一要求是在反抗压迫和苦难黑暗中发展起来的。在工厂制度形成之初，始终伴随着今天看来不可想象的状况——成群结队的孤儿进入工厂，每天12至14小时的工作时间，妇女的残酷工作环境，荒谬的《贫困法》制度以及对工人反抗的钢铁般镇压。这些状况导致了至今仍在持续的叛乱，因为这些条件虽有重大改善，但仍旧不能令人满意。劳方的要求仍然与工资、工时、工作环境和针对失业、疾病、老年的经济保障有关。

不过，这些要求不是建立在强势而是建立在正当的基础上。它是一个伦理正当性的问题。例如，劳方对更高工资的要求，不是因为劳方认为已有的工业可以支付得起更高工资，而是因为它认

---

① W.L.希辛斯：“工业中的工资问题”，在皇家艺术学会上的一次演讲，1921年。

第一章 社会背景和工业背景

为作为一个整体的工业应该被正确引导以便能够支付得起更高工资。不是工资应该适应于工业，而是工业应该适应于工资。劳方认为他们向共同体提供的服务没有得到公正的回报，工业应该致力于纠正在社会伦理方面的不负责任。劳方大众一点都不知道经济学，但在他们心中根深蒂固地存在着一种社会道德感。工业管理必须在同样的基础上满足劳方的需要。在经济争论和道德信仰两者之间可以没有争斗。二者处于不同的层次上。管理必须证明自身在道德上是正当的，然后才能满足劳方。

总结起来，应该指出，战争和战后的形势已经深深地影响了劳方的思想状态。也许这种形势距离我们太近，以至于不能进行准确的分析，但是通过调查我们将会发现，那些严重侵犯道德感的情况，正是劳方断然反对的情况。这些情况当中，"牟取暴利"和奢侈浪费是格外不道德的。的确，组织起来的劳方在很大程度上关心国有化、妇女就业、工业控制和工资体系，但工人大众的心灵更加被牟取暴利和奢侈浪费所代表的那些违反社会良心的罪恶所深深影响。劳方的骚乱局面在更大程度上可以归因于这些因素，而不是归因于像劳方领导者所关切的任何更加理论化的考虑。

工业管理在很大程度上是对人的管理，因而，除非它了解他们的思想状态，否则，管理就是无效的。对劳方大众的评判不是通过那些不适合大众的标准，而是通过大众的整体思想状态。对劳方思想状态的理解是管理的初步任务。我已经指出，这种思想状态内在地是伦理的，而且只有处理好社会正当问题所涉及的人的各种问题，管理才有希望驾驭工业之船驶向宁静的水湾。

只要工业仍然被供给与需求所支配，只要它继续被认为是一种经济需要而不是一种社会责任,只要它仅仅由对社会良心的那种勉强关系所引导,那么进步就将会与那种威胁性的过去所取得的进步完全一样。为了迎接思想的革命,我们需要方法的革命;为了战胜暴乱的复活,我们需要真诚态度的复兴;为了克服怀疑的复发,我们需要信任的恢复。在我们对未来工业的观念中,我们必须用社会道德要求来确保它的统一性。我们的工业行为必须按照这样的假定,即对所有人都有益的伦理上最高的东西,会得到实践的表达和充足的证明。

然而,工业结构不是仅仅由管理方和劳方所构成。那个把它的名字赋予工业现有制度的一方——资方,是第三个合作伙伴。作为一个整体的资方,远没有达到任何一种可以称之为思想状态的东西。就它的最近形式来看,它的根源很近。早期的资本家,既不是直接的雇佣者也不是工厂所有者,他只是预示了现代资本家的产生。在行会制度崩溃和工厂制度开始之间的某一时期内,资本家就开始了变换不定的生涯。"远在1776年以前,英国工业的更大部分已经在两个重要方面依赖于资本家的企业,即商业资本家为实际的工人提供物质原料,为已经完成的商品寻找市场。"[①] 资本家既是一个管家又是一个商人。他控制着原料和市场,但是工人大多拥有自己的生产工具,并且自己解决工作条件问题。然而,甚至在资本家把控制原料和市场的力量应用于机械之前,他开始逐渐侵犯上述领域。他开始拥有织布机和其他必需的制造工具,并且把它们借给国内工人使用。之后,他开始在一个独立的厂

---

① 威廉·阿什利:《英国的经济组织》,朗曼格林出版公司,1919年。

第一章　社会背景和工业背景

房里安排这些工具,并把工人组织到一起来操作它们。当蒸汽动力到来时,这些趋势变成了普遍的实践,因而工厂制度开始了。资本家不仅成为原料的购买者和产品的出售者,而且也是直接的雇佣者和工厂的拥有者。

然而,即使在那个时候,资方也还没有开始它的现代存在。尽管工业革命意味着资本家企业的巨大扩张,但是直到1862年有限责任股份公司的建立,资方的现代形式才真正确立下来。这意味着资本家和雇主的分离,资方和管理方的划分。一个企业的拥有者可能是成千上万的股东,直接的雇主可能是拥有很少或没有资本的拿薪水的管理官员。现代形式的资方只有60年的历史,它在今天工业中的地位是非人格的。一般来说,资方与作为人类力量的工业是分离的,只是以账簿和支票的形式进入其中。在资方能够被称为拥有思想之前,至少对于工业来说,它必须成为人道的。必须在资本所有者和工人之间锻造出人道的关系。如果资方要成为工业中的永久伙伴,它不能再是非人格的。仅仅筹集资金和获得红利是不够的,它必须呼吸工业的空气,随着工业心脏的脉搏而跳动。除了获得红利之外,它必须承担责任。除了作为生产中的资金代表之外,它必须变得人道。拥有工业的份额,就必须被作为对伟大工业机体的忠诚的保证者来看待。

然而,与此同时,从任何人道意义上说,资方正在变得更加分散和遥远。据估计,在股份公司中拥有股份的人口数量大约在1 000 000人左右,并且这一数量每天在增大。同时,其中管理方和资方是一体的"家族企业"正在消失。另一方面,在公司中拥有股份的被雇佣者越来越多。实际上,资本的所有权不再是任何阶级的特权,除了以间接和常常遥远的方式以外,它也不再和工业行为有关。然而,"工业资本的所有权终有一天会主要属于工人"这样一种设想也是可能的。1920年,英国的银行和投资民众借给工业 469 000 000 英镑,比这个国家1921年3月底之前的饮料账额仅仅少700 000英镑。所涉及的上述资金额是劳方和管理方完全可以提供的。很有可能,当资本家被融入到实践的工人之中时,资方将被人性化。

我们已经说过,大致来看,资方还没有思想。但是,当资方通过指定的代表即各个企业的董事来影响工业时,上述观点并不十分适用。现在比以往任何时候都有更多的能干和智慧的人们。今天,企业里的许多主席就是最主要的工业家和政治思想家。现代的董事,在很多情况下,不再完全专注于企业能够给予他什么的想法,而是更加致力于能够给共同体的福祉带来贡献。因此,他使用资本,不仅是为了分得红利这一目的,而且是为了工业政策的目的。这样一种董事的思想在某种程度上已经大体接近于政治家的思想,后者在保持一个国家的财力的同时,以对财力之外的各种事情的考虑为引导。更进一步讲,这对于大部分董事团体来说都是如此,如在资方团体之间的各种合并与协定中所涉及的那样;这些都是显著的现代特征。

事实是,企业管理的科学、许多现代企业的较大规模,以及复杂的企业组织,已经显示出对现代企业领导者的训练和能力的显著需要。这样的职位不能整个地由股东们的反复无常所支配。所有权的民主化已经导致了管理的专业化。因此,事情的趋势是工业中资方的代表权将要交给管理方。工业的三位一体——劳方、

第一章　社会背景和工业背景

管理方和资方——这一古老的观念,正在变得过时。只是在资方被吸纳进管理方之中的意义上,它才是工业的伙伴。否则,它就仍然是处于金钱、机器和厂房等形式中的非人格因素。作为工业中的一种人的因素,资方只有从管理和劳方的角度才能表现自己。因此,作为一个整体,它没有发展出实质的思想;直到整个股东群体至少和工人一样,认识到自己构成了工业的一个内在部分,认识到在工业中他们的伙伴关系迫使他们为自己的方法和目标承担相应的责任,认识到他们从工业中所获得的收入只有通过他们提供的服务才能证明为正当的时候,它才能做到这一点。工业被看作是股东的"自动吐钱机"的时代正在成为过去。资方要么必须接受直接的工业服务重担,要么必须满足于被挤出工业,除非将来它作为一种整体上非人格的因素,在劳方和管理方的联合所有权下被重新人性化——这是可能的。

工业不是一种机器,它是人们联合的一种复杂形式。对于它的过去和现在的真正解读是从人的角度——他们的思想、目标和理想——而不是从系统或机械的角度所进行的解读。对工业的真正理解就是要理解它当中的那些思想。科学的进步和对效率的崇拜已经倾向于模糊工业的根本人性。我们在很大程度上已经支付了应用工业科学的学费,但是在对人的理解上我们几乎是完全缺乏的。工业的物质方面有它的作用,但是那只是次要的。的确,如果工业的根本性的问题可以简化为一个问题的话,这个问题就是:我们如何最好地实现和保持生产中的物(机器、厂房、原料、物质系统)与生产中的人(工人、领班、经理和股东)之间的合理的平衡?

这是工业管理所面临的全部问题中的根源性问题。如果工业主要是人的问题这样一个基本事实没有被认识到,那么工业不可能是有效率的。工业不是机器的堆积和技术过程,它是一种人的群体。它不是一种物质的合成体,而是一种人性的合成体。它履行它的职能,不是依靠某种非人的力量,而是依靠人的能量。它的机体不是机器设备的复杂迷宫,而是放大了的神经系统。

目前工业上的"绝境",是由于人的因素对物的因素的屈从。当我们的工业变得越来越科学时,我们否定了自己的努力成果,因为我们没有做到与关于人的领导、理解、合作的艺术保持同步。当我们追求物质事物的时候,我们已经忽视了人。当从机器那里获得了效率的时候,我们已经丧失了工人的效率。工业所需要的是一种来自对人的共同理解的更加强大的震撼力量。"如果工业为了'世界大战'的需要所完成的成功转变被证明是我们的最后一个胜利的话,那么这将是我们在世界上的工业领导地位的荒唐的结束。当前,从表面上来看,使我们的工业转向我们生活的需要,似乎超出了我们的力量。"①

一个被设计来用于满足我们生活需要——身体上、精神上和道德上的需要——的工业,必须是充满生气的。管理的目标必须使工业变得更加有效地人道——人们更加真诚地共同努力,团结起来为了一个共同目标,并且由共同的动机所推动。为了达到这

---

① 《曼彻斯特卫报》,1921年6月6日。也参见1921年美国劳工部长戴维斯在国家硬木联合会费城会议上的讲话:"依靠把创造能力集中应用于工业力学,我们已经在短短50年内取得了巨大的财富和迅速的进步。现在,我相信,依靠把我们民族的创造能力运用于人学即工业的人的方面,我们可以在世界的进步中实现新的纪元。……尽管我们已经努力做了很多,但我们的物质资源只有一部分得到了恢复。我们的人力资源几乎没有被触及到。"

个目标,我们首先需要一个动机和一个理想;其次,需要领导和协调;第三,需要工作与合作。所有这些因素都是相互作用的。

在接下来的章节中,我们将会看到,工业的最终动机应该是服务于共同体;领导艺术将伴随着科学的进步和对管理的社会责任的认识而发展;当动机或者理想是真实的并且领导活动是令人信服的时候,合作也就到来了。只有有效率的管理方才能够公正地从劳方那里要求更高的效率——如果工业中的合伙者正在企图实现不同的理想,效率就不可能增加。另一方面,伟大理想的凝聚力能够带来最强有力的联合形式和最好的成就。但是既然工业被托付给了管理方,它在确定和追求上述理想方面就必须带头去做。管理方自己没有其他的企图。不论工业的首要动机是利润还是服务,不论工业在哪种形式下运作,管理方都必须坚持下去。因此,它是一种新理想从中可能最自然地建立起来的那个群体。工业的未来存在于它的手中。

然而,工业的背景,不仅由那些存在于其中的人们的思想和利益所构成,而且也由工业所处于其中而与之关联的那个共同体的整个思想所构成。共同体的任何部分的进步都是由共同体整体的进步所支配的。除非有充满活力的公众感情、明达的公众舆论和坚定的公众意志的支持,仅仅以那些从事工业的人们的共同人性为基础而实施一项伟大的工业发展规划是不可能的。伯克说,"蔑视各种伟大共同体的普遍态度,蔑视组成共同体的所有阶层的普遍态度,是与平等或智慧不相符的。"这一点反过来说也同样是真实的。除非共同体的普遍态度能够提供动机,否则,要实现伟大的社会变革是不可能的。工业的重新定位要求像威尔斯已经很好描述的"关于政治和社会事务的思想的复兴"——"关于意志和理解的一种伟大的有意识的复兴。"缺少这一点,没有什么东西能够确保目前的骚乱和动荡转变为未来有秩序的进步。没有思想上的全神贯注,没有对公共目标的坚定不移的追求,没有共同体中所有阶层和阶级的无限耐心的努力,似乎就没有什么持续重建的希望。我们可能会建立起我们的耶路撒冷,也可能会建造我们无法完成的通天塔。我们可能会发现我们的理想国,也可能会导致惩罚报应。前进和混乱之间的选择摆在我们面前。我们或者将会实现一个,或者将会陷入另一个,这取决于人民的智力和道德能力是被引向承担建设一个有价值的工业和社会未来的伟大任务,还是被引向浪费精力于没有价值的微小琐事上。

工业的背景是一种混合的思想。这种思想从各种不同的哲学流经的过去升腾出来,被战争的风暴席卷得到处都是,它现在变得分散而失去了目的。这一代人的任务,尤其是工业管理的任务,就是要巩固并重新引导它,这样,工业就可以开始行进在通向新纪元的大道上。

第二章 管理的基本原理

概 要

1. 行政、组织和管理的定义;管理是人们为了一个目标而联合的结果。管理的艺术与管理的科学之间的区别。既然管理包含了人的因素,管理的科学不是决定性的。

2. 在历史上管理与资方是同一个事情;发明、广阔的市场和随之而来的扩张,引起了它们的分离。股份制的结果最终是所有权和管理的分离。这被公众诚信水平的提高、工厂团队精神的出现以及工厂立法所促进。工会的出现给管理带来了一个新方向。

3. 管理已经成为一种职业。战争的某些后果推动了这种趋势。这依赖于工业管理的稳定。

4. 管理正在被分析精神所驱动;管理是运用其他科学的科学。它是一组相互依赖的职能。把管理基本划分为财务、行政、准备、生产、促进和销售。准备分为设计和装备的职能;生产分为制造的职能;促进分为运输、计划、比较和劳动力人事的职能。销售和生产之间的区别;销售分为销售计划和销售实施的职能。

5. 行使职能所必需的能力。关于办公室工作的误解。把能力划分为决定、行政、执行、服务和操作的能力。

6. 三个基本原则的确证;一是存在着管理的科学基础;二

是管理能够通过科学手段起作用;三是管理科学学位必须成为经理人员的主要资格。

在对工业结构的所有研究中,有三个不断重复出现的概念,因而,精确界定它们是重要的,这就是行政、管理和组织。尽管这三个概念经常被作为近乎同义词来使用,但是,即使它们是不容易分开的,无论如何也应该包含着相当明显的区别。

对于本书的目的来说,可以这样界定它们:

行政是工业中关于制定公司政策,协调资金、生产和销售,确定组织的范围,以及对执行部门的最终控制的职能。[①]

管理在严格意义上是工业中关于在行政所确立的范围内执行政策的职能,以及为了实现行政所确立的目标而运用组织的职能。

组织是把人们或群体必须从事的工作和所需要的能力按照下列方式结合起来:即由此而形成的职责,能够为有效、系统、积极、协调地运用人们的努力,提供最好的渠道。[②]

---

① 参见霍尔丹在关于政府机构的报告中所描述的内阁的职能(民防9280号,1918年)。

② 参见 J.N. 舒尔策先生在泰勒协会上的演讲论文中所做的界定,该文发表于1919年8月的协会公报。

"组织是为了完成预期目标,通过系统和有效关联而形成的人员、材料、工具、设备、工厂以及附属物的结合。""管理是领导、指导、指挥组织去完成预先确定的目标的力量。""行政是制定组织和管理将要努力实现的目标,以及组织和管理据以操作的广泛政策。"

舒尔策在提交给泰勒协会的另一篇论文中(此论文发表在1920年6月的协会公报)提出了类似的定义。不过,在其中,管理就是"保持在行政官员所制定的控制性政策之内"这一观点变得更加清晰。

组织是形成一个有效的机制；管理是形成有效的执行；行政是形成有效的指导。行政决定组织，管理使用组织。行政确定目标，管理努力实现目标。组织是管理在实现由行政所确定的目标的过程中所形成的机制。

本书的讨论涉及上述三个方面。本书的标题之所以选择了"管理"，是因为它是描述这三个方面之结合的通常方式。"管理"这一概念是如此普遍地被用于涵盖政策的制定、政策的执行，组织的设计以及应用，以至于在标题上坚持流行看法所无法认识到的区别，将会有点过于学术化。

从一般意义上说，不管是在工业、家庭还是在国家中，涵盖行政和组织的管理，是人们联合的自然结果。无论在何处，人们为了一个共同的目的而聚集在一起，都需要有领导者来决定政策、确定权力范围、组织和控制努力的运用。在这方面，工业与从教堂到行会，从城市到国家，从战场到大学的每个社会事业的需要是共同的。正像一支管弦乐队需要一个指挥一样，一个由人们的各种力量的联合努力所促进的社会事业，也需要指导、调节和协调。

对于人们的各项能力的综合运用，使得人们的管理能力的运用成为必需。[①] 因此，不能把管理看作是强加给工业的，只能看作是由工业扩大所带来的一种不可避免的发展。管理不是外在于工业的，而是内在于工业之中。

而且，作为人的一种特殊能力的运用，管理是一门艺术。目前

---

① 参见雨果·迪默尔在《工厂组织和管理》中的开篇评论，麦格劳—希尔出版公司，第2版，1914年。

的重点,放到了管理的科学上。无疑,存在着一门管理的科学,但是它明显地区别于利用这门科学的艺术。对于已经确定和整理好的管理事实的深入了解,并不必然保证一种管理的能力。科学知识是一门艺术实践的必要预备,但不是艺术实践本身。管理科学迄今还没被还原为一种可以接受的形式。我们的知识是不完整的,而既然它既涉及人们的行为也涉及物质事物,因此,它在一定程度上必然如此。在实践管理艺术的过程中,我们正在按照部分科学、部分非科学的基础而进行工作。正是由于这样的原因,那些正在促进"科学管理"事业的人们的努力,被引导到使这种基础变得日益科学的方向上去,以便使管理活动能够建立在更加广阔的知识基础之上。危险在于,人们假定知识的每一种扩展必定限制艺术。即使管理科学同医学一样详尽,管理者仍然需要管理的艺术,正如医生需要行医的艺术一样。因此,从这种意义上说,管理实践并非是一门科学,而是对一门科学的人性运用。事实上,如果管理仅仅是一门科学的话,那就不会有关于人的哲学。绘画科学教的是通过混合一定成分的某些色彩,以特定的方式运用这些色彩于画布上,据此,绘画者可能会画出一幅作品。但是,并不是每个知道这些事实的人都是艺术家。同样,并不是每一个知道以一定方式制定的计划能够产生一定的生产结果、以一定方式执行的成本核算能够表明特定情况的人,都是一个管理者。其他的事情是同样的,对于这些事实的知识越多,管理者会管理得越好,但知识不是唯一的条件。除此之外,还需要人的管理能力——那种不仅知道特定的方式会产生特定的结果、而且能够把特定的方式运用到特定情况中去的能力。我们也许可以合理地期待一门管理科学的详细阐明,它将确定一些原理,并把它们建立在不容质疑的前提之上,但是,如果设想这些原理的确定会消除运用这些原理的人的能力的需要,将是一个致命的错误。发现管理原理的现代努力,将不会致使管理者的工作更加简单,而是远远更加复杂。人们经常忽略这个事实。在许多领域中,泰勒式"科学管理"的应用已被当作是一个快速成功的捷径。然而,任何一种体系,无论怎样被科学地建立起来,除非运用这种体系的人的能力是健全的,否则,它就不可能通向成功。泰勒主义的原理在形成一门管理科学方面已经大有帮助。它们的确揭示了那种迄今为止还未被认识的事实,即管理活动的大部分能够被还原为一门科学。但是,即使在最低程度上,这些原理也没有减损而是增强了从事管理的管理者的卓越的人道能力的价值。

也不应该假定,一种管理科学能够包括进入管理实践的所有因素。在人的因素所进入的工业的每一个分支之中,在凡是有人的因素存在的地方,必定总是在关于它们的科学领域之外,存在着另一个领域。除了间接的手段以外,无论通过科学所确定的事实和原则有多少,都不能实质地影响劳动力问题。例如,科学可以阐明能够普遍运用的计划原则,但它必定不可避免地做出这样的保留:这些原则是受人的因素的变幻莫测所影响的。换句话说,在管理所处理的事的范围之内,其方法可归纳为科学原则的概念;但在管理所处理的男人和女人的范围之内,科学原则只有在他们都愿意接受的情况下才能运用。管理的科学可以为人们工作的每个部分提供准确的结论,但只有管理者的艺术才能促使人们把这些结论运用于实践之中。也许有关于成本核算、计划活动、生产活动以及调度的科学,但不可能有合作的科学。

这种保留是重要的,因为在现代的效率崇拜中有一种趋势,这就是设想在给定科学原则基础的情况下,管理者的艺术仅仅在于运用这些科学原则。与此相反,上述保留意味着更加广阔的经验。在涉及人的地方,科学原理也许只是一种陪衬。当然,有雇用和解雇、酬付和激励员工的科学方式。但是,我们必须承认,运用这些科学方式,失败与成功的几率同样多,除非在管理者那里拥有比一系列工作原则的知识更多的东西——这些原则是管理者试图千方百计用来去面对形势的。一门管理的科学只能影响围绕管理方与工人的环境,但它并没有触及到直接的人际关系。它留下了一个关于思想、精神和理想的问题。关于整个世界的累积性的经验,并不能保证在一个人和另一个人的关系上,可以把任何一个原理进行最明智的运用。因此,作为一门工业艺术的管理的发展,必定不仅通过科学原则的建构——这些原则支配着管理由之可以实现某些目标的方法——而且通过支配着工业活动中所有阶层之间关系的一种精神的成长而到来。

目前,我们的管理科学处于最不成熟的阶段。相应地,管理实践是由习惯和偶然所决定的事情,真正的管理精神几乎是同样的不成熟。我们的理想还处于困惑之中,我们的人性态度还没有以工业目的的根本信仰为引导。我们的人际关系也因此是混乱和有缺陷的。不过,管理还处于它的年轻时代,它只是最近才成为工业中一个突出的存在。它只是最近才从资本的蛹壳里浮现出来,它的科学和精神翅膀还没有伸展开来去飞翔。

早期的工业管理艺术的历史是与工业资本的发展相一致的。

远在人们所说的工业革命以前,工业已经由于地方性的生产和销售阶段而得到发展,并由此对资本代理商的企业和组织产生了依赖。在我们所说的一般意义上,管理直到工厂体系形成时才开始。那时,过去作为商人和仅仅是间接的劳动力雇佣者的资本家,变成了直接的雇佣者。随着劳动力和机器在工厂内的集中,工业管理成了一种必然。这仍然是资本家的职能。工厂还比较小,并且为某些单独的个体所拥有,他们同样还是负责提供资本和组织生产。资本家和工人之间在过去的主要区别是前者可以良好地获得市场,而后者从事生产活动。现在,这种区别消失了,因为资本家在他们自己的工厂里既从事销售又组织生产。然而,个人之间的关系仍然大致相同。以前的商人把工人聚集在一个工厂中,与工人在车间里一同工作、一同用餐。他们与工人一同度过艰苦的环境。由于从深知贫穷深渊和连续疲劳工作的一代人中发展起来,他们倾向于节约任何一点剩余,这一点注定了他们命运的改变。早期的工业首领都是很少或没有受过教育的人,通过最苛刻的节俭和最坚定的简单生活来积累资本,并且仅仅通过发挥从几代航海冒险家身上所继承的天生的机智以及通过艰苦顽强的工作,来实现成功。他们兼有资本家、管理者和工人的职能。

进步逐渐导致了这些职能的分工。紧随瓦特和博尔顿的发明之后,大量新发明的涌现,导致了工业的一个新阶层——熟练机械师的产生。资本家制造商发现,为了利用最新的机械改良以便带来不断增长的效益,他们需要机械方面的专家。因此,他们雇用机械师来安排和监督新机器的运转。同时,他发现市场不断扩大而超出了他的知识的范围。国外市场由于轮船运输而更加便利,国内市场随着铁路便利的提供而获得发展。商业管理不再是资本家个人指导的事业,他雇用了解市场和运输手段的有资格的人员来负责他的产品销售。这两个方面的发展不可避免地导致工厂规模的扩大。各种各样的发明和更加广阔的市场导致了产量的增加。工厂逐渐成长;管理活动变成一个重要的事情,管理者的周围伴随着一群负责监督的官员和职员。

这个飞速发展的时期,可以被大体判定为是19世纪上半叶。1851年在水晶宫的巨大展览标志着这个时代繁荣的顶峰——机器时代的稳定成就和工业中作为所有权延伸的管理的发展。在此之后,从1873年开始的不祥的严重工业萧条时期到来了——经济萧条的浪潮所波及的范围决不仅仅局限于英国。人们普遍缺乏信心,这使贸易处于瘫痪状态。那种标志这个世纪上半叶的全神贯注的自信,随着19世纪下半叶的开始而奇异地消失了。两个重要的因素促成了这种状况:首先,工业企业和技术在国外特别是在美国和德国的发展;其次,由索塞、卡莱尔、金斯利、莫里斯、狄更斯和拉斯金这些杰出人物所领导的对现有工业体系的哲学反应。他们每个人都以自己的方式寻求工业中的动机和理想,然而发现的却只有黑暗,因而对当前的工业行为进行了严厉的批判和讽刺。由于这两个因素,对于工业管理艺术的两个新分支的需要产生了:第一,发展更高的技术、科学研究以及科学的生产方法,以便使英国工业能与外国对手竞争;第二,对工业中人的要素的新态度的发展。

这些因素以及其他因素的力量,最终导致了立法对股份制中完全有限责任权利的认可。这种巨大的变化必然导致工业企业所有者的性质发生改变。把英国工业从工业革命带到19世纪中叶的一代人,自然被缺乏先辈那种艰苦坎坷经历的一代人所承继。随着财富、奢侈、悠闲的增长,工业领导者开始缺乏力量和决心,所有权变得趋向于静止,它的推动力逐渐下降。股份所有制到来了,与之相伴随,现代意义上的管理产生了。

工业所有权的这种改变,使得如下三个重大的发展成为可能,而每一个发展都趋向于区分出工业管理的实体。首先,这种变化使大规模生产成为可能。增加资本意味着活动的扩大。更大的工厂、更多的员工和更广的分支业务,要求行政能力的更加连续和专门的运用。组织活动成为一种科学的事业,指挥巨大的组织也是一门艺术。第二,民主的所有权意味着所有权和管理之间的明确分离。一个新的阶层兴起,取代了五十年代靠自己白手起家的旧资本家。这个新阶层就是以工业企业指导和组织作为一门职业的人们。因此,分散的所有权导致了专家管理。第三,公司之间的合并、协作和协议现在变得不可避免,这又反过来要求每个企业都应该由一群固定和专门的人来指导,以便政策可以在整个行业内加以协调。

因此,在20世纪初,管理方处在一个比以往任何时期都更加清楚明确的位置。它逐渐从原本与自己同义的资方中转移出来,并且把它自己的本质展现为工业有体机中的一个明确的职能,一方面不同于资方,另一方面不同于劳方。的确,它不仅把二重因素转变为三重因素,而且已成为三重因素中的决定性因素。马歇尔教授引用了美国作家弗朗西斯·沃克写于1876年的如下一段话:拥有"计划和指导生产、以及组织并控制工业机构的能力的人,将成为工业形势的主人。一个人由于是资本家而成为雇主,这已经不再是真实的事实。那些有能力使劳动带来利润的人,才能指挥资本。资方和劳方为了获得发挥他们各自职能的机会,而求助于这些工业首领"。① 现代劳方所提出的它应该雇用资方而代替被资方所雇用这一要求,从管理方雇用资方正在成为事实这一角度来说,的确是处于接近成功的一个阶段。现在,企业管理人员经常把资方吸引过来,而在资方仍然领导的领域,管理人员也不再盲目地跟随资方。

同时,其他因素也有助于管理方在工业里成为一种单独的实体。首先,是马歇尔教授所提到的那个重大因素。他写道,"如果没有以往时期一般民众的道德和诚实水平的巨大提高,就不可能发生大量的权力和责任从每个企业的所有者转移到领工资的管理者、高层职员;甚至早在十七世纪和十八世纪,我们发现许多大的贸易公司破产,很大程度上是由其高层职员的腐败和自私所造成。"②管理方面职业道德的形成,显然促进了管理的发展。没有这一点,人们可以恰当地认为管理方在工业中的地位几乎不会达到占据工业三位一体的位置。

其次,在工业中有一个重要发展,这就是人们可以称为"团体精神"的东西。由于劳方的联合趋向于不以单个工厂为单位而发展,因此,这种努力被用来激发一种共同的工厂精神,激发对企业

---

① A.马歇尔:《工业和贸易》,麦克米伦出版有限公司,1919 年。引文引自弗朗西斯·沃克的《工资问题》(第十四章)。
② 同上书,第 323 页。

的贡献而不是对阶级的贡献。不管较大的、不断成长的企业所面临的内在困难有多大,这是一种保持个人奉献的努力,它是早期工业领导者能够进行指挥的。在培养这种精神的过程中,股东们没有起到带头作用。这完全依赖于管理方。因此,人们开始认识到,在一种分散的所有权制度下,工厂的实际领导活动必须依赖于管理者。股份制不可逆转地把资方从对工厂的精神和风气的直接影响中分离出来。

第三,是工业立法的发展。在1819年,劳动工作时间首次通过立法而被限制,并分别在1842、1844、1893和1908年进一步被限制。在1844年,开始了关于危险机器的安全问题的立法;在1864年,立法拓展到已确定的各种危险行业的各种工作过程,随后,立法的范围显著扩大。1850年,国家对独立企业进行检查,一开始是煤矿企业检查,现在已发展到每家工厂都服从于由定期检查所施加的大量限制性规章。这些规则的运用使得一个有能力的全时管理团队成为必需,并且赋予它股东群体所不可能行使的权力和职责。

最后,有组织的劳方因素的出现完成了管理方支配资方的胜利,管理成为工业结构中的首要力量。劳工运动以及与之相联系的社会活动对管理发展的影响,可以根据三种不同的方式进行追溯:(a) 作为工会组织的结果;(b) 作为无论是国家还是志愿团体对劳动阶级的社会条件承担责任的结果;(c) 作为认可通过协商决定工资和工作条件、认可为了协商公认的标准作业线而建立机制的结果。

上述各因素都要求管理方的合作——这是这样一种职能的运

转，它在代表所有权的同时，熟悉当地的工业事务，并对行业状况具有充分的专业知识。股份合作制并不拥有这些功能中的任何一种，只有工厂管理有能力承担这样的任务。

在上个世纪，工会运动的发展是使管理进入显著发展过程的主要因素。自从建立工厂体系以来，劳方地位的改变一直是工业中一种伟大的革命力量。工厂的成长、贸易协定和工厂协议的发展、立法的完善、科学方法和发明的增加，以及外国的竞争，都对管理功能的出现起到了一定的作用；但到目前为止，劳方不断增长的团结和组织，对此所产生的影响最大。如果劳方一直保持1800—1850年间工厂体系时期的状态，那么，工厂管理也许继续是一些股东代表们的消遣。即使在那时，有迹象表明劳方并不是容易驾驭的骏马，罢工绝不仅仅是工厂时代的现象；但是，总的来说，尽管在这样一个彻底变革的时期，不可避免地爆发了卢德分子暴动以及其他暴动，但劳方相对安静，而且，它通过与小雇主的密切合作，很少倾向于参加攻击运动。现在，形势已大不相同了。如果根据机器、运输工具和动力而把19世纪初称为工业革命，那么可以根据劳方而把19世纪后半叶正当地命名为第二次工业革命。到目前为止，工会组织的发展已经成为这一革命的最大动力，它已经使工厂管理事务成为人学的一个突出问题，正如机械方法的革命在很大程度上使工程、研究和物质组织方面的管理成为一个问题一样。事实上，工会发展的历史，一方面记载了劳方逐渐解放的过程，另一方面也提供了管理领域逐渐扩大的关键动力。此外，工会的发展已经不仅使管理方责任的扩大成为必要，而且也指出了管理方所必须从事的工作的主要方向，决定了管理者技能的大部分。

工厂立法和社会立法,对社会状况的熟悉,在处理劳方问题时熟练运用谈判技巧和其他机制的能力,已经成为工业管理者在技术方面的最重要的事情。在工业的每一个领域中,管理都在发展,但在劳方管理的领域比在任何其他领域都更加突出。

管理已经逐渐成为一种职业。管理任务的难度、责任和复杂性都已加大。到今天,它已涉及所有的科学领域,从化学、力学到心理学、医学。因此,管理召唤着具有机智和理想、具有最高水平的科学素质以及突出的组织和领导才能的男人和女人,来从事它的工作。它雇用律师、医生、会计和艺术家,而且通过指导他们的职业,正在形成它自己的最高职业,并且携带着由工业进步及标准、资格、训练和技术的发展过程所带来的全部结果。它不再是资方和劳方之间的"中间人",不再是造成所有紧张状态的原因。相反,由于它不必忠诚于资方和劳方的任何一方,只是仅仅把共同体的公共意志作为主人,因而,它站在两者之间的协调位置。

不过,管理的地位需要巩固。对于它作为工业中控制性力量的承认,必须得到发展和加强。在这方面,战争曾经给予了巨大推动。当时,陈旧的管理方式不足以承担战争压力的重担,缺点显示出来,表明管理必须经历更进一步的扩展。对于有助于这一目的的战时因素,可以按照以下方式尽可能简要地做出说明,而不去对它们做出应有的精心阐述。

(1) **工业科学的进步**被战争的需求刺激成惊人的活动,并且被战时更多的技术性大学的研究所推动。几乎没有必要强调,战争以前,在工业科学方面不是缺乏设备就是缺少兴趣,或者缺乏战争开始后那种对它的需要的紧迫性。现在,很多大公司为了应用研究和纯粹研究,都已经设立了研究部门。在"科学和工业研究枢密院委员会"的鼓励下,小公司在创建研究团体和实验室工作方面已经联合起来。大学正在相互合作,例如曼彻斯特大学的工业技术学院所开展的有价值的活动。更进一步说,科学既研究工业中物的方面,也研究人的方面,既研究产品,也研究精神,既研究工作,也研究工人。

(2) **战后的经济形势**:伴随着和平时期对商品生产突然增加的需求,以及由于价格上涨所导致的劳动力成本和材料成本的增加。的确,整个经济形势——价格波动、通货膨胀、汇率混乱、成本过高、无耻投机和无法忍受的税收——把工业特别是工业管理带到了这样一个关口,旧标准和老惯例都不再适用了。

(3) **社会良心的觉醒**缓慢但不可改变地迫切,带着确定的目标,使工业中旧的事态将不会再现。劳方不再认为以前的标准是一种"适合于英雄辈出的国度"的标准。在越来越多的情况下,雇主确信人们的将来一定与以往的历史不同。工业之外的普通民众,无论是对工业在国家霸权中的地位的认识,还是对那些从事社会工业的人们的地位的认识,几乎都已经无意识地接受了新标准。

(4) **由美国所带来的对工业管理每个领域提高效率的激烈推动**。在美国,战争作为巨大的动力在运转,这甚至超过了英国。美国的工业开始以加倍的速度发展,同时引发了对效率的狂热崇拜——这最终导致了"禁酒法令"的产生。这种状况影响了欧洲的工业,尤其是工业管理。F.W.泰勒及其追随者的学说在每个主要生产国家的工业文献中已经成为经典。

(5) **经济生产的迫切需要**:由于不断增长的工资要求、原材料和经营费用的高成本、以及为了应对有限制的外汇交换而生产便宜商品的需要。一般说来，生产的"边际"已经被降低到一根棉线的宽度。最大限度的成本精确和对生产过程的每个细节的考虑也因此变成了必须做的事情。

(6) **承认会议的重要性**，无论是工业内部的会议还是工业之外的会议。每个工业企业都有它的会议体制和各种委员会。而且在公司之间、在一个行业内部，以及在国家的范围内，会议也成为日常的事情。惠特利委员会方案只是战争所激发的一般趋势的表现。

(7) **用于体力劳动和办公室运转的发明持续增加。**战争年代的发明几乎与工业革命时代的发明一样众多。战争的推动力刺激了发明创造，重建的推动力使它保持下去。

所有这些影响，增加了管理的复杂性和责任性，与此同时，也加强并确定了它的地位。重建的重任已经加到了管理方身上。承担重任意味着戴上皇冠。现在，管理方在工业中站立着，就像正在为一场比赛而做准备的一个年轻人一样。它作为工业的指导因素而出现。这个一直内在于工业中的要素，现在正呈现新的属性，并且随着对它的领导地位的认识的发展，它将承担各种新的职能。

新管理的本质特征是它正在成为一种职业。在某些领域它已经是一种职业，但仅仅在人们所从事的工作被看作是"职业性的"那些领域中，而不是在工业领域中。新管理自身正在变成职业性的，在它自己的所有层级上变成职业性的。一种职业以存在着一门科学或对真理、事实和原则的整理安排为前提。它也以职业人对这门科学的学习达到某种公认的标准为前提。因此，工业管理趋向于并且最终一定会变成一种公认的职业这一信念,是建立在对管理工作和管理者个性的新的认识的基础之上,使用"管理方"和"管理者"作为普遍术语,用于指称那些在工业中从事指导、组织和促进工作的人们的整体。管理这门科学,是把事实和原则精致阐述为一种有序的知识,这种知识是未来的管理者为了职业资格而必须获得的。目前,管理的科学正在逐渐形成。它至今还处于实验阶段,不同的作家和理论家提出了不同的准则。大量的经验的源泉仍然未被开发。它还没有达到法律的精确或医学的准确那样的程度。但是工作在进展。现在,对一个学生来说,学习这门科学是可能的——这在几年以前还是意想不到的事情;并且,他仅仅使用一点点的特定工业行业的实用知识,在比较短的时间内就能够诊断出管理的毛病并提出解救办法。弗莱明先生说,"除了特定工作的有关技术外,现代管理有一种完全不同的技术。"这样的时代——人们就像现在从事法律事务或进入教堂一样而把工业管理作为一项职业的时代——确实就要到来了。对管理技术的详尽阐明,一定会使管理明确地成为职业性的。在存在着一种可以界定的技术领域的情况下,就可以制定某些精确的准则,掌握这些准则将使一个人有资格进行实践。工业中的管理职位,将会像一位城镇职员或城市检查员的职位一样进入广告招聘。预见这一时代的到来,没有超出合理预期的范围。标准科目的公开考试将决定一个候选人是否适合他的管理职业实践;大学课程里开设了管理技术课程,并且,就像那些现存的机电工程师协会、律师协会、测量师协会一样,人们将建立职业经理人协会,以促进其成员的利益和推动他们职业的发展。这个时代即将来临。大学已经在教授管理科学;有些机构正致力于管理科学的发展,有些协会正在努力实施这种科学;有些杂志和社团正在确定和传播管理科学的事实;必要的资格要求已经存在,尽管只是大体可辨,但对于工业中的许多管理岗位来说,能够把这些资格要求制定为一般的规范。

在美国——甚至比在我们国家更显著——这种运动已经在发展,也许确实已经非常繁盛。"工业工程师"在美国是一种专业人员,他们是企业的医疗人员。这是一种特别的发展,或许是一种早熟。因为管理专家的未来,不是处于众多单个企业之外,而是作为其中的活跃力量。目前,"工业工程师"担任管理层的顾问角色,他们成为管理层人员的日子为时不远了,他们将不再需要外面的帮助,他们自己是有能力的,经过训练可以胜任管理的职责。

这样一门科学和职业的存在明显地依赖于管理的稳定。因为在任何企业的行为中,管理都是一种内在需要,因而把管理设想为一种职业是可能的。无论是个人提供资本还是国家提供资本,无论劳动是通过双手还是通过机器来进行,无论是工人广泛控制工业还是最独裁的权力支配工业,管理的功能都依然存在。其至在企业管理中增加委员会的使用也不能够影响管理的稳定,因为委员会必须或者依赖于专家,或者由技术专家组成。委员会既不能解决企业痼疾,也不能提供理想之道。凡是有技术应用的地方,受过技术训练的人能够单独完成工作。如果我们精心阐明一门工业管理的科学,将来的工业管理者必定不可避免地首先要成为一个学生,然后成为一个专业人员。

随着现代管理的发展,它正在几乎不自觉地变得越来越科学。也许它不是有意致力于一门科学的精致阐明,但既然它的日常事务变得越来越具分析性,它的方法就正在导致这一目的。这一代人之前的管理是综合性的而不是分析性的。它依赖于机会或者是主动性。它建立在信任的基础上。它没有停下来去进行分析、分解、调查;一看见机会,它就冒险并且全力投入。现代管理则趋向于建立在更加确定的基础之上,因为风险更大,失败的惩罚更严重,竞争更激烈。必须扣除成本,必须研究操作,必须对工人进行心理检查,必须考察工作进展。在生产型企业中,没有一个问题是如此不重要,以至于它不经过对事实的适当考虑就能获得解决。没有知识的创造力是很危险的。

显然,分析精神对管理的驱动越多,我们就越接近形成一门科学。不过,我们应该仔细地注意到,管理科学和管理所使用的那些科学之间的区别。当管理所使用的手段变得更加科学时,对那些手段的使用本身必须变得科学。对各种科学的协调、组织和指导本身是一门科学。例如,虽然医学科学被运用于工业,但它本身并不是管理科学的组成部分。管理虽然运用其他各种科学,但它自身的科学与它们截然不同。管理科学是这样一种科学:分析工业管理的任务和每个任务的分支,并最终建立一个知识基础,以便管理可以根据它去运用、组织和协调其他科学,完成共同的生产目的。①

---

① 参见 A.汉密尔顿·丘奇先生的评论。"技术效率的操作不是管理科学的一部分……管理科学不讲授、也不假装讲授操作的效率。如果我们不知道怎样防止一件织物缩水或怎样冶炼钢的弹性,那是在操作效率方面的缺陷,没有任何管理系统能够克服它……管理是使用技术的科学,但并不增加技术的效率。"——A.汉密尔顿·丘奇:《管理的科学与实践》,纽约,工程杂志出版公司,1914年版,第三章。

尽管我们对管理做了初步定义,尽管我们对管理的发展进行了考察,但这个概念所传达的一定仍然只是一个模糊的印象。因此,需要确定,第一,管理任务的主要划分;第二,管理在不同层次上所需要的资质;第三,使共同任务的划分和人们能力的划分二者可以最有效结合的组织形式。最后一个问题将在第四章中探讨,前两个问题我们现在开始研究。

可以把管理工作描述为以生产任务的基本划分为基础的一组相互依赖的职能。关于生产任务划分的知识是一个工业企业发展的真正基础。它对工业管理者的关系,就像生物学对医生、力学对工程师的关系一样。它是管理者的基础,决定着他的成长路线。许多工业企业的巨大规模,以及它们大部分并没有根据生产的基本划分而发展到目前的程度这一状况,使得它们返回到上述这些基本事实上来成为非常必要的事情。因为,虽然企业也许可以通过建设性头脑的真正力量而发展,但在现代条件下,维持企业的高水平或进一步发展,不仅是管理者的个性问题,而且是科学真理的运用问题。

经验性的企业管理的全盛时期已经结束。现在是基于对工业实体进行严格分析而对发展进行科学调节的时代。因此,我们的工作是科学地把生产任务分成各个部分,这首先以工业发展的自然过程为基础,其次以相关活动之间的不可分割的关系为基础。这是确定管理的主要职能的两个原则。第一个原则指明了工业是有机的发展过程,管理的职能是从原来所有职能都集中在一个人身上的那种状态开始向下授权这一过程的结果。第二个原则指明了管理任务的划分将根据存在于各种活动群体之间的关系,就像按照相似性而分类一样。这两个原则的第一个原则,虽然在很大程度上是由汉密尔顿·丘奇提出的,而他也继续是研究这一主题的主要权威,但是,如果同样的结果也能单独通过第二个原则的应用而获得的话,那么,第一个原则显然仅仅具有学术的价值。①

我们的分析应该科学地基于存在的事实,而不应该遵循上述关于向下授权过程那样的路线,因为它在很大程度上是有待证实的。这一点至关重要。而且,既然我们的分析伴随着决定管理的一般任务这一目标,那么,我们对任务的划分一定是每个职能都可以被设想为能够为单一个体的能力所指导。②

因此,我们必须以这样一种方式确定管理的职能:第一,每个职能构成一组密切相关的活动;第二,每个职能明显地同其他职能区分开来;第三,每个职能适合于单独的控制。在这个基础上,可以认为,管理的职能像下面图表所显示的那样(见图1)。

财务职能将被突出地与其他职能区别开来。这种职能主要涉及资金的供应和分配。因此,它处于狭义的管理范围之外,并且可以被描述为资本在工业中的唯一职能。不过,就它需要管理层的一部分人去关注它的使用并处理像信用额度、税收、现金、保险和投资额这样的事情来说,我们不能够合法地把它省略掉。在任何企业中,对资金的控制是公司所有者、股东和他们的代理者的事

---

① A.汉密尔顿·丘奇:《管理的科学和实践》,纽约,工程杂志出版公司,1914年。见第四章第 74 页的表格。
② 参见 C.E.克诺培尔为《工业管理》所写的系列文章"工业组织的法则"的如下内容:"因此,组织的科学能够被定义为把一个复杂的目标划分为较小活动的过程,每一种活动都恰当地处在个人努力的范围。"

情。管理只是涉及资金的运用而不是它的供应。实际上,财务是一种"交易"职能,而并非"工厂"职能。它是资本的职能而不是管理的职能。公司秘书、出纳员、总会计和审计员,并不是真正的管理人员的一部分。他们是资金职员,并且因此与管理职员区别开来。

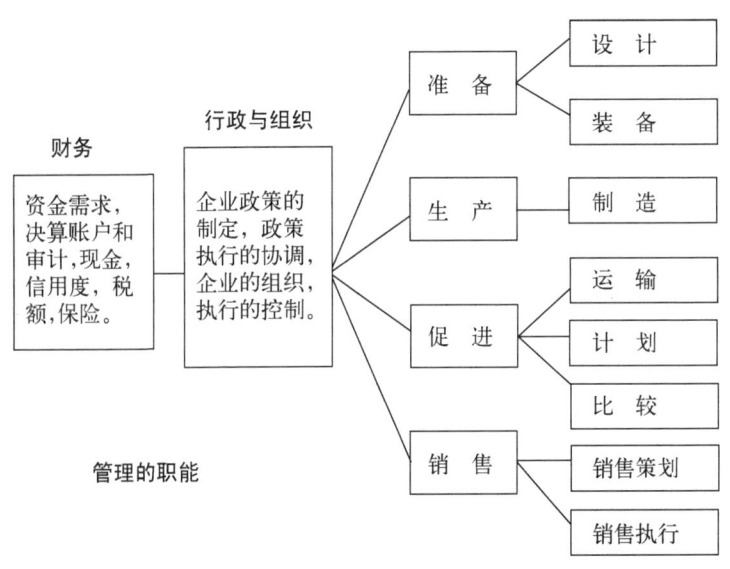

图 1　管理的职能

在财务职能之后,是行政这一主要职能,它涉及公司活动的协调和组织,企业政策的制定和对政策执行的控制。这个职能处在财务和狭义管理的中间,它是"老板"的职能,是一个公司的实际所有者始终保留并且不能移交的职能。不过,这个职能清楚地分为两个主要部分:第一部分与政策的制定有关;第二部分与组织和控制有关。前者可称为"决策"要素,后者可称为"协调"要素。前者与财务更加密切地关联在一起,因为关于广泛的企业政策的各种决定通常必须基于对资金的考虑之上。后者则与管理更加密切地关联在一起,因为后者的事情就是对管理的组织和控制。在一般的企业中,决策要素被董事会执行,协调因素则由董事总经理或总经理来执行——或者像在美国那样,是由总裁来执行。

进一步说,就这个协调要素把自身扩散到管理领域这一点来说,它一般包括了控制的职能。在一个工厂内从事协调他人活动的所有人员,都在这一职能之下。这包括一般被称为"部门经理"的那些人。这些人构成了可以称作行政职能从属分支的部门。他们的直接事务是对实际制造过程进行监督,但是这样的监督一定与对有助于制造效率的全部其他职能的协调有关。因此,他们的主要职能是协调其他职能。在一般的工厂内,这个职能还没有被充分地发展。在行政、控制、计划和制造之间,还没有清楚的划分。我们至今还没有完全确定的事情,是协调在工业中的地位。我们毫无保留地承认它居于组织的顶端,但我们尚未认识到,这一必然处于顶端的职能必须通过组织的各种分支来实施。在组织的各种各样的位置中,一定存在着诸多协调中心,只要协调在发挥作用,行政职能就可以说是处于运转之中。这样的中心或位置位于制造过程能够被划分的地方,即处于制造职能的每一部分的顶端。丘奇先生把这个职能描述为——虽然他的解释有点不同——"巨大的综合器官"。这一职能既存在于组织的顶端又存在于制造这一职能的各个分支中,控制和协调着所有其他贡献性职能的活动。

行政职能不仅延伸到财务领域,而且延伸到管理本身的合法领域。继行政职能之后,我们进入到狭义管理的整个领域。这个领域的第一个主要划分是被称之为准备、生产、促进、销售的四组活动。这个主要划分对于区别实际的产品生产和那些贡献性因素是必要的。后者一方面必须先于生产,另一方面必须有助于生产。在决定哪些因素是基本的、哪些因素是辅助性的方面,上述区别是根本性的。在逐步确立管理任务的过程中,产品的实际生产的基本特征被掩盖。管理的整个组织赖以建立的基础,是产品的生产过程。所有其他一切对于这个根本的事实来说都是预备性或贡献性的。我们可以通过我们所希望的组织而囊括实际的生产过程,但生产的基础仍然完全不同于那些也许表现为必需的准备、促进、销售等活动。而且,这样的活动一定必然以生产为基础并且与生产相关,它们只能根据生产运转的比例而进行。

我们可以把生产描述为实际的制造产品的过程;把准备描述为在制造产品之前所必须进行的活动;把促进描述为贡献于生产的活动;把销售描述为处理产品的工作。

那些准备的职能可以被描述为设计和装备——这是两组先于把人们的努力指向实际生产材料的活动。设计是根据产品的性质,提出关于这种产品的最初观念,指明产品的外表、尺寸、形状、重量等。装备是提供必要的厂房、机器和工具,以使在此之前所提出的设计观念能够被实施。这是两个"原创性"职能,没有它们,生产就不能开始。然而,这两个职能都有促进的方面,因为设计职能会不断地更正和检查、改进和改变原来的目的,装备职能必须不断地修理和维持它所建立的工厂。但在主要意义上,它们是准备性的职能。主要原因是,尽管劳动是可以获得的,然而,如果没有上述两个职能,就既没有关于劳动努力目标的指导,也没有把劳动努力实现为有效目的的工厂,因而生产是不可能的。

　　直到我们决定自己将要制造什么时,我们才能进行制造。不过,设计的性质在不同的行业之间必定各不相同。在工程企业中,设计是一个构思和绘图的准备问题。在其他企业中,一旦决定制造某些确定的产品,产品的实际设计过程——即决定产品的具体特性——也许几乎总是可以忽略的。在这些行业中,设计更多地是原料的问题而不是设计图纸的问题。例如,在一个制造食品的企业中,"设计"主要在于所需必要原料的购买过程。因此,在这样的情况下,用"购买"概念来称呼设计这一职能应是合理的。在这两个极端之间——在一个极端那里,产品的设计是最重要的,在另一个极端那里,除了按照原材料而进行以外,设计是相对十分次要的小事情——将存在着各种层级,包括二者的各种结合。例如,在某些企业中,实际产品可能主要依赖于采购部门的本领,而设计则在于指明各种原料的混合方式,决定为了投放市场所需要的包装盒子、封套或罐子的形状、尺寸和装饰。不过,一般说来,在制造过程是把各个部分装配成一个完整的整体的情况下,应该把这个职能明确地称为设计;但在生产过程是对具体原料的渐进处理的情况下,把这个职能称为购买过程会更加清楚。在后者的情况下,这一职能可以被描述为包括原料到达工厂以前的所有活动——内部运输、运输保险、培育方法——的研究,并且,如果一个公司自己培养或生产原料的话,这一职能还包括房屋场所和生产方法的控制。

　　准备职能的另一个方面,是提供必要的厂房、工具和机器,即装备的职能,它涉及房屋、机器、电力、照明、供热、器材等方面的供应、建造、施工、安装、维护。它明显地区别于其他职能。它不同于制造,因为制造利用工厂但不负责工厂的供应。再者,它不同于设计,而是为设计的执行提供必要的装备。这种职能的一部分,是负责空间分布、工厂布局、房屋和厂房对于目的的适应性,以及安装省力设备如起重机、铁道、输送机、转向架和吊车。在安装这些设备之后,还要负责对它们的保养、修理和清洁。因此,这一职能主要分为安装和维护两个方面。但是,维护完全依赖于最初的安装,而且,尽管维护可能被认为是促进而不是准备,但它的性质完全不同于那些被归在促进标题下的活动。因此,把装备看成是不同于准备职能的任何其他职能,都是不合逻辑的。

生产活动——管理活动的第二个主要类别——是单独的和明确的。它是产品的实际制造——在制造过程中对各种机器、工序、操作、人员和方法的运用。

制造职能是运用技能和努力去改变材料。这是实际做工作的过程。它与规定将要做什么的设计职能不同,也与提供工作手段的装备职能不同,还与规定以什么顺序、完成多少生产量的计划不同。虽然"制造"可能是一个更加不言而喻的术语,但丘奇先生把它称之为"操作"。他描述如下:"操作包括制造的实际技术过程、机器的操作、工具的使用、还有工头和工人的技能,这包含在他们运用工具和机器去改变材料的方式中。改变材料的状态是根本和突出的操作行为。"不过,这有可能过于强调这一职能的刻板外表。从实际的目的来看,制造过程可以包括不同于实际操作的活动。例如,它可以包括某种程度的检查,因为,工人工作任务的一个组成部分,就是负责清除劣质产品或次等材料。当然,从逻辑上来看,这明显地区别于纯粹的制造活动,但从实际目的的角度看,将它们二者分开是十分不可能的。因此，可以认为，制造职能容许包括其他活动，这对于实际操作是必需的，并且内在于实际操作之中，然而却不同于实际操作。制造是基本的工业职能，是工业的本质，是一个公司的原初活动，随着公司的发展，全部其他活动从制造中产生出来。每个职能都是从制造职能转移而来。这个职能把一个行业和另一个行业区分开来，因而它是基础的职能。完全撇开所制造产品的特性来看，其他职能都有共同的主要特征。然而，在实际制造方面，每个行业、甚至同一行业中的每个企业，都是各自不同的。

与此同时，促进的各种职能是每一个行业或每一个工厂都具有的。不管产品的性质如何，促进的各种职能对每家工厂的管理都是共同的。这些职能的一般目的是促进实际生产——接管那些不是内在属于直接制造的必要活动，以便使集中在制造上的努力不会被外部因素所阻碍。

第一种促进的职能是运输职能——负责贮存、向外运输和工厂内部交通的职能。这个职能一方面与装备明确区分开来，另一方面与计划明确区别开来。装备提供和维护必需的机器，提供运输和贮存的建筑物——仓库、货物架和储藏箱、输送机、转向架、轨道设备和吊车，但不涉及它们的使用。与之不同，计划则是根据运输设施来安排工作进程，但并不实际控制运输设备的使用。运输职能是做出最有效的运输安排以及控制运输设施的使用。它根据计划职能所提供的规划来运作，并使用装备职能所提供的设备，但它不同于计划职能和装备职能，就像制造职能不同于计划职能和装备职能一样。同样，它与销售职能也不同，它的工作是把产品运送到车站,运送到旅客或顾客那里。

第二种促进职能就是计划的职能——这一职能涉及从接到客户订单到各种各样的制造过程、再到准备交货的计划。它确定制造得以进行的各种安排,对将要进行的工作和方法做出必要指示,调整正在进行的工作操作效率,指导工作从一个过程进展到另一个过程。这一职能和由管理的协调要素所执行的控制,存在明显区别。计划不是控制,而是制定使控制付诸实施的必要规定。计划决定一定数量的产品要按照一定的程序和一定的时间来生产。计划把自身建立在比较职能所提供的信息基础之上。由此,行政则是为了计划的执行而保证把所有职能有效结合起来。计划也有别于设计。设计是规定产品的特征,并作出必要的说明。计划是为生产作规划,而行政则控制规划的实施。

第三个促进职能就是比较的职能——这一职能涉及观察和记录所有其他的职能活动,用确定的标准对这些记录进行比较。在技术方面,它包括对材料、过程和方法的分析与研究;在行政方面,它包括对时间、数量和价值方面的事实和数据的记录和比较。显然,比较与计划密切相关。只有以比较所提供的事实和推论为基础,计划才能够建立自己的方案。必须把比较的两个部分——技术方面的比较和行政方面的比较,明确区别开来。的确,如果不是由于它们对其他职能的作用是相同的,而把它们看作是各自单独的职能,会有许多内容可以讨论。它们代表着人们在两个不同领域中进行调查和整理结果的同一种能力。在各种类别的研究中,成本、产量、库存、消耗、闲置时间的统计以及类似的事情是必然要做的。因此,很难将研究从比较中完全分离开来。如果比较纯粹是数据的积累而不考虑从这样的数据中将要得出的推论,在比较这一名义下的研究内容可能是不合理的。然而,既然比较这一职能不仅与统计资料的汇总有关,而且与为了表明某些事实而对统计资料的比较有关,那么,正如研究与为了揭示其他事实而进行的技术数据汇总有关一样,比较与研究二者是不能够被恰当地分割开来的。

第四个促进职能是劳动力人事职能——这一职能涉及对工业中人的因素的适当处理。同样,必须把这一职能与制造这一职能,以及行政的协调职能区别开来。从某种意义上来说,可以把劳动力和制造的关系比作装备和制造的关系,因为劳动力人事职能提供了所必需的劳动。制造同设备、劳动是可以分别来对待的,但没有设备和劳动,制造就无法进行。然而,由于装备职能的大部分涉及提供建筑物和厂房,因而是一种准备性的职能,而劳动力人事职能的大部分则涉及雇用员工后对员工的维持,因此是一种促进职能。进一步说,装备职能是一种"创造性"的职能,因为它在运用制造活动的努力之前,建立起了房屋和工厂;而劳动力人事职能,从准备职能的角度上看,纯粹是一种"选择性的"职能,因为它选择了一种具有自然性质的努力资源。因此,选择雇员与其被看作是对运用努力的准备部分,不如被看作是促进这种运用努力的一部分。这样,劳动力人事职能涉及员工的招聘、转移和解雇、工资的确定和支付、工作的人为环境的控制、员工的培训,以及合作的培养和所有生产人员的福利的开发。另一方面,行政职能则是把工人在职能的意义上纯粹作为制造职能的一个因素。行政不关注福利、培训或工资,只关注工人的工作。劳动力人事职能把人作为人来对待——除了人所从事的活动以外。其他职能是根据人所执行的工作来对待人；劳动力人事职能则是把人作为人的存在来对待。

剩下的职能就是关于销售的那些职能，我们可以把它们描述为处理制成品的活动。销售的整体运转构成了一个非常独特的活动。不可能把它看作是内在地与准备活动、生产活动、促进活动相关。就销售政策的决定来说，销售必须接受行政的一般指导，但作为管理的一种事情，宁可把它看作是具有自己的计划、比较和劳动力分工的自我支持单元。然而，尽管可以明确地把它划分为与生产和促进方面的各种职能相对应的职能，它的范围还是可以被进一步限定。有两个直接的分支似乎很清楚，第一，销售策划，第二，销售执行。前者与计划和比较这两种促进职能相一致，后者与生产制造职能一致，并伴有与装备、运输和劳动力人事的某些职能部分相对应的辅助因素。可以把销售策划描述为设计销售计划、研究市场条件和产品、提供关于影响销售政策执行的所有因素的有条理的数据。可以把销售执行描述为销售计划的实际执行、销售结果和广告结果的记录，以及采取必然与执行而不是与计划更加紧密相连的直接步骤，例如，聘请旅行推销员以及对他们进行培训、采购和运输广告材料等。顺便说一句，可以认为，产品的运输是工厂的促进职能，因为直到把产品从工厂运到销售职能接手并直接把商品销售给客户的地方，生产职能和促进职能才算完成。如果能够把产品从工厂直接发送给顾客的话，那么，在这一点上是清楚的——销售和运输是重合的，并且这只是关于哪个职能承担这样的发送和运输更加方便的问题。例如，如果有不止一种派送方式用于产品的分销库站和直接送货给客户，很明显，既然运输职能负责运送产品到分销库站,那么,也由它负责直接把产品派送给客户就更加方便。

因此,这里提出的看法是,销售管理是一个单独和分立的业务分支,它的两个主要职能是销售策划和销售执行;但是销售的行政指挥又内在于作为一个整体的企业的行政指挥之中。在销售是处于总体的企业政策所支配的范围内,它与涉及企业所有其他职能的因素都有关系,并且必须相应地处于行政职能的总体控制之内。在企业政策确定以后,在销售是一组不同于产品制造的完全独立的活动的意义上,它对企业政策的执行,由于是通过确定自己的计划和实施手段来实现的,因而只能被视为是完全与生产和促进职能相分离的活动。①

到目前为止,我们已经确定了工业的基本职能;我们还没有以任何方式谈到把这些职能锻铸成一种组织形式。不过,如果这些职能是以自然成长、内在联系、人的能力为根据而构成了科学确定的划分这一点是真的,那么结论一定是:一个组织的建构必定和这些划分路线相一致。然而,组织不只是一个职能的问题。它更是工作职能和人的能力的结合问题。实际上,组织不仅决定着一个人工作的那片领域,而且决定着他在工作中将要发挥的能力。因此,许多人将从事同一种职能的工作,但每个人都贡献不同的能力——建议的能力、监督的能力、办公室工作的能力,等等。我们现在应该着手分析的,就是这些各种各样的能力。

---

① 这里插入对销售职能的这些说明,为的是使作为一个整体的企业的各种职能得到充分展示。在本书的剩余部分,将不再进一步讨论销售业务。

不过，在这之前，应该澄清一个一般的误解，即把"办公室工作"看作是一种职能的观点。从逻辑上看，不存在把办公室工作的不同部分结合在一起的共同因素。不同的办公室执行属于不同职能下的不同类型的工作。在理论上，这通常是公认的。但当涉及建构一个组织时，理论是被忽略的，并且，所有的办公室科处都被集中在一种控制下。我们必须认识到的是，办公室工作不是一种工作职能，而是在任何职能中都可以运用的人的一种特殊能力的发挥。除非我们认识到这种主要的区别，否则可能会导致相当多的混乱。

现在，我们可以考虑妥善执行每一种职能所必需的能力的性质。同一职能的所有职员并非必然都是执行官员。有些人是提供咨询的，另外一些人从事调查工作。也许一名职员将结合几种能力。他可能会进行调查，提出建议，并付诸执行。不过，区分这三种能力是很重要的。可以说，能力的分工是以与职能分工相同的方式而做出的。每一种能力都可以被视为从"单人制"实业这种假设情况的权力下放，在这种实业情况下，能力的职能分工集中在一个个体身上。公司的发展不仅涉及工作的下放，而且涉及在工作中所发挥的能力的下放。因此，被授权安装及维修设备的工程师同样也被授予了执行这项工作所必需的监督、执行、调查以及其他能力。因此，所要做的工作是根据已经列举的职能来划分能力，而那些必要的能力则是按照执行这些职能所必需的各种各样的责任、资格和技术来划分的。我们最终来到了这一阶段——根据所需能力而决定的各种确切层级的工人，为有效执行职能这一共同目的而贡献他们各自的力量。

所提出的能力的划分如下面的图表所示(参看图2)。这里也试图界定通常表明贡献每一种能力的职员的称号。由于没有任何被认可的关于这些称号的解释,这当然有点令人反感。不过,这服务于把所提出的层级纳入到日常事务的视野之中。

在思考这一图表时,有必要提醒读者,它并不必然代表一种公司组织形式,而只是代表被运用于管理任务的各种能力。这只是图像的一半,另一半是对职能的分析。这两者的结合才构成一个组织的基础。对于这个图表中每一种能力的描述,是试图说明这些能力之下的细分能力之间的广泛区别;一个人可以结合几种能力也是同样可能的。不过,人们一般认为,在执行共同的生产任务时,如果这项任务要被充分执行,就必须以某种形式使用所提到的那些能力。

六个主标题表明这种概括的划分。第一种能力处于组织的首位,是决定企业政策的能力。没有这种能力,企业将处于摇摆不定的状态之中。第二种能力控制企业政策的总体应用,协调各种职能及每一职能可能分解出来的分支,以及对执行能力进行控制。第三种能力是对各个部门和部门分支提供现场监督和协调。第四种能力是调查和统筹有关数据,并且根据这些数据,能够以对各种职能提供咨询的方式而行动。第五种能力是实际地执行任务、并将技艺用于实际操作的能力。另外,还有一种贯穿所有这些能力层级的能力,可以称之为协商的能力。这种能力可以由那些具有特殊资格的个体提供,不论这些个体是来自企业的员工还是来自外部人员,或者由结合了诸多个体的委员会来提供。这种能力是由董事会、工厂委员会、跨职能或跨部门委员会以及综合性大会和

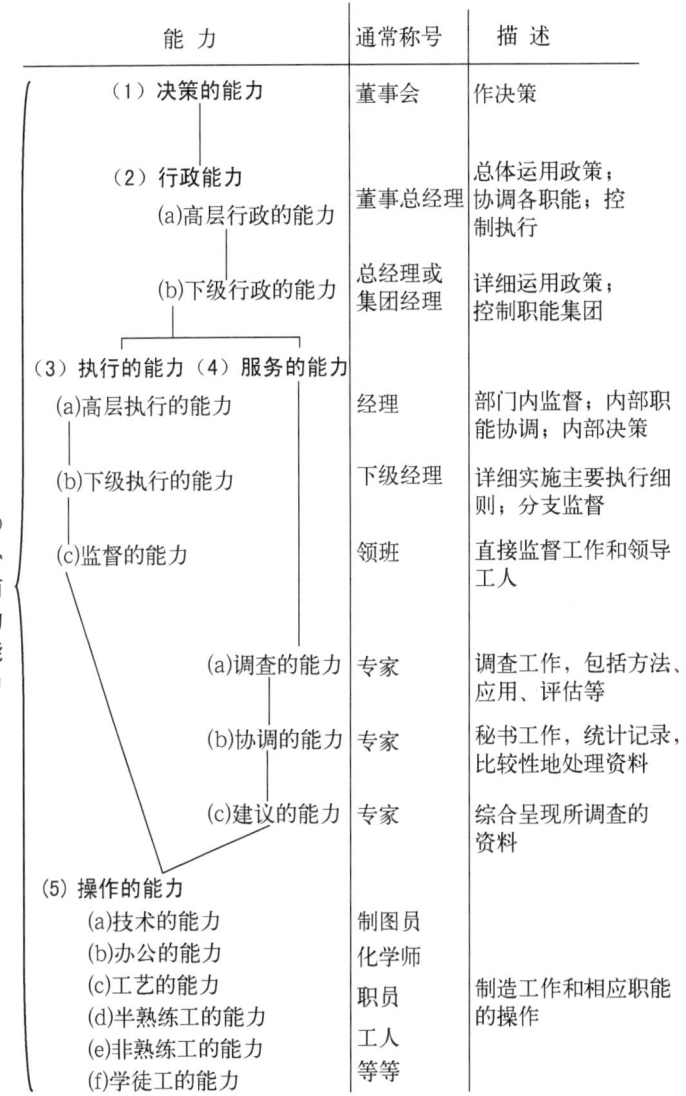

图 2 管理的能力

会议所提供的。而且这是一种特别的能力,即向工业工人介绍管理事宜的一种能力。①

最后,这些能力与管理的各种各样的职能相结合,将提供组织的框架。对于这章所讨论的基本原理的进一步展开,将在第四章予以进行。这里只是指出本章已经阐明的三个基本原则。

第一,我们能够确信存在着管理的科学基础。根据过去一个世纪所有的无计划的发展成就,找到科学的事实调查所支持的一般原则是可能的。我们再也不能怀疑工业管理活动可以被分析为若干部分,并且以事实的积累为基础,也应该能够确定这些部分包含哪些最终能够被接受为管理工作的标准部分。我们还可以肯定的是,管理方是工业中明显不同于资方和劳方的一个独立存在体。进一步说,在我们时代的精神中,我们能够看到,以对基本真理的无知为基础的习惯和习俗,不能够再自命去指导工业的发展,而且,在从事管理的人们所需要的东西中,最重要的是科学思维的能力。习俗已经起到了它自己的作用。正如马歇尔教授写到,它已经"提供了使任何普遍赞成的改变能够持久下去这样一种高级服

---

① 关于在职能的执行中所运用的能力,读者可参考 A.D.丹宁《科学管理》一书的第五章,尼斯比特出版公司,1919 年。(根据谢尔登的图表,可以对六种能力做如下具体补充说明:第一种能力是决定的能力,承担这一能力的是董事会;第二种能力是行政能力,承担这一能力的是总经理或下级总经理;第三种能力是执行能力,即执行总经理的工作计划、指示和命令的能力,承担这一能力的是经理、下级经理、领班;第四种能力是服务的能力,承担这一能力的是调查专家、协调专家、咨询专家;第五种能力是操作能力,承担这一能力的是技术、办公、工人等人员。第六种能力是协商的能力,承担这一能力的是具有沟通、解释、咨询等协商能力的人员。需要注意的是,他的这一图表与他前面对于行政的界定,并不完全一致。——译者注)

务";它已经"提供了一个永久的整体设计的躯体,在其上,每一个新的心灵都可能会为了节约劳力、增长效用、或更加令人满意的效果而试图做出某种改变"。[①] 但是,习俗的统治正在被科学所代替。在我们过去一直忽视了分析和构建确定基础的地方,将来我们必须以精心设计和计算的方案为基础,按照最切实的调查所建立的标准来规划我们的行动。

第二,如果我们已经确立了可以把管理还原为一门科学这个原则的话,我们同时会得出结论,管理能够通过科学方法而不是通过老板的独裁来运转。管理已不再是挥舞的鞭子,而是探究经验和依赖于事实的过程。管理的领导层是以知识而不是以权力为基础。管理的任务不再仅仅是"使工作得以完成",相反,在它的大多数活动里,它通过运用由调查和解决问题的训练所获得的能力而进行工作。事实上,管理已经发现存在着它必须服从的诸多规律。

第三,我们必须确信,管理实践不能托付给不称职的人。管理已经如此重要,它绝不是一种闲散而随便可以从事的工作。如果管理是建立在科学之上,如果它的实践是一种职业,那么,将来我们必定期望它的代表者是拥有较高能力和完备知识的人,他们在职业上已经合格,从而可以被委以管理实践所要求的重任。

[①] A.马歇尔:《工业和贸易》,麦克米伦出版有限公司,1919年。

第三章 管理的社会责任

概　　要

1. 管理主要是指导人的行为的艺术;而科学则是补充。这把管理与技术区别开来,并且把管理看作是一种职业。管理的社会方面的两个广阔部分:一是对共同体的关系,二是对它所指导的人们的关系。

2. 生产和分配与共同体的需要相关;这种情形构成了工业是为共同体服务而存在这一信念的基础;服务不能够整个地是经济的;它在动机方面是伦理的。随着管理方开始承担新的角色,这种动机就显得更加清楚。这是一种被管理方和工人都接受的动机。这种动机或理想把财富从属于福祉,同时给予产品以伦理评价和经济评价。它使共同体对工业方法和工业结构产生兴趣。由这个动机将产生某些意义,这个动机的成就依赖于效率。

3. 这一服务理论形成了一种关于管理和劳动的关系的新观念。工人主要是个体和公民;工厂生活影响社会生活。因此,管理就有一种公共责任。对管理的人性方面的需要。对尊重和友谊的需要,管理对此应该起领导作用。对工业中的心理研究的需要。对工业理想主义的需要。工业中运用民主的需要。

第三章　管理的社会责任

4．这一服务理论关注生活标准和工作时间。作为一个高水平的全面标准的基础，生活标准不仅仅指物质的东西，而且依赖于效率。疲劳研究对闲暇问题的影响。长时间和单调工作的公共损害；对于心理学来说这将是一个富有成果的研究领域。

5．这一服务理论还对失业问题、工业控制以及繁荣共享问题提供了某些启示。权利与义务并存，特惠与服务相伴。需要复兴工业的基本伦理。合作必须取代竞争。物质进步必须伴随道德进步。这从工业生产基本目的的实现开始。

在前一章中，我们把工业管理作为一种必然活动进行了探讨。这种管理随着工业复杂性的日益增长而发展，它包括某些完全限定的领域，通过某些一般的方法来进行，涉及诸多特殊的能力。这些因素的结合就是组织的基础。然而，组织本身不是管理，组织一个企业的任务也不是管理一个企业的任务。工厂的组织就像一座花园的设计，这发生在管理进行种植和滋养未来会开花结果的种子之前。行政提供设计，组织就是那个设计的实现，管理运用设计。然而，管理不仅仅是一种涉及机器、设计图纸、会计资料和科学方法的职能。它主要是一门艺术："通过指导和调节而进行管理的艺术。"（《世纪词典》）管理首要地是一门关于人的艺术。的确，管理首先是指导和调节人们行为的艺术——对于人们的大部分非休息时间都是如此——是为了满足他们同伴的物质需要，满足和发展他们自己的物质需求、道德和智力能力。

有必要马上强调这一点。工业管理主要是对人的管理。当前,在管理方面的科学研究浪潮常常受到批评,原因是它倾向于忽视人的因素。不能否认,现代的发展已经给管理增加了许多具有或多或少的科学技术特征的辅助职能。然而,这在任何方面都没有从管理那里剥夺对人的管理这一最重要的任务。由现代研究和进步带给工业管理方法的所有科学,只是在由此而对人的管理变得更加有效的情况下,才能被证明为是正当的。没有人,应用性的工厂科学不能发挥作用,但没有科学,人却能够生产。人是根本性的,科学只是辅助性的。

林登·麦卡西先生在工业管理协会上的一次演讲中说:"在我的经验中,资方通常都认为,对人的管理的艺术,使人们做出最好的努力,是技术能力的一种惯常副产品。"在我们回到组织工厂这一问题之前,把下面这一点弄得很清楚是绝对必要的:经由所有各种各样的生产途径和促进途径,管理的卓越任务就是指导人们的行为。因此,管理的实践,需要人的能力。这不是对机器的操作,而是对复杂的和神经的有机体的指导。很明显,这比科学方法要求得更多,比有效的机械要求得更多,比技艺的能力要求得更多。渗透到所有这些之中并且比其中任何一项都更加重要的东西,是人性理解这一必要素质。这并不内在于任何技术之中。技术可能是最高级的技术,但如果没有人性理解的推动,那么技术对于生产的贡献可能是微乎其微的。因此,管理的实践完全不同于支撑性的技术。在这一点上,管理与那些公认的职业是一致的。对于职业自身的认识,在每一个职业中都是不足的;每一种职业都需要人性的同情、理解以及技艺的运用这些素质。

因此,在组织的建构过程中——通过这种建构,管理方才能有效地履行自身职责——必须把管理所必须处理的人的因素考虑在内。管理者把组织仅仅建立在对他的任务的物质部分、完成任务的方法、执行任务所需的能力的分析之上是不够的。他也必须分析他的目标、他的理想、支配和表明他的管理的那种精神以及他与实际生产活动中的人的因素的关系。管理不仅仅是对机器的科学使用——这是严格依据建造机器时所设计的要求进行生产——而且是把人的因素和物的因素结合为一个真正和谐企业的艺术。如果管理的这一根本事实被忽略的话，那么，对管理的各种特征的分析都是无用的。

管理的责任是一种对人的责任，这是由对人的控制而不是对技术的使用所产生的。学经济的学生并不像运用经济学的管理者那样承担同样的责任。不论管理方是否或多或少地认识到关于它自己的科学，它所承担的责任照样存在。管理的责任基于这样一种事实，即它所指导的工业行为是由人的因素和物的因素所构成的。而且，工业是为了满足人的需要而存在的，这一事实也加强了管理的责任。因此，管理不仅对工业中的人的因素负有责任，而且对工业所服务的人的因素负有责任。

所以，当对管理的社会方面进行思考时，有两个大的方面需要讨论：第一，管理作为工业中一种不可缺少的、指导性的力量，与共同体整体的关系；第二，管理与进入工业中的人的因素的关系。就第一方面来说，管理承担着作为一个整体的工业的责任，因为它控制着工业；就第二方面来说，它对那些它所指导的人们承担着责任。

在管理和共同体的关系方面，管理是作为一个整体的工业的代表。因为,可以说,管理是一艘巨大帆船的舵手,它驾驶着这艘帆船乘风破浪,驰向公共目的的港湾。这是管理的根本目的。在最近两个世纪中,工业已经变得日益复杂,以至于它的根本目的在实现过程所需要的操作迷宫中变得模糊不清了。索利教授最近把工业描述为"人的过程,通过这一过程,使物质事物从属于价值的创造;也就是说,生产某种对人们是有价值的或被认为是有价值的产品"。① 事实上,评价工业产品的价值的,不是工业,而是共同体。因此,工业的目标不是纯粹的商品生产,而是从共同体的一个部分或共同体整体的角度来看有某种价值的商品的生产。在管理控制着这种生产的范围内,它的运转必然与共同体产生某种直接关系。它负责社会所必需的或存在着一种需求的产品的生产。顺便需要说一下,应该弄清楚的是,这里是从一般意义上使用管理概念的,并且,在工人也被咨询、提供建议和技艺,甚至自觉和愿意协助生产的意义上,工人与管理层承担着同样的责任。

然而,仅仅生产有用商品是不够的,因为共同体要求这些商品应该价格合理,以便共同体成员能够负担得起,并且能够合理地满足这些商品计划去实现的那些需要。这从共同体的角度构成了对有效率生产的要求,这要通过有效率的行政、管理、组织、熟练的工艺、恰当的利润、合法的工资等手段来实现。

因此,这点是十分清楚的:从根本上说,无论经济进步已经对工业带来了什么样的遮蔽,工业,特别是工业管理,在经济意义的任何

---

① W.R.索利:《工业的某些伦理方面》,载《工业管理讲演集》,皮特曼出版社,1920年。

程度上都是从属于共同体的。这是要求把"服务于共同体"作为工业的主要动机和根本基础这一理论的立足点。"除非把工业真正理解为一种为国家的服务,在其中,每一个个体都为了共同体的事业而以最好的能力履行自己的职责,都把私人利益服从于公众利益,一言以蔽之,在其中,我们为他人履行我们的责任——除非我们以此为基础从事建设,否则,我们就没有希望创建美丽的家园。"[1]

只要工业的动机是服务动机,那么它就不可能完全是经济的。因为,任何把个人或共同体的善放在服务者所获得的利益之上的服务,绝不完全是经济的或物质的。这种服务也许在性质上是经济的,但在动机上必定是伦理的。正是这种动机把对工业所提供的服务的现代诠释突出出来。人们从来也没有怀疑工业为共同体提供经济服务这一点;但新的哲学坚持认为,由这种服务所促进的共同体的善应是决定性的因素,而金钱利润则是从属于这种服务的。在工业中这种动机的缺乏,促使拉斯金按照社会服务的尺度把众多职业远远放在了工业之上。因为,在过去,当那些职业被"良好服务"的动机所驱动时,工业的动机却是自私的。

拉斯金的谴责在这一代人中在多大程度上是适用的呢?随着时代的变化,工业的精神无疑也在改变。当所有权越来越多地依赖管理、并且管理开始形成自己的实体以及划定出自己的领域和自己的成就标准时,管理就正在开始发现一种新的动机,这与它所努力争取的职业标准更加一致,推动着它自己的奋斗方向。因而一种新的哲学正在以最大的努力向前发展。管理正在发现闪烁在

---

[1] W.L.希辛斯:载《现代工业的一些问题》,奈斯比特出版公司,1918年。

共同任务之巅的一种新的精神之光。这种精神就是服务精神,即作为一种社会力量的工业管理指导工业服务于共同体这样一种观念。这是一种管理方和劳方都必定共有的动机。谁知道这种动机不会最终把生产中的所有伙伴联合在共同的热情中以实现相互接受的目标?

最近,119个工会在华盛顿集合,提出了一个"权利法案",以下是他们提出的具有重大意义的宣言:

"美国的理想应该是构建以服务为目标的工业组织,而不仅仅是追求利润……劳方渴望设计出用于工业的更好方法,并且要求确保所增加的生产力将被用于服务而不仅仅是为了利润。"

同样的声音响彻在大西洋此岸,这就是"建筑工业行业理事会"福斯特报告的著名开场段落所表达的:"一种新思想的号角已经吹响在整个工业领域中——这就是我们的工业是有组织的公共服务,是一种伟大的自治民主机构。"

随着资本从工业日常事务的参与中退出和管理领域自身的扩大,仅仅以利润作为动机变得越来越不合时宜了。随着生产的主要伙伴在工业行为方面变得日益不再受资本干预的限制,对动机和理想的需要——这将恰当解释工业存在的根本目的——也就成为一种共同的需要。管理者的职业正在变成一种公共职业;管理者正在日益感受到对共同体的义务。我们确实正在见证着伦理考量作为政策的一种决定性因素进入到工业的指导之中,至少与利润考量或个人进步同样重要。这样的考量假定共同体不仅对工业产品拥有权利,而且对工业的方法拥有权利。这样的考量假定了工业在共同体可能要求的条件方面的责任。"在将来,企业迟早需要证明它的管理的正当性。它必须设法保证社会对它的支持"。①当共同体的良心所普遍接受的动机支配管理时,管理也将会相应地获得共同体的支持。

如果服务动机将决定由管理所指导的工业去努力为之奋斗的理想的话,那么在工业面前至少有三个具体的目标。希伯姆·朗特里先生把它们概括如下:②

第一,工业应该生产商品或提供服务,它们的种类和方式对于共同体都能够是有益的。

第二,在财富生产的过程中,工业应该对共同体的普遍福利给予最大可能的关注,而且不得寻求有损于共同体的政策。

第三,工业应该以这样分配所创造的财富的方式,这就是最好地服务于共同体的最高目标。

事实上,服务的理想,是把财富以及它的创造与分配从属于更高的福祉需要——不是个体的福祉需要,而是共同体的所有构成部分的福祉需要。由于工业指导者所行使的领导精神在一个民族的各种理想中占有重要地位,所以,如果工业领导活动是自私的,只是追求物质目的,那么,整个民族的各种理想也就会趋向于遵循一种类似的过程。

而且,在这样一种关系中,必须记住的是,一种由于生产不足和不良分配所导致的较低的物质生活水平,包含着一种较低的道德水平。"一种更高的生活标准不仅仅是身体的享受和花费的能

---

① S.埃尔莫·刘易斯。
② 《企业活动中人的因素》,朗曼格林出版公司,1921年。

力,它还以更高的程度包含着荣誉、品质、责任感和节约。"①

因此,工业产品的价值,并不像经济学家所宣称的那样,完全是它们的交换价值。可以设想,产品可以拥有一种伦理的价值,这种价值是无论什么样的经济价值都无法进行评价的。在血汗工厂内所生产的产品的伦理价值,或者对共同体福祉有害的产品的伦理价值,可能的确与这些产品的经济价值是相反的。正如马歇尔教授在对荷兰工业力量的分析中所指出的:"制造业由之而具有重要性的所有那些特征,并非都是高品质的。大规模重复劳动的替代,标准化的生产,即使精确到千分之一英寸的标准,从人性的角度看,也不是超越传统熟练手工技艺的一种进步。它增强了人类应对事物的力量,但可能减少了人类控制自己的能力。"②

如果需要对工业的活动方式进行经济和伦理的双重评价,那么很清楚,管理方就需要重新调整它的视野。也就是说,它不能够把维持工业的现存结构作为它本身的一种目的。长远的理想要求长远的视野。在采取这种长远视野的过程中,管理方也许会看到这样的时刻——共同体精神的塑造将与产品的生产一样重要。

随着管理和工业这两个方面的效率的增长,每单位劳动的体力支出自然随之减少。管理方所承担的越多,工人付出的就越少;脑力劳动付出的越多,体力劳动付出的就越少。当工业变得更加有效率时,那种迫使大量人口从事令人不满甚至经常超负荷劳动的必要性将会按比例减少。由此而释放出来的人的潜在效益,可

---

① 引自 H.B.罗维尔的文章,见《格拉斯哥先驱报》,1920 年 12 月 30 日。
② 参阅前引,A.马歇尔的《工业和贸易》。

第三章 管理的社会责任

以很好地被指向从一个开明共同体的角度来看比满足它的基本需求的物质供应更加高级的目的，因为这种物质供应是在很少有助于发挥人的最高能力的情况下进行的。如果一个共同体在精神上像在物质上一样发展，那么它的精神能力对于日常工业生活辛劳的从属就将逐步减少。然而事实上，无论工业对共同体的物质服务是如何有效率，除非这种服务能够给予那些进入这一领域的人们以开发他们最高才能的最大机会——这是目前的工业生活几乎没有付诸实施的——否则，这种服务就是不完整的。当工业的动机真正是为共同体服务时，这种动机将不仅支配我们已知的工业主义方式，而且也将塑造我们还没有清楚意识到的一种工业主义形式。作为一个共同体，我们已经把当前的工业主义形式看作是现代社会的绝对必要条件。无论如何，我们可以期待工业将被这样来改造：即使机械的和令人痛苦的劳动仍然是必要的，工人也将被给予最大可能的机会去致力于其他兴趣，在其中他们可以更有效地使用他们的更高能力而为共同体做出贡献。

因此，这些就是服务动机的三层含义：第一，在当前的形式上，工业将既从经济的也从伦理的标准来评价它的政策和方法；第二，工业应该致力于实现这样一种结构，在其中每个个体都可以做出自己的最大贡献，并且被号召起来表现自己的个性，即使不是在他所执行的实际操作中，至少在与他的同事和管理方的关系中是如此；第三，工业应该这样指导它的事务，以至于其中的所有当事人都有机会把他们的最高能力奉献给公共的最高事业。

实现这些理想的进程依赖于工业的效率。随着工业能够以人们的更少努力去满足共同体的物质需要，将会有这种相应比例的剩余努力用于更高的公共目的。然而,这需要有更加先进的管理。事实上,在工业内外都有发挥更高能力的充足空间。当研究和发明减少了对机械工作的人力需要时,它们也就继续为进一步的研究和发明开辟了道路。事实上,工业效率的发展,使社会的进步达到一个更高的水平成为可能,在这个更高的水平上,更高的能力和美德实践成为必需。

战争时期惊人的工业生产率表明了在服务动力引导下工业可以取得的成就。已经有权威的估计指出,通过科学的组织,全世界的工作,由每个工人每天工作 4 小时就能够完成。谁敢说科学的进步不会达到将体力劳动时间减少到当前水平的更小比例?研究、发明、组织、管理和技艺,包含着这样的可能性——可以彻底改变工业方法,以至于把工业中运用人们努力的必要性降低到一种我们很少认为会发生的程度。

设想这样一种工业主义绝不是不可能:远远更加富有生产效率,用现在所需要的单调劳动的十分之一进行操作,给工人每天腾出许多时间用于更加适合于他们更高能力的兴趣,而且对于全时工作来说,要求人们在工作中把精神和智力能力发挥到与其他任何社会行为相同的程度。这是服务理论所展示的理想。促使工业更有效率的每一步,都是朝着这种理想的一种自觉迈进。在制造技术、各个企业组织、领导活动和劳动技艺、生产和分配中所有因素的管理这些方面的每一种改善——每一种这样的改善,不仅可以促进工业的善,而且可以促进社会的善。管理的责任是完善生产体系。共同体的责任则是,随着工业所提供的服务在物的和人的方面都变得日益有效,它将为把工业所不需要的能量贡献于既

第三章 管理的社会责任

获得个体的最好服务又促进社会的理想这两个目的做准备。

如果这些是从服务理论所引出的关于管理和共同体的关系的推论,那么关于管理和它所指导的那些人们之间的关系,我们可以引出什么样的结论呢?这实际上需要分析那些指导我们的劳动力管理的基本原则。

服务于共同体不仅在于为它提供物质生存所需要的物品,而且在于为它提供所需要的能够推动它前进的公民。因此,工业中的工人不只是物品生产的手段,而且是社会进步的一种力量。工人的职能不仅是工业的,而且是社会的。一个工人不仅仅是一个工人,而且是一个个体。这是构成管理之社会义务的基本原则——把工人不是作为工业的附属品,而是作为一个被借给工业去改善共同体的个体。将工人维系于工厂的纽带并不是维系他们生命的唯一纽带。还有家庭的纽带、社会的纽带、商业的纽带、民族的纽带以及宗教的纽带。没有任何理由认为经济纽带对这些纽带具有优先权。存在于工人和管理者之间的经济联系并不能取消工人的其他社会联系。

因此,管理的任务,并不仅仅是把工人和工作结合在一起,就好像二者处在同一个平台上。人远远比他所操作的机器要复杂得多。工作的设计需要技巧和脑力,对人的领导则需要耐心、鼓励,特别是同情心。工厂中人的因素既不是可以计算的,也不是可以测量的。它是一个五颜六色的漩涡,一个不断变化的光与影的混杂。目前,可以说管理把各种旋转的因素集中到了一个目标上,给每一个个体分派一种任务。

然而,即使实现了这些方面,管理的责任也还是不完全的。管理不能仅仅承担对作为工人的个体的责任,而拒绝承担对作为社会单元的个体的责任。两者不可分割地交织在一起。把工人的工厂生活和外部生活分离开来是不可能的。一个方面对另一个方面发生影响,因为个体的实际存在是连续的。因此,管理的责任不可避免地会超出工厂内部的生产领域。管理在工业中对工人个体所施加的影响,不可能不对他的其他方面发生影响。所有行为都是教育性质的行为。管理在工人中所倡导的精神,必然影响到他们作为父母、投票者和公民的精神。

管理的这种责任是更大的责任,因为管理不仅指导着大约占人口34%的人群的行为,而且指导着他们白昼时间的更大部分。[①]没有其他形式的社会行为实施这种接近于支配的活动。教堂可以向少数人布道,但一周只有几个小时;国家可以向人民要求的就更少。但是工业却一直影响着人们,从早到晚,从年轻到年老。因此,很清楚,物品的生产不是管理所报答给共同体的唯一服务。管理具有塑造人或毁坏人、提升人或抛弃人、培养人或摧毁人的作用。它可以通过对公民的影响而创造一个伟大的国家,也可以通过对父母的影响而使家庭幸福,可以通过影响各种团体的辅助者而使这些团体变得品质高尚;同样,它也可以在大众的冷漠、疏忽、疲乏、退化或自私的精神影响下而毁坏国家、家庭、乡镇。管理所需要的不仅仅是生产工程师、效率专家,也不仅仅是科学家和统计

---

① 博利教授在《工业生产的分工》中指出,在1911年4月英国的45 220 000人口中,大约有15 650 000人是工薪阶层。这当然包括一些不是直接被雇用于工业企业中的人。克拉伦登出版社,1919年。

学家。它最需要的是领导者,是能够帮助培养卓越的领导能力的方法。那个"靠自己奋斗而成功的商人"对他的儿子说:"管理需要医生、律师、工程师、诗人,我不知道现在怎样去经营企业,然而我推断,那种需要牧师所进行的改善,在未来将会逐渐进行。"事实上,工业需要所有行业的服务,但它要求形成一种对每一行业都是共同的精神,即把每一种工作都作为国家共同体所给予的高度信任的委托,而把它对工人的控制作为一种无可比拟的责任、一种无比巨大的机会,为了把每个个体的工作作为实现一种生活的手段,这种生活就是献身于所有善之中的最高的善。

工业中的工人努力谋生,并不是为了谋生而谋生,而是因为这可以为他提供他在工业之外的生活的手段。因此,管理不是简单地把工人作为劳动人手来对待,而是把他们作为个体的人来对待。他们带着各种各样的爱好,具有复杂多样的脾性,天生被赋予了在不同领域从事工作的千差万别的能力,能够以各种不同的方式对外部影响做出反应,能够把热情和积极行为相结合而创造出大量惊人的成就,而且,他们在个体维度上的活动不同于他们作为一个部分而构成的那个整体的运动。因此,把如此复杂的人们集中到一个共同的任务上来,主要是领导层的任务。这个领导层是具有同情心而又强有力的、认识到它对工人的责任而又认识到工人对它的义务,完全人道的但并不脆弱,由高尚动机所激励而又不是对日常弱点盲目不知,为了理想而工作而又深刻认识到现实与理想之间的鸿沟。如果没有这样的领导层,管理将会发现,正如它已经发现的那样,科学几乎是没有作用的,组织也只是一个空洞的框架,而工业可能会处于争斗冲突之中,而不会形成共同努力的铿锵共振。

随着管理方开始认识到它所指导的人的因素的惊人的复杂,它也将认识到某些原则是必须被承认的,某些权利和义务必须被承认。工人们并没有为了丰厚的经济利益而出卖他们的社会性的天然权利。工人的权利不是一个原始共同体中的那些权利,而是一个文明的、有教养的、民主国家中的权利。无论是雇主还是雇员,都有权利和相应的义务。进一步说,就这些权利在伦理上依赖于职能的适当执行的范围内,如果工人被要求执行管理职能中的任何部分,他们就必须分担管理方的责任和义务,正如如果管理者被要求执行操作职能的任何部分,他们就必须分担的工人的责任和义务一样。参与商议管理事宜的工人,必须承担根据与共同体的最重要利益相和谐的原则去制定政策的义务。协助生产过程的管理者,同样必须承担使工作具有正当、有效性质的义务。在这种义务的适当执行过程中,相应的权利要求也就产生了;相反,没有这样的执行过程,这样的权利也就没有正当性。

每一位管理者,对于依据承认工人不只是工业中的一个单元、而且是一个个体和一个公民这一原则而来的权利的性质,都必须形成一种主张。对这些权利的承认也规定了遵守它们的义务。在其他方面,每个个体的特质是被尊重的。我们必须时时记住,工人也有怪想和偏见、喜好和憎恶、感情和梦想、奇特的精神态度、刚烈之处和心底的苦痛。一个人并非由于是工业中的一个工人,衣着褴褛,就比一个正常人少任何东西。工人要求像任何给社会做出一份贡献的人一样得到重视和尊敬。西德尼·韦布先生说:"从长远来看,只有当今天的英国工人不再被当作奴隶、农奴、马匹,甚至无知的野蛮人那样来对待，而是被当作有智慧的人，对生活、自由、幸福拥有平等权利的人，以及愿意在他们认可的一种共同事业中主动进行合作的人来对待时，他们才会做出最好的贡献。"①当前，对工人的尊重方式是不够的。尊重必须由真正的伙伴关系感所激励。伙伴关系代表着平等。这种平等，并不是以强有力的恩赐态度去踏平低下之路的结果，不是慈善爱怜之心的结果，而是一种对共同人性的真正深刻感所开出来的花朵，是人们在共同事业的追求中团结在一起。贝列教授说："人与人之间的公正并不意味着人们都是平等的"，然而，公正的确意味着所有人都可以还原为一种共同的人性状态。事实上，人们在后天的结果上是不平等的，但在先天本质上则根本是平等的，地位的不同程度建立在基本的人性之上，正如收入的不同程度建立在最低限度之上一样。

伙伴关系方式的实践是管理方必须承担的首要义务。伙伴关系是友好生活的基础。坚持争论说需要双方的努力才能形成伙伴关系而工业中的工人不准备参加，是无济于事的。文明已经取得的进步，并不是由于任何领域的领导者把他们的标准降低到大众的标准，而是由于领导者通过自己榜样的力量、在面对灰心丧气的反应时经常以无限的耐心坚持发动群众所带来的。进步的方式是通过建立一座桥梁，目的并不是为了让前锋可以加入到后卫之中，而是在前锋的领导下整个队伍都可以通过这座桥梁。任何企业的领导者都必须自己去做搭建友好之桥的工兵。

而且，管理方有义务充分利用每一个个体，不仅因为工业作为

---

① 西德尼·韦布：《今天的工厂管理者》，朗曼格林出版公司，1917年。

一个整体的服务可以是最丰富的,而且因为每一个个体的服务可以被开发到最高层次。除非由于运气、命运或能力已经为人们打开了道路,内在于大多数人之中的潜力还未被开发和运用,这一点似乎令人难以置信。可耻的米尔登家族和乡下的汉姆登家族无疑践踏了每一个工厂的基础。然而,没有一匹良种马能在啤酒商货车的箭杆之间前进。如果我们要在我们的工人中开发出最好的能力并取得最好的结果,我们至少必须对他们进行认真的研究。雇用工人的方式应该是为了促使他们的能力得到最好发挥,工人工作的性质应该与他们的特有的脾气相适合;对工人的提升应该依据能力而开放。如果缺少这种方式,占据主导地位的就是工作的无效率。工业人员的不称职比工业人员的解雇好不了多少。而比敏感的人从事严格的劳动、灵巧的人从事重体力工作、脾气急躁的人从事细致的工作、训练有素的工人从事随便的工作甚至更加可怜的,是根本找不到工作的人。不过,错误雇用一个人,实际上是让他失业的先导,并且使他的伙伴处于无用状态。

对于工业中的心理学来说,存在着无限的研究空间。遗憾的是每一个管理者都不是心理学家。此外,心理学在工业中的作用,不仅是作为提高效率的一个杠杆,而且应该成为工人的一种权利。在心理和生理上最好地开发和使用工人的才能,是工人应该得到的权益。迈尔斯教授说:"人的机体在身体方面的失调逐渐反映在精神方面的失调中。"[①]无论在精神上还是在身体上,具有个体性

---

① C.S.迈尔斯:"工业中的过度劳累和骚动",载《工业管理演讲》,皮特曼出版公司,1920年。

的工人机体都需要分析和恰当使用。作为教育和民主的结果,社会变得更加复杂,上述要求就变得更加迫切。"民主的扩展,暂时或半永久地带来了一个一触即发的社会组织,在其中,精神因素比以往任何时候都能够带来更加直接和强大的结果。"① 随着个体变得更加复杂,对这种复杂性进行充分研究的必要性就变得更加突出。作为个体的工人,一方面屈从于辛苦劳作,在令人疲劳、艰苦、紧张、无趣、或单调的条件下操作,而这是他的根本天性、感情、精神所不满而加以排斥的;而另一方面,在工业外部,则受到培养责任感、自我约束、社会交往、道德正直、能力意识的影响,被各种理想所鼓舞,或充满各种抱负——这些都是工业没有认识到或没有鼓励的——他们不再满足于对事情的秩序失望,而是可以推动他们作为其中一个成员的整个社会实现他们对工业的本质要求,这就是,如果工业不能满足、那么无论如何也要促进他们的精神抱负、道德理想、生理要求。社会宣布工人是人,因此,工业必须把工人作为人来对待。因此,为工人提供适合于他们才能的工作,使他们在有助于健康和良好技艺的条件下工作,使他们的工作只对他们产生好的影响,这些都变得比生产政策更加重要。这变成了一种社会义务。

进一步说,民主和教育,不仅仅使社会和个体变得更加复杂,而且联合创造了各种理想。教育打开了长远的前景,而民主则是对这些前景进行详细研讨的一种力量。二者结合在一起,把各种理想付诸日常生活。如果共同体的力量支持这些理想的话,工业

---

① T.H.皮尔教授。

不能拒绝这些理想。"任何自称是明智的人,在现实的和公民的重要事情方面,都不能挑战被认为是用以建立一个国家的普遍公民意识的那些东西的终极权威性。"①工业不能拒绝共同体所确立的理想。如果民主是一个共同体的理想,那么,无论工业所需要的控制在多大程度上不同于国家所需要的控制,工业塑造自身治理形式的义务与共同体所表达出的根本信仰都更加接近。"理智的人们已经而且正当地反对这样的观念:在一个共同体中,数量上占大多数的人们或者甚至是一致同意的决定(这更加带有强迫性)可能发布实施的事情,不仅可能是错误的,而且可能是共同体没有权力发布实施的,因为虽然共同体拥有对公民的和现世的权威,但它那样行动却违反了它自己对权利的意识这种最终权威。……但是,人们在任何方面都不能够否认,共同体按照它所认为是正确的观点去行动,是终极地至上的;对于这一如此明白的真理,没有可替代的选择。"②工业没有置身于社会之外的存在。工人要求,那些支配着对他们作为公民而进行的控制的原则,也将适用于对他们作为工人的控制,这是正当的。因此,管理涉及对公共理想的具体解释。这意味着要求管理仅仅运用那些同公认的社会标准相一致的原则和理想。对于任何进步的事业来说,理想都是必需的。对于一个国家或者国家的一部分来说,没有什么比满足于已有的成就更加危险的了。强烈的不满预示着成长。因此,管理不仅仅必须运用上述原则,努力实现那些正在激励着社会的理想,而且必须

---

① 希莱尔·贝洛克:《法国大革命》。
② 同上。

激发新的工业理想。任何领导群体,如果不仅不能够持久地高举理想的火炬,而且不能够高举可以发现其他理想的火炬,那么他们就不可能期望在未来取得伟大成就。

而且,理想是没有任何等级之社会的特有标志。当教育逐渐照亮每个个体所走的道路时,理想就转变成生活。管理不能够忽视这些从其他源泉、特别是从工人那里所涌现出的关于进步的思想。受过教育的人们有权利表达思想。工业在面对大众的先进精神运动时,不能再容忍独裁的遗留物,尽管在过去的时代,工业中的独裁也许是正当的。即使人民的受教育水平没有达到它能够达到的高度,管理也至少要准备变化。在建立民主治理之前,我们不能等待高度发展的民主。我们必须先行动起来,引导工人在某种程度上参与政策制定的过程,并由此使他们为了将来一致要求的任务做好准备。设想给予我国普通百姓一种与现在已经从大学教育获得益处的极少数人相当水平的教育,这并没有超出可能性的范围。然而,人们不能通过延伸想象力来描绘通常是这样一种文科教育结果的精神,同时却满足于服从制度建构中的独裁,在这种独裁下,上述精神不能发挥作用。只有这种精神参与确定方向并形成它的适当政策,它才服从指导。因此,使工人进入协商的一种逐渐过程,以某种与工人所受教育水平相应的一般比例向前推进,显然是管理方的义务。如果管理方忽视这一点的话,会冒着将来发生暴力分裂的风险。工人要求作为公民的一种权利的东西,在由于国家和工业的不同特征而做了某种改变之后,最终必须被转化成工业生活的内容。

在这里,工业管理中人的维度的其他两个方面需要我们注意。

第一,生活标准问题;第二,第一章已经提到的最低限度的闲暇问题。迪斯雷利说,"增加的手段和增加的闲暇是人类文明的两个标志。"两者紧密相连,因为没有足够物质手段去有效享受的闲暇是一张空头支票。进一步说,显然,尽管这两个问题部分地是工业内部管理的问题,因为它们都依赖于工业生产率,但它们同样是社会所关心的事情,因为一种较低的生活标准几乎不会为个体的共同进步提供什么机会。因此,生活标准问题将会在第五章的工资标题下进一步讨论。然而我们在此处应该强调作为一个整体的共同体对这一问题的关注,以及与它性质相同的工作时间问题。

从社会的立场来说,共同体的生活标准不是一种单纯的物质标准。相反,它应该被看作是古希腊哲学所说到的"好的生活",也就是健康和美德的结合,生活优越和个性发展的结合。然而,在现代条件下,一种较高的道德和智力标准在很大程度上依赖于一种最低限度的物质标准。尽管实际上道德、智力标准和物质标准处于完全不同的平台上,然而较低的物质生活标准,即使不会防止较高的道德与智力标准的实现,也是对它们的一种抑制力量。进一步说,很清楚,较高的物质标准,如果没有为了实现适合于目前文明状况的智力标准所需要的充足数量的闲暇相伴随,对于实现道德和智力标准也很少发生作用。因此,共同体对于它的从事工业活动的成员,既要求一种足够的物质标准,也要求一定的闲暇。这种要求,不是作为个体工人的权利提出来的,而是作为工业应该提供的服务提出来的。很明显,这些益处的扩展依赖于工业生产率的提高。如果有效地指导工业以至于能够提供足够工资的话,那么,为每一位工人提供适合于现代社会条件所要求的物质标准的工资,就能够仅仅从工业中获得。

因此,生活标准不仅和社会的要求有关,而且和工业的繁荣有关。这样一种繁荣的促进,不是工业中任何一个合伙人的事情,而是只能作为联合努力的结果才能实现。然而,管理方的责任依然是清楚的,因为它与资方、劳方分担着责任。劳方的更加有效的工作,必须被更加有效的管理所带动。"当今的口号是为了更好地工作、更有效率地工作。按照工人的责任来看,这一口号是更加持久和急迫的。一百个体力劳动工人的效率很难与一个高层行政官员的效率相比。我们可以研究一个工人在操作机器时双手的动作,但这些动作完全不同于一个行政人员的与产量相关的大脑动作。"①

而且,除非效率所带来的收益被平等地分配,否则效率就没有道德的正当性。因此,付给工人以"维持生活的工资",必须作为工业的首要付出。由此来看,煤矿主在 1921 年 4 月的罢工中,把支付工人工资放在企业收入的首位,还在一定的时期内放弃了利润,并决定将来也把利润控制在工人工资的一定比例之内,就是对关于管理对共同体的责任新观念的尽管姗姗来迟但却惊人的承认。战争时期的价格波动遮掩了这种责任。在当时的动荡的基础上,决定去建立构成一种合理标准的东西是不可能的。然而,支付给工人以尽可能高的工资的责任已经不再是人们争论的问题。争论

---

① "工业管理的近期前景",见本书作者在《企业组织和管理》杂志中的论文,1920 年 9 月。

只能涉及在实践中如何去履行这一原则。在这样的争论中,社会良心的持久力量将坚持认为,最高可能的工资是工业中作为最大限度地运用能力、天赋、科学、组织、领导、技艺的结果而能够支付的工资。无论在工人方面还是在管理者方面,只要没有效率,共同体就不会满足于已经达到的最高生活标准。

然而,如果我们的社会发展既是精神的发展又是物质的发展的话,那么,提供足够的闲暇,就会随着较高的物质标准而产生。丹宁先生说,"所有勤劳的人们,都正当地期待一个良好的工作,以便获得纯粹必需之外的某些东西——某些有助于生活的舒适、尊严和快乐的用品或服务。"[①]这样的利益只有在闲暇增加以后才能获得。与社会进步相关的工作时间问题只是得到了很少的重视,尽管目前对工作时间的一般冷漠态度正在被矿工的七小时工作日和利弗休姆爵士的六小时工作日建议所改变。

工作时间的数量,就像生活标准一样,与生产率有关。在这里,工作时间的基准是变动的,因为对疲劳因素的认识可能会颠覆我们的任何计算。军需品生产工人健康委员会的报告清楚地证明,伴随着疲劳和紧张的长时间工作,是大部分低效率工作的原因。事实上,长时间的工作并不必然意味着高的生产率,增加工作时间对于改变低产量也于事无补。的确,有充分的证据表明,在某些工作过程中,减少工作时间或者对工作时间重新分配,不但不会使每个工人的产量下降,反而可能使产量得到相当的提高。毋庸质疑,几乎很少有某类工作不能够被如此分析和研究——减少疲

---

① A.D.丹宁博士:《科学的工厂管理》,尼斯贝特出版公司,1919年。

劳对工人生理和心理的影响而不损害产量并对工人有益。① 因此,如果管理方对于由特殊类型工作的心理研究所得到的成果是足够注意的话,那么对于如下这种社会要求——按照与满足共同体的合理需要所必需的产量相应的尺度,保证工人有足够的闲暇——的逐渐满足,无论如何将会是一种可能够做到的事情。

然而,在管理方方面,有一种把这一问题和解决它的相应责任降低到最低程度的趋势。管理者不断地关注和忙于各种需要思考和决策的任务,倾向于忽视那些没有特点的、常常相当于纯粹辛苦工作的日常事务。他们倾向于认为闲暇与责任相关,忘记了闲暇也一定与工作性质相关。如果管理者需要闲暇是因为他们的工作是费尽精神的,那么工人需要闲暇是因为他们的工作是单调的。

不过,闲暇并不纯粹是管理的内部事情,它还是每一个人生活的重要时间,对于它,共同体寻求着与工厂内部的物质服务同样必

---

① 读者可以参阅 C.S.迈尔斯教授、B.马斯西奥教授、T.H.皮尔教授以及吉尔布雷斯少校的演讲和著作,尤其是迈尔斯教授的《心灵与工作》、吉尔布雷斯的《疲劳研究》。也请参考下列官方文件:

(1) 英国科学促进协会委员会关于《从经济立场来看的疲劳问题》报告,《英国科学促进协会会报》,1915年。

(2) 关于8小时工作日或48小时工作周的报告,由"国际劳工大会组织委员会"制定,华盛顿,1919年。

(3) 实行8小时工作日的工厂和10小时工作日的工厂的比较。美国公共健康公报106号,约瑟芬·戈德马克和玛丽·D.霍普金斯撰写的报告,1920年2月。

(4) 工业疲劳研究委员会,"关于产量对工作时间改变的适应速度的6号报告",1920年。

(5) 工业疲劳研究委员会,"关于锡盘制造业中工作时间和通风状况对产量影响的1号报告",1920年。

(6) 美国国家工业大会理事会,"关于48小时或更少时间工作周的实践经验的研究报告32号",1920年12月。

要的服务。"闲暇"这个词来源于 scholê,是"受教育"的意思。如果闲暇真正有利于共同体,那么,在实践中越接近它的本源意义,对于共同体的好处就越直接。这个词总是必然被误用,但这不应该阻碍我们努力去实现它。"人类的生活条件不可能得到大幅的突然的改善,因为,人类改变这些条件,这些条件也改变人类,但是,我们必须朝着使每一个人都有机会过上高尚生活的远期目标大踏步前进。"①闲暇的重要性不在于它可以使人们直接构想出一个乌托邦,而在于它提供了乌托邦的基础由之可以放置的必要手段。单调劳动时间的延长,阻碍着闲暇的有益使用。首先,这限制了标志着人们发展的学习能力和社会交往能力;其次,这使工人在工作时不能够充分运用他们的能力。马歇尔教授引用茨伊斯玻璃工厂的领导天才阿贝的话说,"工人承受着总是必须从事同样的单调工作之苦,无论是用手还是用脑,都是一种束缚,它使得工人的精神观念对于超过其狭隘视野的任何事物都是迟钝的,而且使工人丧失了在适当时机利用他们日常工作之外的任何事物实现他们的个人目标的能力。"

面对工厂生活的如此后果,一个进步的共同体不能不提出强烈的反对,不管人们如何引证经济状况为这样的后果进行辩护。共同体至少要询问,管理方将采取什么步骤消除这些后果。"为了给青少年教育和训练提供所需的便利条件,必须对劳动时间进行更好的组织。只有通过这种手段,我们才能培养优秀的公民、有效

---

① 阿尔弗莱德·马歇尔教授:《工业和贸易》附录 P,麦克米兰出版公司,1919年。

率的工人、专业的领班和经理,并且提供从寄宿学校到完整全面教育的阶梯。"①

从闲暇的增加而产生的诸多公共益处在各方面都适合于人。在这些益处中,希波姆·朗特里先生所提到的益处必须被认为是非常重要的。他指出,工作时间的减少,可以使我国的更大部分人口住在郊区或者半郊区,因为人们能够用更长的时间来回于工厂和居住区之间,由此增加工人的新鲜感,提高他们的家庭生活水平,降低他们的房租和税负,并且有助于市区住房问题的解决。②

考虑到对于经济产量增加的迫切需要,从闲暇获得的益处似乎是一种没有意义的讨论题目。当更多和更好的工作是经济的必需时,谈论闲暇看上去好像是理想化的。然而,作为迅速发展的疲劳和动作研究以及这些研究所提出的改进方法的一种结果,各种难以想象到的可能性正出现在工业的地平线上。由工人的努力所创造的产量,不仅依靠工人的努力,而且依靠其他因素——光线状况、通风条件、色彩、安静以及清洁等等。这些因素影响着工人能力的发挥。研究正在证明,效果并不是完全可以确定的。迈尔斯教授说:"仔细的观察已经证明,减少工作时间的效果可能要等几个月之后才显现出来……人的有机体,如果已经适应了一定的工作时间,那么,当这种适应被打破时,在它能够对已经改善的条件

---

① 莱弗休姆爵士,载《战后的劳工和资方》,S.J.查普曼教授编辑,约翰·默里出版公司,1918年。
② B.希波姆·朗特里:《通往工业和平之路》,费希尔安文出版公司,1914年。

做出最大程度的反应之前,是需要时间的。"①

附带说一句,对每个工人每小时的产量和整个星期的产量做出区分也是重要的。显然,当工作时间减少时,为了维持以前每周的总产量,每个小时的产量必须按比例相应增加。

然而,心理学在工业中应用,将会带来有价值的成果。如果它能够在减少工作时间的同时增加产量规模,那么,它对工业繁荣的贡献将会与自从电的运用以来任何一门科学的贡献一样大。管理方的义务是保证这种贡献,这是无可争辩的。共同体要求于工业工人的服务不仅在于日常的制造劳动,而且在于那些需要更高智力的活动。管理方只能按照与工业能力相应的比例获得上述服务:第一,让工人轻松自在地工作;第二,在工作中激发他们的自我发展。

由此,到目前为止,我们已经讨论了工业主要是公共服务的一种形式这一原则的各种内涵,它们影响着作为个体和作为公民的工人。我们还没有把这些内涵放在与工人所提出的就业保障、分享工业控制、分享工业产品等具体要求的关系中进行讨论。共同体在这些方面的关切,显然比我们在前面所评论的那些主题要强烈得多。这些要求相当程度地影响着工业的内部管理。不过,我们所提出的原则提供了一些方向性的指南。比如,如果一定数量的失业对于现代工业方式来说表现为附带的现象,那么,那些自身无过错而目前处于失业和艰辛状态的人们,就不应该独自承担本

---

① 查尔斯·S.迈尔斯:《心灵与工作》:第 2 章,疲劳研究,伦敦大学出版社,1920 年。

来应该由整个共同体来承担的重负。的确,如果工作是服务于共同体,是为了实现更加完满和更加富足的生活,那么共同体就不能漠视那些服务于更高目标而遭受辛苦的人们。公民提供这种服务的义务,要求对公民在执行这种服务方面的安全权利得到相应承认。同样,在工业控制和产品分配方面,由大自然赋予心灵并由国家给予教育的工人,不可能满足于不征求他们的意见就使用他们的劳动。"一个仅仅是他人工具的人不可能发挥人的作用。"① 在一个普遍接受民主原则的国家里,如果这个国家的工业认识到了它的真正的服务职能,那么,它只能发明与这个国家的制度大体和谐的工业治理制度。

进一步说,分享繁荣的要求,作为一个直接的要求,只是在个体参与促进繁荣的范围内才是正当的。由于利润分享是服务于消除获得工人充分合作道路上的障碍,因而它可能是值得期待的。但是,作为劳方的一种要求,这只有通过分担相应的利润创造才能够是正当的。不过显然,工业服务于共同体这一动机表明,并非所有剩余利润都要在劳资双方之间进行分配。在劳方和资方已经获得适当的报酬之外,作为一个整体的共同体也应该从工业繁荣中受益,这样的利润分配才是合理的。事实上,对控制和利润的分享应该一同进行,因为二者都应该服从于这样一种哲学所施加的限制——这种哲学认为工业不是与共同体生活相分离的一个社会单元,而是共同体生活的一个内在部分。

每一种权利都承担着相应的义务。管理方和劳方双方都倾向

---

① 大卫·斯图尔特。

于坚持权利,而不是每一方先履行对对方的义务,并且双方履行对共同体的义务。只有在良好的工作基础之上,劳方才能建立起它的权利大厦。权利的确只能按照服务的比例来确定。如果管理方对工人有义务——这是共同体所施加的,因为工人自己是公民——那么,工人也对共同体有同样的义务,因为工人是共同体的成员。只有当劳方在管理方必然执行的控制条件下提供最好的服务时,劳方才能要求权利。联合起来提供共同服务的人们,对于由管理方和劳方作为构成部分的工业基础,有着义不容辞的伦理义务。

有必要确定共同生活的基本伦理观,以使工业的发展能够有路标的指引,无论对于管理方还是对于劳方来说,都是根据服务、民主和效率而行动,而不是出于自私、贪婪、限制努力而行动。只有以良好的合作为基础,良好的服务才是可能的。管理的社会责任是开拓服务方面的合作道路,以便使共同体的经济服务不仅能够带来物质财富,而且能够带来精神福祉。马克·帕蒂森说,"客观的科学以及它在工业中的运用所创造的进步处处都是明显可见和不可拒绝的;尽管客观的科学以及它在工业中的运用所创造的进步处处都是明显可见和不可否认的,但我们在朝向幸福和美德方面是否取得了巨大的社会进步和道德进步,或者是否有任何进步,则是一种需要提出疑问和争论的事情。"我们一直缺乏的是对工业中统一动机的自觉。当工业在日常运转中开始被超越个人利益的动机所驱动时,我们共同体的道德进步就可以说是已经开始了。建造人间天堂的花费将不会在工业的盈亏账簿中找到,而只有在每一个人诚心诚意的服务记录中才会找到。

第四章 工厂的组织

概 要

1. 组织的定义;组织能力、组织过程、组织之间的区别;组织、计划、控制之间的区别。

2. 组织过程的问题随着授权的增加而增长。组织的五个基本成分:职能、目标、成员、关系和方法。只是在管理方法影响职责的范围内,组织过程才涉及管理的方法。

3. 科学的组织过程的五项优势:持久、集中、个性化、联合、人性标准。对一种组织形式的检验要看其为最好的管理提供手段的能力。

4. 组织的形式决定于授权的程度。授权涉及专业化和协调。组织的形式由以下基础性原则所区分:在组织的职能形式中得到解释的职能原则;在组织的部门形式中得到解释的分权原则;在组织的参谋和直线形式中得到解释的专业化原则;在组织的会议形式中得到解释的会议原则。每一种原则的例子;对组织图表的注释。

5. 组织形式的增长;从理论上符合愿望的不一定能够马上付诸实践。培养"组织感"的需要。组织过程主要是重新组织的问题。与重新组织相类似的组织扩展问题。协调的权力是企业增长的限制性因素。

6. 根据上面所描述的五个优势,考虑组织的形式。需要把职能形式与参谋观念相连接并用委员会来协助。一种理想组织形式的主要必备条件。

在第二章中,我们已经把组织描述为把个体或团队必须执行的工作与这种执行所必需的能力结合起来的过程,以便使如此形成的各种职责为高效、系统、积极、协调地运用可以获得的努力提供最佳渠道。埃斯蒂斯先生已经再次把组织定义为"对从属的部分或职能的安排,以便表明它们在结构中的相互关系,并为一群个体的努力提供理性地达到一个共同目标的手段。"① 克诺培尔先生则把组织描述为"对于致力于完成某些确定目标的人们之间关系的适当调节。"②

从这些定义中可以看出,在构建一种组织形式或重组现存组织的任何努力之中,都将引入五种根本的必要因素——任何组织形式都必须具备的五种基本成分。可以把这五种必要因素概括为:(1)需要完成的工作;(2)目标;(3)人的能力;(4)关系;(5)方法。

对于这一主题的讨论越深入,对于组织确切是什么的清楚定义的需要,就变得越迫切。困难的产生与其说在于形成能够传达具体意思的一个定义,不如说在于以清楚区分组织和系统、控制、

---

① L.V.埃斯蒂斯先生发表在《工业管理》杂志1919年4月号上的文章,题为《为最大化生产而管理》。
② C.E.克诺培尔先生1919年发表在《工业管理》杂志上的一系列文章,题为《工业管理的法则》。

第四章 工厂的组织

计划这些类似或重叠概念的方式来构建关于定义的用词。对于所讨论的组织这一主题来说,存在的思想混乱可能比在管理的任何其他方面都要多。然而很清楚,除非在我们心目中有关于任何一个概念表达什么意思的清晰和明确的图像,否则我们就不能够科学地探讨我们的主题。没有精确的定义,我们可以建立起来的任何结构都可能在整体上是不准确的、模糊的或倾斜的。

不幸的是,有一种一般的看法——这种看法决不仅限于针对工业——这就是,认为组织过程不过是常识的应用,而常识则是一种普通的能力。很少有比暗示一个人不能够进行组织活动更让人愤怒的轻蔑了。这通常被看作是一个人缺乏日常智力能力的暗示。然而,从事组织活动的能力并不完全是常识,它比一般性的常识远远更多。有一些值得称赞的管理者拥有大量常识,却没有能力从事组织活动,而且的确不能够把握组织过程意味着什么。另一方面,如果没有对常识的充分考量,就不会有组织者。常识也是人们的组织能力的一个组成部分,因为它接近于兼具科学特征和商业特征。但是对于组织者来说,还有其他一些必需的特征。归根到底,在一个人与其他人的区别方面,重要的因素是那些超出常识的、非同寻常的东西。在工业领域,大多数管理者确信,尽管他们可能存在缺点,但这些缺点不是从事组织活动方面的缺点。结果是工业组织要么被忽略,要么被扭曲。它要么被允许无控制地自行增长,要么满足于当时的特殊要求或变化无常。人们很少把组织看作是一种能够依据科学计划进行分析、能够按照科学判定的原则加以解决的深刻的科学问题。

在进一步讨论这一主题之前,对组织能力或组织才能、组织过程和组织之间做出区分,是有意义的。也许看上去这是初级的东西,但是对这一主题的许多非严密的思考,可以毫无疑问地被归结为对"组织"这个词的随便使用,用它涵盖了上述全部三种含义。人们经常说"组织,归根结底是常识",这里的组织指的是组织能力。与此类似,例如人们说"这个公司的组织一定是花费昂贵的",意思是指组织这个公司的过程一定代价很高。还有,人们说"这是一个好的组织",意思是指由组织者所设计、并使用他的组织能力所创造出的组织形式,是好的。因此,我们必须仔细区分作为一种能力的组织、作为一种过程的组织和作为事情条件的组织。

进一步说,对具有三重含义的组织概念与其他相关的概念做出区分,也是重要的。组织和管理的区别在第二章中已经讨论清楚了。然而,还有其他一些概念,由于与组织概念有着紧密联系,因而容易与组织概念发生混淆,如系统、控制和计划。虽然组织概念与这些概念密切相关,但肯定与它们中的任何一个都存在不同。一个系统是人们做事情的一种标准方式,它是一个适用于任何种类的一贯的、有目的的行为的概念。存在着组织活动的系统,就像存在着控制系统一样。然而,组织活动系统,不同于从事组织活动的能力,不同于组织活动的过程,也不同于组织的形式。此外,控制更多地是管理的一部分而不是组织的一部分。组织是由工作和人这两种要素组成的结构框架。控制作为管理的一部分,使用这个结构,但并不设计这个结构。可以对组织进行设计以便有利于控制,但组织本身并不执行控制。同样,计划活动也不同于组织活动。组织活动提供工作得以进行的渠道,而计划活动则决定进入这些渠道的工作量。计划活动是管理的一个分支,因为它使用组织形式。它竭尽全力使组织形式发挥最大效用,但它本身并不设计组织。

由于目前的思想混乱和所讨论对象的内在复杂性,对于概念的界定是必要的。这种复杂性随着企业的增长而增长。一个小企业的业主一般很少会碰到组织方面的问题,因为他实际上没有授权,而且他自身只担负个人责任。企业的政策就是他本人的政策,他没有感到需要改变其他人去服从他的政策。随着时间的推移,企业也在成长。必须进行授权,必须分配责任和工作。业主发现他的任务越来越多地是去协调和指导他人的活动。然后,他开始发现在他的企业中缺乏凝聚力,这在新的一代人进入他的企业时变得更加明显。最后,他发现企业正在很大程度上脱离他而运行,只有当出现问题的时候才需要他,而且他个人对正在发生的事情和在他下面的许多情况并不知道。他发现人们在个人能力方面存在很大差别、工作划分不合理、笨重与重叠的工作方法、各部门的职员千差万别、责任处于混乱状态、个人职责没有明确限定。如果这个业主是明智的,他会由此被推动去研究组织问题。当他去进行研究时,他会发现很多有价值的信息和理论,同时也会发现有成百上千的冲突因素存在于他的工厂之中,它们使那些信息和理论明显不适用。他马上被迫去详细调查自己的组织,然后会发现,虽然他允许管理层去运转组织,但管理层是以又慢又混乱的方法在工作。事实上他会发现,在能够以科学的方法建构组织的情况下,组织也会以非科学的方式而成长。他发现他希望建立的管理类型不能通过一种非科学化的组织去运转。

这是90%的现代企业都存在的问题。在英国工业中,已经依据科学计划建立自己组织的大型企业屈指可数。今天,正在努力改造自身组织结构的企业的数量与日俱增,它们正逐渐以科学的、有机的结构代替过去半个世纪的无计划增长。

一个工业组织的基本成分已经被列举出来。可以把它们再次阐述如下:

(1) 职能——或者说需要做的工作;

(2) 目标——或者说理想和目的;

(3) 能力——或者说工作中人们的能力;

(4) 关系——或者说管理方面的关系,物质方面的关系,所使用的能力之间的关系;

(5) 方法——或者说完成工作的方式。

组织过程得以形成的基本观念就是职能观念。在任何组织中,第一必要的准备工作是那些要被执行的工作,可以把它划分为相关的部分。这一观念绝不仅限于工业的组织活动。它很快地被认为是社会组织的真正基础,而且,自从柏拉图时代以来,它被宣扬为个体生活的适当组织过程的真正基础。[①] 这一原则明确规定,对于涉及超过一个人的工作的适当执行来说,这种工作应该按照对整个任务的科学划分——即把整个任务分为需要运用相应能力来完成的各个部分——来分配给众多个人。

然而,一种职能依赖于一种目的。为了实现某种目的,必须完

---

① "我们没有看清什么原则是社会组织的支撑性原则,这个原则必须区别于共同体的原则,不过它依赖于共同体的原则。这个原则就是职能原则。"G.D.H.科尔:《社会理论》,迈休恩出版社,1920年。

成可以被划分为诸多职能的某种工作。显然,目的决定什么工作是必要的,这一工作的哪些部分是主要的,哪些部分是次要的。

进一步说,职能的履行需要对人的能力的运用,因而职能受到履行职能的人的能力的限制,或者受到个体的能力的限制,或者受到集体的能力的限制。生产就是各种职能的总和,要使人们从事生产,就必须把生产划分为构成性的职能。因此,科学的组织活动,要求必须把所要履行的职能按照正常人的能力可以成功地履行它们的方式而进行划分,以便这些职能的累积结果能够是生产。这些能力或者能够被诸如经理这样的个体来使用,或者能够被诸如管理委员会或工厂委员这样的一群个体来使用。因此,在组织活动的过程中,必须确定哪些职能或各种职能的哪些部分需要由个体的能力来完成,哪些职能或各种职能的哪些部分需要由群体的能力来完成。

进一步说,把某些能力应用于某些职能,必然形成各种关系。生产是通过使用针对不同职能的许多不同能力而完成的。一个工厂所履行的职能,是它的管理层和员工所履行的职能的总和。为了实现这一点,必须使各种职能和履行这些职能所使用的能力节约地相互关联在一起。把任务划分为不同的部分,从工作的角度看,需要在那些把各种各样的能力贡献于履行各种各样职能的人们之间、人们的群体之间形成密切关系。没有任何个体是在完全单独地进行工作;他所做的任何工作都与其他人所做的工作相关。因此,一个组织不仅由各种职能和能力所构成,而且由各种工作关系所构成,这些关系内在于为了有效执行工作所必需的程序之中。这就是说,一个组织是依据程序建立起来的,按照这些程序,许多不同的部分把它们各自的力量贡献于任何一种任务的完成。

这样的关系以两种方式产生:第一,作为每一项工作得以完成的那个系统的结果;第二,作为工厂安排和部门安排的结果。在第一种情况下,作为由处理数据的成本计算员和使用这些数据的管理者所构成的成本计算系统的结果,会产生一种关系。在第二种情况下,作为工厂对运输物品的部门和接受物品的部门的安排的结果,会产生一种关系。

因此,组织活动过程必须考虑工厂的安排和工作从一个个体或群体传递到另一个个体或群体的程序。

因而,简言之,这些就是组织活动过程的五项基本要素:职能、目标、能力、关系和方法。

此外,为了思考的清晰,关注在工厂中组织活动过程没有涉及的那些问题几乎是同样重要的。在这方面存在的根本区别是性质和方法的区别。组织本身与产品的性质、生产过程的性质、机械的性质没有关系。它仅仅与产品得以制造、生产过程得以进行、机器得以运转的职能的执行有关。举例来说,在工资的支付方面,组织与所涉及的个体之间的职责安排有关,以便现存的工资支付方法能够顺利和经济地实施。这并不涉及工资支付方式的性质,不管是以现金支付还是支票支付,也与计算方式的性质无关,不管是通过大脑计算还是通过机器计算,除非不同的方法引发个体之间的不同关系,导致不同的责任。同样,在发电方面,电力机房的组织并不考虑各个锅炉和发动机的性能、马力和能量。它假定这些因素都是基本因素,因而只关注职责的分配,以便使现存的操作发电站的方法能够恰当实施。再如,在清洁工厂方面,组织与清洁设备

第四章 工厂的组织

的性能没有关系。只有当清洁设备的改变涉及个体职责的重新分配时,组织才会受到影响。这同样适用于工厂的产品。组织并不涉及产品的性能,除非某些职能对于产品的生产是必需的。

这种情况不仅适用于组织建构,而且适用于已有组织的重建。组织的重建并不意味着从头到尾改变工厂的所有事情。例如,关注产品是好的、中等,还是差的,办公室的机器是有效率的还是无效率的,发动机是新的还是旧的,工人是有效率的还是无效率的,这些并不是组织者的分内之事,而是管理的任务。组织者必须把这些因素看作是基本的和长久的因素。他必须依据现有的产品、已有的工人、已有的建筑和已有的机器情况,建立他的新的组织。改变这些因素不是他所关心的,尽管它可以正当地指出组织的经济可能会由于改变这些因素而增长。另一方面,如果这些因素应该被改变,那么在方法上会发生某些变化,因此,考虑由于如此改变方法而在职责方面应该有什么改变,则是他的职责。

然而,显然并不是方法方面的所有改变都会牵涉到组织的变化。只有那些能导致个体关系或群体关系变化的那些方法的改变,才是组织者所关注的。举例来说,通过动作研究而发现了一种不同的操作方法,它能够更快地完成操作过程,这一事实对组织并不会产生影响,除非由此某些个体的职责发生了改变。操作的微小变化一般不会引起职责的直接变化。然而个别操作方法的一些小的变化对组织的影响是累积性的。例如,更快的动作可以导致新的工作过程,这反过来可以导致使用一个额外的领班,或者需要使一群人转移到新的工作——这是一种直接影响组织的变化。再如,一个行政官员可以用以某种方式保存他的记录。如果他决定以另一种方式保存他的记录,组织并不会受到影响。但是,如果他决定让另一个官员保存记录,由此既会影响到他自己的职责,也会影响到另一位官员的职责,还会影响到他们之间的关系,很明显,组织在此种程度上将会受到影响。

事实上,组织活动的过程和职能相关,只是在操作方法的改变引起职责改变的情况下,才与操作方法有关。如果需要把物料的发送从一个通道改为另一个通道,那么,个体职责的分配将可能保持不变。由于也许只是穿过两个通道而不是三个通道,因而工作的特点将会不同,但是,领班的职责即运送货物保持不变。然而,如果发生的情况是,从新通道发送货物的过程使得某些指示的发布变得不再必要,那么职责将会发生改变,同时,关系会发生改变,以致必须对组织进行调整。与此类似,如果发现在组织活动的过程中,个体之间的关系能够更加密切,由此使某些命令的传递成为多余,那么,组织者可以正当地建议,对方法做出这样的改变是可取的,以便使个体间的职责可以更加紧凑。这就是说,只是在方法决定个体或群体的职能和能力的情况下,组织者才关注方法。

也许这需要对组织活动和管理活动做出过于细致的区分,但是,除非做出这样的区分,否则将会大大增加组织活动成为非科学活动的危险。当然,对于这种假设的组织者和管理者所做出的区分,不仅适用于这种区分意义上的诸多个体,而且适用于可能会运用组织和管理这两种能力的同一个个体。这种区分对于同时执行管理任务和组织任务的同一个管理者,也是同样有效的。同一个个体可能运用两种能力。

一个关于思想散漫的突出例证是人们对"工作的组织"和"人员的组织"所做的错误区分。实际上,两者是同一件事情。工作的组织只能根据人员来进行,而人员的组织则只能根据工作来进行。根据个人能力进行工作分配,与根据工作进行人员分配,同样都是组织。不过,清楚的是,在组织活动过程中,工作先于人而存在。必须先于能力而决定将要履行的职能,因为履行职能就是把职能与能力联系在一起。不论人们的情况如何,职能照样存在。相关职责的分编一定是把这些职责分派给人们之前的准备工作。无论人们的才能如何卓越,如果他们被允许从自己出发选择在职能上不相关的职责,那么他们对组织的稳定就构成了一种危险。假如组织是按照科学完善地构建起来的,那么,如果一个个体能够训练自己以适应组织形式,远远比他扭曲组织形式、使之脱离科学的结构而适合于他自己的能力更好。因为,一旦这样的个体死去,或者离开企业,组织就会由于职能和能力的失调而处于扭曲和困境之中。

另一方面,组织在增长。没有人能够事先预见到在企业中会产生什么样的发展。卓越的领导者可以引导一个不断扩展的企业,直到企业的规模把他在企业初期的所有梦想都抛在后面。然而,事先不去准备组织计划的时代正在成为过去,这在过去是可能的。一个"单人制企业"也需要组织计划,即使所有职能都由单一个体所履行、所有能力都由他自己来提供。在他的心目中,能够区别他所履行的不同职能是绝对必要的。然后,随着公司的发展,当对职能的授权成为必需时,过程将能够沿着无论企业最终扩展到什么样的规模都会适用的路线来进行。那种不考虑科学的组织活动而依靠管理者的杰出能力所带来的公司的发展,正在被管理者把他们的杰出能力全面运用于科学组织手段所带来的公司的发展所代替。个人的才华除非被共同要求所支配,否则就不会是真正有效的。

在这一点上,追问与一个在未受约束条件下成长起来的组织相比,从一个科学建构的组织中能够获得什么优势,是合理的。每一个企业都有它的组织形式,根据这种组织形式所设定的目标进行判断,这种组织形式可能是好的,也可能是坏的。而且各种组织形式都已成长起来,并且可能会继续成长。因此,区别不是存在组织和缺乏组织的区别,而是科学的组织和非科学的组织的区别。由科学的组织活动所获得的主要优势可以概括如下:

(1) 持久性,或组织持续和发展的能力,不管在人事和方法上有什么改变。

(2) 专门化,或者说,个人操作的轻松,技艺的运用,目标的界定,努力的节约,所有工作的可理解性;最后一项产生于对相关职责的合理分配、责任的精确委派,以及对个人能力的简明界定。

(3) 个体性,或者说个人对工作的自主权和对工作的骄傲,以及对责任、权威、工作范围和状况的确信。

(4) 结合,或者说各个单位之间紧密和经济地运转,这产生于职责和关系的界定。

(5) 人性化的标准,或者说根据正常人的知识、技艺和特点而对个人任务的范围进行确定,以便不会造成对一个人要求太多、对另一个人要求太少的情况。

对于一种组织形式的根本检验是它为最好的管理提供手段的能力。上面提到的每一种优势都是一种管理上的优势。除了那些有助于管理的优势,一种组织形式没有其他优势。在很大程度上,管理必须使自己适合于组织形式所提供的渠道,就像把红酒倒入一个瓶子一样。因此组织必定在很大程度上影响到管理对那些相关者所呈现出的面貌。举例来说,如果管理中有些要素——特别是那些温暖的、人性化的、未确定的和经常变化的要素——不能通过组织的渠道来执行,那么这些渠道就会处于被责难的境地——是对管理的一种妨碍而不是帮助。不过,我们上面所列举的优势,显然有助于良好的管理。组织的持久性使得最好管理方式的持续和最快发展成为可能。专门化为管理者提供了各种援助去实现他的目标,并使他确信那个目标在支持整个企业方面的地位。个体性使个人的领导和自信成为可能。结合使有效的共同工作成为可能。人性化的标准使这样的管理成为可能——在获得效率的同时,并没有使人们过多工作,并且是按照一般人的正常能力来划分工作,由此来提供工作岗位。

至此,我们已经考察了科学组织的轮廓、范围、要素以及优势。现在需要考察的是当前存在或被提倡的组织形式、它们的长处和不足,以及使它们得以产生的各种组织活动过程。

企业的组织形式依赖于企业的基本职能由于授权而发展和突出的程度。企业的成长引起职能授权的增加。此外,各种职能的发展引起组织形式的扩展。当各种职能分别发展时,组织也就成长起来了。由授权所导致的组织的任何部分的扩展,都意味着整个组织的结构和平衡的改变。

然而授权涉及一种双重的过程。它涉及专门化,因为每一个体的工作范围都被仔细地限定,并且越来越多地被划定。它还涉及协调,因为各种各样的专门化群体必须被锻接在一起以实现共同目的。不过专门化和协调本身不是职能,而是职能得以发展的途径。因此它们是任何组织形式中的内在必需,而且可以通过这些共同方面在组织内部的扩展程度来判断组织形式。

组织形式可以通过支撑它们的各种原则而进行区别。在现实的实践中,没有一个组织可以被说成是建立在一个单独的原则之上。但是为了说明的清晰,首先讨论由每一个原则的严格运用所产生的组织形式,然后再讨论如何能够把这些原则正确地结合起来,对于我们的讨论来说是可行的。可以把通常情况下支配组织形式的原则概括为如下四点:

(1) 根据职能原则或职能化组织原则进行组织。

(2) 根据分权原则或部门组织原则进行组织。

(3) 根据专门化原则或"参谋—直线"原则进行组织。[1]

(4) 根据会议原则或委员会组织原则进行组织。

职能原则可以用埃斯蒂斯先生的话做出最好的描述。他说:"通过这种计划,对于所有部门或一些部门共有的各种特定职能,……每一个职能都被安排由一个明确地对这一职能有资格的人来行使,而且他不用考虑一个部门的所有因素,只需把精力放在所有

---

[1] "Staff and Line",按照管理学一般译法,我们翻译为"参谋—直线"。并相应地把"the staff"翻译为参谋人员,把"the line"翻译为直线人员;把"the staff organization"译为参谋组织,把"the line organization"译为直线组织。——译者注

部门的一个因素上。"① 然而,职能型的组织形式将不同于已故的泰勒先生所实行的广泛的职能工长制(functional foremanship)。一个职能型的组织中,从管理者到工人都是根据基本的生产职能而组织起来的。职能工长制是管理中通过职能型组织的更低部门而运作的那个部分。事实上它就是职能型组织活动的一个部分的具体发展。因此可以把职能型组织描述为这样一种组织,那些必要的生产活动根据科学确定的界线进行分类,而不考虑所涉及的产品和生产工序的特定性质。

建立在分权原则之上的组织形式完全是职能型组织的反面。在职能型组织的情况下,工厂的工作是根据各种各样的生产职能来划分的,而不考虑各种各样的制造工序。在分权型组织的情况下,工作则是根据各种各样的制造工序来划分的,而不考虑各种职能。一个人对于涉及被分配给他的特定工序的每一件事情都要负责。他把他的部门又划分为若干部分。每一部分的领导对涉及他自己部分的每一件事情负责。每一部分的领导又会把他的部分分为若干组,每个组的领导又对涉及这个组的每一件事情负责。这就是一般所熟知的军队组织或部门组织类型。

"参谋—直线"型组织又不同于上述两种类型的组织。它以思考和行动之间的严格划分为基础。实际的生产执行——这是"直线"工作。分析、测试、比较、记录、研究、信息协调、提供建议等活动——这是"参谋"工作。事实上,参谋工作是对直线工作的完善

---

① 参见 L.V.埃斯蒂斯先生的文章《为最大化生产而管理》,发表在《工业管理》杂志,1919年4月。

与补充。它涉及分隔那些不属于生产流程之部分的活动,以及把这些活动安排给那些不承担生产流程的直接职责或执行职责的官员。

"参谋人员的主要职能是分析并指明企业效率之路。直线人员的职能则是实现由参谋人员所指明的理想目标。"[1]这个组织活动原则的实质要点是参谋人员的非执行和单独另行组织的地位。在每一种组织中都有"参谋工作",但这种工作一般是由执行官员——或通过个体、或以委员会的方式——来完成的。这些官员还对作为他们调查和思考之结果的行动负责。在"参谋—直线"的组织形式下,执行工作由执行官员来完成,而参谋工作则由参谋人员来完成。这个原则是建立在被认为是人们之间的深入区别之上的。有些人具有行动者的才智,如领导者、执行官。有些人具有思想者的才智,如科学家、策划者、工程师。此外,就像在人的身体中存在感觉能力和理解能力一样,也存在着行为的动力神经中枢,所以人们认为,在工厂的组织方面,在行动的计划和政策的计划(连同所有必要的调查和分析活动)与工作的执行之间,应该做出类似的区别。

以"委员会"组织而被熟知的组织形式,与其说是一种完整的形式不如说是一种补充形式,尽管由委员会所制定的程序几乎可以在构成组织的支配性原则的程度上进行讨论。这种组织方式是以具有类似能力的委员会代替个体。因此,根据各种委员会所代替的个体能力,它们可以是决策性的、协调性的、建议性的。根据

---

[1] C.E.克诺培尔:《建立有效方法》,工业管理图书出版社,1918年。

它们所服务的目的,它们可以是暂时性的或者长久性的。根据工厂的组织形式,它们可以是职能性的、跨职能的、部门的、跨部门的。这个系统最近已经被描述为"组织授权"——"职权、责任、利益在尽可能多的个人之间进行分配。"

在继续考察这些原则中的每一个原则的实际应用之前,评论一下组织图表是必要的。通常的组织图表是以倒转的谱系树的形式来呈现的。然而这样一种组织图表确切地表示什么,究竟是表示职能的分配、权力链、责任范围、工作流程,还是表示能力的安排,是不清楚的。组织图表(不同于程序图表或流程图表)由三个基本要素构成:所要做的工作、做工作所需要的能力,以及把工作和能力统一为职责的个体。它并不表明履行职责的程序,而是表明每一个体所承担的职责。它是一种职责图表,而不是一种程序图表。既然这两者经常被混淆,所以,这种区别是重要的。这种区别的重要性还在于,组织图表一般需要程序图表来补充,尽管二者应该保持不同。对于任何一种职能工作来说,同时拥有两个图表是必要的:第一,组织图表,第二,程序图表。组织图表应该表明:(1)工作是如何在各种各样的个人责任范围之间划分的,这是职能的分配;(2)人们的能力是如何在各种各样的工作划分之间进行分配的,这是能力的分配;(3)权力和责任是如何授予的(既然职能的每一次级划分都代表着权力和责任的一种授予)。另一方面,程序图表应该表明完成工作的程序,应该表明人们在程序的哪一点上贡献自己的具体职责。因此,组织图表表明的是作为授权结果的人们之间的关系,而程序图表表明的则是由于人们参加履行职能或某种工作而形成的关系。因此,组织图表可以说是垂直地发生作用,而程序图表则平行地发生作用。虽然两者互相补充,但很明显,把二者合并在一起就将制造混乱。

我们现在可以考察每种组织形式的实际应用了。毫无疑问,每一种组织形式都有少量好的方面,并且最好的组织形式可能包含所有组织形式的某些要素,这一点也并非不可能。进一步说,对于是否会存在适用于任何企业的理想组织形式的疑惑,也是可以讨论的。组织形式将依据每一个企业的独特性而不同。不过,这并不是轻视下述假设——存在着一种支配各种组织形式的理想原则,而且在这种原则的实际运用中,某些恒久如一的因素必然出现,无论在这样的运用中会出现什么样的变化。

对于要说明的目的来说,我们可以假定正在讨论的企业是某种形式的制造型企业,它致力于单一产品的生产,如肥皂、纸张或饼干,需要某些原料进入产品的制造过程,并且有五个操作过程,我们可以命名为备料、煮沸、混合、干燥和包装。当然每一个操作过程都有附带的过程,例如在备料的过程中,有挑选、排列和碾平。因此,我们从现实中会存在的最简单的工业企业形式开始,并且我们可以研究不同的组织原则将如何影响组织的结构。

图3表示按照部门原则而组织起来的企业。每一个部门对应于五个制造工序中的一个工序,只有动力车间是例外,它对于所有工序都是必需的。每一个部门都负责完整地执行某个特定工序,不仅负责这一工序的技术,而且负责这一工序的说明和构成,负责必需材料的购买,负责工作的计划,负责物料的运输,负责工人的雇用、解雇以及工资支付,负责它本身的各个具体工序的成本计算,负责产量的必要记录。实际上,每一个部门都负责第二章所提

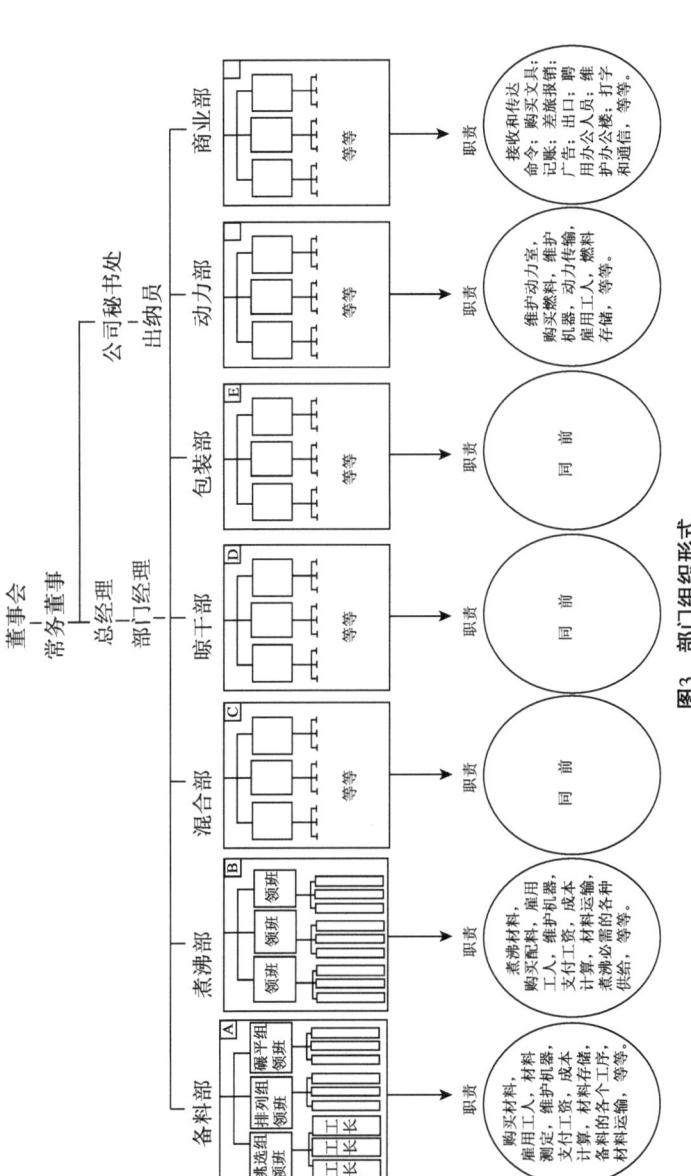

图3 部门组织形式

到的准备、生产、促进职能之下的七项职能。这些职能是按部门组织起来的,并且在每个部门里重复着。每一个部门都是一个完整和自给自足的实体,而不管其他部门。职权是明确和绝对的。在总经理之下,部门经理对于他的部门运转涉及的所有因素,都具有完全的命令权。部门经理不是根据职能而是根据制造工序的各个明确部分,分派部门之内的工作。每一部分由一个领班领导,除了部门经理没有授权的那些特殊事项之外,领班对他的部分的工作彻底和完全地负责,正如部门经理对自己的所有部分的工作负责一样。工作由此而被划分,在这种情况下,除了总经理对各个部门所提供的协调、部门经理对各个部分所提供的协调之外,部门之间或部分之间实际上并不存在相互关系。每一部门的人员所提供的能力,主要是执行的能力,而其他能力则不可避免地被囊括在这种执行能力之中。部门经理的主要的总体职责是带领他的参谋以最好的方法完成部门的工作,同时服从来自于总经理的否决权。办公室工作或者由部门经理们和领班们来做,或者由他们属下的参谋来做。只要认为有必要,每个部门经理和下属的领班也会做研究、比较和计划工作。部门经理在自己的部门内是完全的主宰。企业的目标是不同的部门经理的目标的总和,而这些目标的确定,完全取决于总经理对于一个目的的共同指示。

图4所表示的是建立在"参谋—直线"原则之上的企业。在这种情况下,可以看出,直线组织——即执行型的组织——既可以是部门式的,也可以是职能式的。这种组织形式的突出特征是参谋人员的组织。而参谋组织可以被描述成特意为了进行思考的组织,就像直线组织是为了从事执行的组织一样。这里的假定是,一

个执行经理,不管他是一个职能主管,比如设备主管,或者是一个部门经理,比如像我们例子里所提到的备料部门的经理,都不可能有时间或机会去从事调查、分析、协调信息、建设性思考等这些对于企业进步所必需的工作。因此,他需要建议,因而要建立一个参谋团队为他提供建议。在图4中把参谋的组织展示为职能化的,但作为"参谋—直线"组织的建立基础的原则并不必然要求如此。也可以把参谋团队建立在为直线人员提供援助的任何计划之上,这种援助是直线人员可能需要的。参谋组织的本质特征是它的纯粹的咨询性质和建议性质,而且对于直线人员没有直接的权力。能够支撑图4所展示的这样一个参谋组织的,应是一个大的企业。[1] 参谋组织在特征上完全是补充性的。它是为了指导执行官而对专家知识的组织。显然,它的价值在直线组织是部门类型的情况下,比直线组织是职能类型的情况下是更大的。因为在前一种情况下,要求执行官去处理各种各样的问题,而在后一种情况下,职能官员只涉及一组活动,被认为是他们自己领域的专家。因此,把"参谋—直线"组织形式看作是处于部门组织形式和职能组织形式之间的折中,并不是不合理的。更进一步说,很清楚,既然尽管在直线人员与参谋人员之间存在着一方援助另一方的余地,但也存在着双方为了各自的利益而发生冲突的可能,那么,对双方之间的关系将需要认真调节。因此,在参谋人员和直线人员之间经常举行会议对于这种组织形式是必要的,而且参谋经理需要特

---

[1] 短语"参谋处"被用来强调参谋组织部门和直线组织部门之间的区别。参见雨果·迪默尔:《工厂组织和管理》,麦格劳—希尔出版公司,1914年。

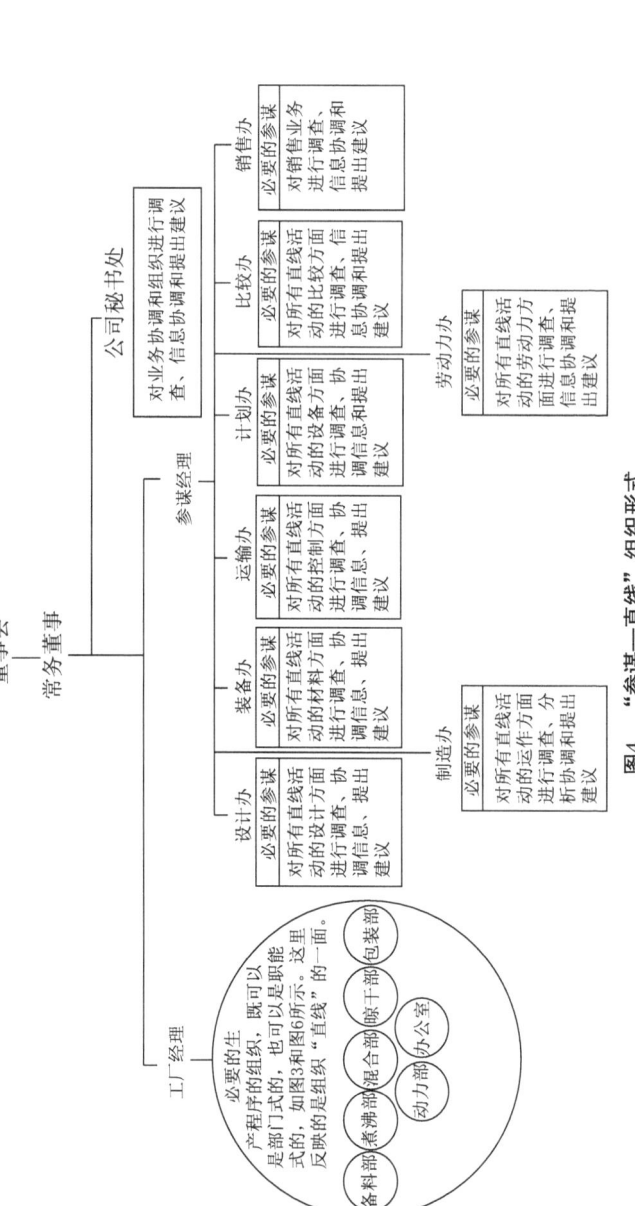

图4 "参谋—直线"组织形式

别机敏和富有理解力。如果参谋人员被分配到各个部门去工作,那么,支撑着这一组织形式的原则并没有被违反。这一原则的本质,是应该完全把调查、研究、建议等工作与日常的生产流程区别开来,而且应该把它们置于单独的控制之下。

下面将要讨论的是人们所说的委员会组织形式。就如已经指出的那样,与其说它是一种独立的组织形式,不如说它是任何组织形式的一种补充特征。然而,目前在工业中的各种趋势,倾向于使委员会具有如此大的重要性,以至于在某些企业中,实际的组织形式变得依赖于分派给委员会的作用。在充分可能的程度上使用委员会,是基于这样的假定:只有把参谋团队的责任扩展到尽可能宽的范围,有效的和共同的管理才有可能随之形成。然而,委员会不能干涉直接的权力链。每一个部门领导或职能领导必须仍然对分配给他们的工作负责。一些委员会可以被称作执行性的,但只是在一种意义上,即他们已经被授权对执行官员可能愿意提出的事项做出决定。其他的委员会对执行官员可能是顾问性质或协调性质的,因为他们把执行官员们结合在一起,保证每一个执行官员在面对那些除了影响他自己的领域还影响其他领域的事情时,追求一种共同的政策。在当今时代,大概没有一个企业会不设立各种委员会。在任何企业中,董事会都是最高的委员会。在其之下,设立一个管理委员会以及有关企业每一个分支的各个下级委员会,也是可能的,而且,也会设立更进一步的工人代表参与其中的各种委员会。然而,人们一般没有认识到,委员会的采用对组织的影响与对管理的影响一样大;而且,建立一个固定委员会,主要是组织方面的变化。一个自由地建立起来的工厂委员会,不仅带来一种新的管理方法,而且带来组织形式的一种新特征。因此,创建委员会的趋势,如果不考虑组织的形式,对组织可能是有害的。如果委员会将带来与所做工作相关的某些能力,那么,必须把这些能力像科学地组织个体的职责一样而组织起来。然而,应该记住的是,在成本方面,委员会设置也许比可以提供同样能力的诸多个体所花费的远远更大。而且,按照科学建构的原则,应该仅仅在一个从科学的角度看是必需的组织中建立委员会。随意建立一个委员会与随意任命一个新官员,是一样地有害的。

只能够有四种委员会。第一种,执行委员会,它对所面临的事情做出决定。这样的委员会能够做决策,但不能够自己去行动。它必须指派某个官员去贯彻和监督决策的执行。它只是在制定决策的范围内是执行性的;决策的实际执行必须依靠组织的主要直线链。第二种,可以是顾问委员会,它把那些挑选出来的个体结合在一起,以供在困难情况下需要特殊指导的官员去咨询他们。第三,可以是教育委员会,它构成了一种手段,一个官员能够通过它去使他的参谋知道各种事件和政策,并且由此使参谋了解更大的管理问题,由此,这种委员会构成了使其他人追随官员的一种训练基地。第四,可以是协调委员会,它把某些个体结合在一起,代表着某些特定的职能或各种职能的某些部分,以便保证按照与其他职能工作相一致、相和谐的路线来指导每一种职能工作。

在建立一个委员会时,确定为了什么目的而建立它,是十分必要的。如果它是顾问性质的,而对于所采用之政策或所采取之行动的全部责任仍然属于接受建议的行政官员,那么,这个委员会就不应该超出提供建议的界限、妄取执行权力。这种先决条件对于

第四章 工厂的组织

行政官员的益处(而非委员会的益处)来说,是必需的。每一位行政官员需要知道他的职责范围,以及他对于任何委员会的确切关系实际上是什么样的。然而,纯粹顾问性质的委员会应该很少。当一个行政官员的职责被清楚地界定时,他应该没有必要在每一个转折关头都去咨询委员会。当遇到任何困难时,与他能够付诸最大依赖的官员进行友好交谈,这同依照章程而建立的委员会制度一样有效。

不过,在一个组织中,无论管理和通过管理而运转的组织如何有效率,教育性质的、行政性质的、协调性质的委员会还是有它们的作用。没有少量的委员会,任何一种组织形式都不能被认为是完整的。然而,委员会的建立,不仅应该与管理的需要联系起来,而且应该与组织的现存结构联系起来。当个体的职责已经包含了执行某种特定任务所需要的手段的准备时,就不应该建立一个委员会去接管个体的那个任务,除非个体的职责也被相应地做出修正。

前文已经指出,委员会对于"参谋—直线"组织是多么的必要。它们对于职能型的组织来说更加重要。图5说明了委员会原则对于职能型组织的适用性。对于这种类型的委员会的作用,将在讨论职能型组织形式时做进一步的考察。[①]

我们以职能原则为基础而提出了假设的工厂。当我们考察这种工厂能够适合的组织形式时,就是进入了被无数的理论家

[①] 对于在"参谋—直线"组织中所需要的委员会来说,也要阐明企业所采取的路线。参见 C.E.克诺培尔:《建立有效方法》,工程杂志图书出版公司,1918年。

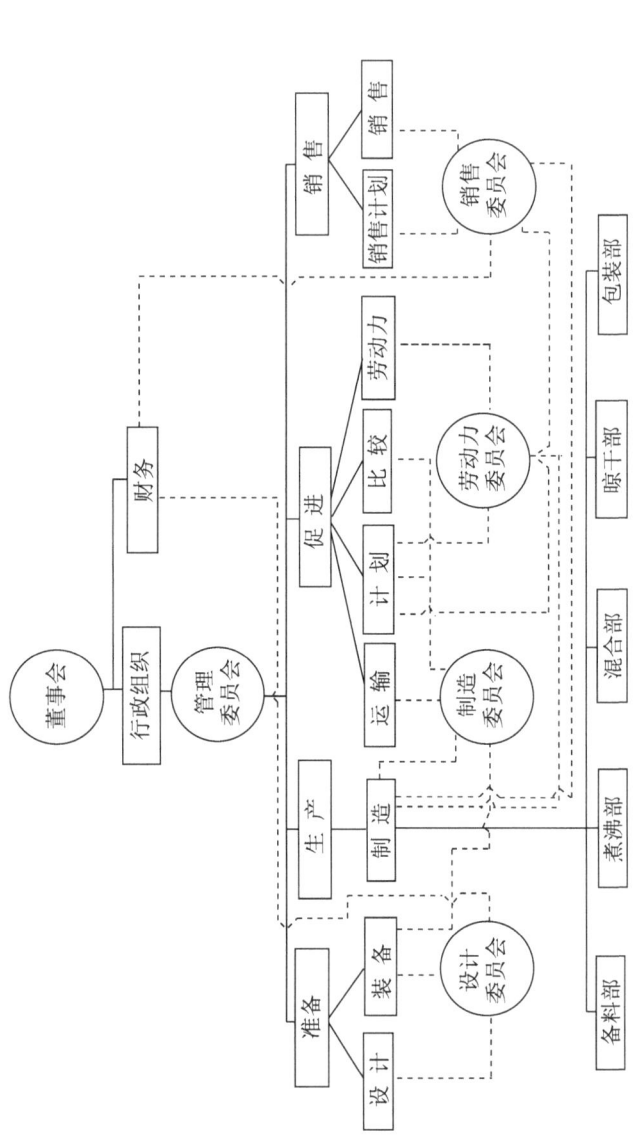

注：这不是一个完整的组织图表，因为图中没有显示职责。

图5 职能型组织的主要跨职能委员会

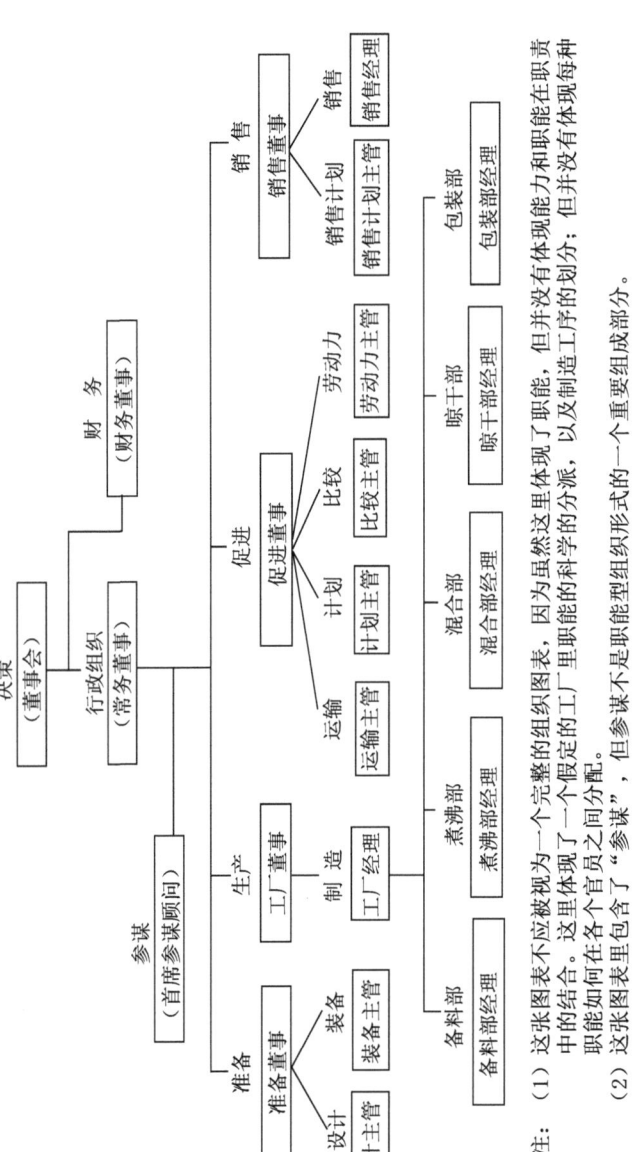

图6 职能型组织的形式

注：(1) 这张图表不应被视为一个完整的组织图表，因为虽然这里体现了职能，但并没有体现工厂里职能的科学的分派，以及制造工序的划分；也没有体现每种职能如何在各个官员之间分配。

(2) 这张图表里包含了"参谋"，但参谋不是职能型组织形式的一个重要组成部分。

做了过度探讨的领域。图 6 展示了根据这一原则而建立的组织形式。自然,读者将会认识到,对于所假设的这样小的一个工厂,如此沉重的间接劳动负担大概是不必要的,因为某些职能可以被结合在一起。然而,尽管如此,保持每种职能的不同性质仍然是必需的,而这样做,主要的职能化就得到充分展现。可以看到,整个企业是根据我们已经提出的基本职能而划分的。制造的职能是根据实际的产品制造所必需的各种工序来划分的。① 这些工序对于任何一个企业来说都是独特的,而且在每一个企业中都将不同。举例来说,在一个完全不同类型的工厂中,第一个部门可能是铸造部门,而不是我们上面所说的例子中的备料部门。因而,次一级的工序单元可能被叫做中心室、铸造车间,以及清洁室。但是,无论产品可能具有什么样的特征,在所有的企业中,主要的职能保持不变。由此,制造职能当然是构成这种组织的支柱,一方面,是由设计职能和装备职能所补充,另一方面,是由运输、计划、比较、和劳动力人事职能所补充,这些职能中的每一个职能都在它们自己的范围内被执行。这些职能与"参谋—直线"组织中参谋的工作是不会混淆的,因为后者的试验性和建议性的工作是完全不同于执行工作的。如果有需要的话,一个职能型组织可以增加一种参谋组织。然而,职能型组织的各个职能部分,明确地是执行性的。每一项职能都有一个职能主管,他对贯穿于制造职能所有部门的特定职能负责。比如,在我们所假设的工厂中的备料部门,所需材料的储存和运输将归运输主管管

---

① 这一支配着制造职能之划分的原则,将在第六章中讨论。

辖;①工作计划归计划主管管辖;机器的保养维修和动力提供归装备主管管辖;各种运转过程的花费归比较主管管辖;工资支付归劳动力主管管辖。制造部门的领导作为对影响他自己部门的所有其他职能活动的协调代理者而行动,并且确保所有职能共同合作,以实现他的部门赖以存在的目的。②

对于由此而被分成许多部分的共同任务来说,对委员会的需要是不可缺少的。没有众多的委员会,一个职能组织就无法运转。这样的众多委员会主要是协调性质的。然而,对于以职能的科学分配为基础而建立起来的组织来说,无论如何,根据将要组成的委员会成员所要履行的职责、而不是他们的个性来决定必不可少的成员,是可能的。如果要使一个政策得到统一执行,对于各种职能领导者之间的恰当协调来说,作为不同于对下级组织所提供的协调,以及不同于由常务董事所提供的协调(常务董事将自然是所有主要委员会的成员),某些职能领导者仅仅由于他们的职责,也必须相互合作。比如,设计部门(作为一种购买职能)与财务部门之间的合作,就是必需的。③

进一步说,在设计职能、计划职能和比较职能之间形成一个固定的关系也许是必要的,虽然更加可能的是,这种关系可以由适当的日常流程充分地提供,这就是计划职能仅仅专注于材料的数量,

---

① 主管这一称呼,是用来把职能首脑与经理区别开来,经理是制造这一职能部门的"首脑"。
② 职能主管和部门经理之间的关系,在第六章有详细讨论。
③ 在设计与产品性质的详细特点有关而不是与原材料的购买有关的情况下,很清楚,装备职能也必须通过设计委员会与设计职能相协调。

而比较职能则指明材料的质量。由此,我们明白了一个设计委员会所必需的核心成员有哪些(在设计主要是购买职能的公司里)——也就是说,有设计职能的领导与财务职能的行政领导,后者通常是公司秘书或一个特别地负责控制财务问题的董事。还有,在劳动力人事职能和制造职能之间的协调同样是不可缺少的,因为对工资、雇用或福利条件方面做出明显改变,必然影响到制造职能。在劳动力人事职能和计划职能之间的协调也是必需的,因为计划职能可能做出的部署一定实质地影响着劳动力的数量和分配。

因此,劳动力委员会的核心成员就是劳动力人事职能的领导、计划职能的领导以及制造职能的领导——他通常被认为是工厂经理。很清楚,在制造职能与装备职能、比较职能、运输职能以及计划职能之间,同样的协调也是必需的。与之类似,销售职能有赖于同财务职能、计划职能、制造职能相协调。于是,在一个职能型组织的顶部,我们需要有四个必需的委员会——设计委员会、劳动力委员会、制造委员会以及销售委员会——它们的主要目的是对各种职能进行协调。企业已经职能化这一事实,决定了这些委员会的成员资格。在假定了协调这一初始目的和这样的基本成员资格的情况下,委员会也可以是咨询性的或执行性的,尽管可能是被限定的。考虑到委员会中的工作除了严格的职能性工作以外,还需要特殊的才能,因而也可以增加其他成员。因此,一个职能型组织,尽管建立在一个清楚可辨的原则之上,但仅仅依靠这一原则却不可能是完整的组织。它还必须有一个作为其内在部分的委员会系统。

第四章　工厂的组织

简言之，这些就是按照已经阐述的那些原则所得出的组织形式。不过，这里所列举的组织类型是纯粹原则的逻辑结果，并没有考虑围绕着每一个组织成长的环境状况，这一点无论如何突出强调也不会过分。过分强调一个原则的逻辑结果，就像过分强调在应用这一原则的道路上会遇到的困难一样容易。每一种组织形式都是一种成长体。可以说，一旦一个组织达到成年的水平，就不能够仓促地或在没有深思熟虑的情况下进行改变。等待一个合适的时机去改变它，比武断地强行改变它要好得多。重新进行组织既需要时间也需要创造能力。科学的方式并不总是最有把握的方式。暂时容忍一种非科学的方式比创造一种激发人们感情的因素，常常要好得多。因为工业主要是人的工业。它一定不能成为科学家和工程师的实验场。我们必须经常降低对于科学上是值得期望的事情的热情——通过思考它是否真正恰当。的确，重新进行组织的过程，不可能进展得比构成组织的个体能够被引导去愿意接受的速度更快。这需要以可以称之为"组织感"的东西的长期培养作为前奏。[①] 只有当管理愿意使用组织，组织才会是良好管理的手段。另一方面，有很多个体几乎不能够区分组织和管理。他们缺乏相互关系感。许多部门坚持费力地收集其他部门已经掌握的统计数据；有的部门对其他部门的官员谨慎地关闭着大门。有的部门领导常常紧紧抓住许许多多的各种职责不放，并且不允

[①] 参见 E.B.戈温："没有什么东西比被称作组织观点的东西更加根本的了。它的本质在于把事情看作是相关联的。"见他的《执行官和他对人们的控制》一书，麦克米兰出版公司，1915年。

许他的下属知道他的一点点秘密；有的陈旧部门竭力抓住原有的职责，尽管已经建立了一个新的部门去接管它的某些职责。这些以及类似的事情，是缺乏理解各种职能的逻辑分类以及各种事情之间相互关系的能力、或者是缺乏理解马歇尔教授在其著作的前言中所说警句的重要性的能力的一个证据。这个警句是："一中有多，多中有一。"①对于这样的事情来说，其中的偏见不是针对这种或那种组织形式，而是针对总体的组织。只有通过无限的耐心和使用各种手段对这种未开发的关系感进行培养，才能够消除这些事情。

尽管如此，为了揭示我们的原理，我们必须把建立组织看作是一种新的冒险，仿佛在每一种情况下都是如此。当前的问题显然是重新组织的问题，这是困难的事情。建立组织意味着进入一个未开发的田野；而重新组织则意味着进入一个充满杂草和奇怪生长物的领域。很少有公司能有戈登·塞尔弗里奇先生所拥有的机会，他甚至在公司每一扇门向顾客打开之前，对他的巨大的伦敦商店的整个组织做出计划。今天的大多数企业被维多利亚时代的遗产所拖累。在组织中，所需要的技艺少得可怜，与其说只有制图人的技艺那么多，不如说只有裁减工的技艺那么多。这是一个改造和改变的问题，而不是设计的问题。当机器运转的时候，齿轮必须校正好。因此，一个科学的组织方案，可以提供理想和指导，但并不消除对于进化式调整的需要和进化式调整问题。我们必须穿过目前的迷宫而走到通向我们可以实现理想的道路上。

---

① 《工业和贸易》。

第四章 工厂的组织

没有深思熟虑和坚定不移的努力，重新组织就不可能进行。这必然涉及决定打算使组织变成什么样的组织，这是预备工作。接下来是组织观点的培养和每一个管理官员对他工作的更大范围的兴趣的培养。[1] 没有对重新组织是一种可取的和自然的过程这一点的普遍认可，任何规划，无论多么科学，都不会导致和谐的管理。在这样的根基翻转之后，下一步是把原有的组织形式改变成某种明白易懂的形态。一个关于现有组织形式的综合的详细图表，对任何组织规划都完全是必需的。当人们还不知道一个企业目前是如何组织的时候，人们就不可能重新组织它。有了这种图表的武装，人们就可以去构思另一种图表——一个关于新的组织最终应该如何形成的理想图画。因此，这是观察实际组织和理想组织在什么地方有区别和为什么如此的问题；是决定能够直接进行哪些改变，以及决定推迟纠正哪些异常现象直到情况更加合时会更好的问题。这不仅构成了一种直接行动的计划，而且构成了对未来的一种指导，以便当机会到来时，或者通过官员退休、改变方法、改变或扩展工厂安排，或者通过贸易条件的变化，根据一种确定的规划而竭尽全力去重塑实际的组织，使之更加接近理想组织的形式。

与重新组织相类似的问题是组织的扩展问题。在当今时代，人们经常没有认识到、或者太晚才认识到，一个组织的每一次扩展

---

[1] 参见发表在《工厂》杂志1920年1月号上的一篇有趣的文章，题目为"当每一个主管清理他的工作时我学到了什么"，作者是美国伯勒斯公司的W.J.基尔帕特里克先生。

都是一个新的科学问题。新的职责、委员会、人员,不能够像把新的布块添加在一个已缝制成的被子上那样,按照当时的突发奇想而缝在任何位置上。组织的随意扩张构成了协调失败的必然之路。只有按照对于组织的现存分支的逻辑关系来增加新的分支,组织才能够依然从使进一步扩张成为可能的中心源接受指导。一个组织需要按照某种设计进行构建和扩展,以便使所增加的每一部门都不会使这个机构失去平衡。这是组织建构的秘密——按照与其他石头的科学关系安放每一块石头。不这样做,马上就会进入这一时刻——由于缺少粘合,进一步的建造无法进行。历史上没有现代巨大工业企业的先例。然而,在某个阶段之后,每一个大企业都会发现组织的问题变成了企业首脑的头等问题。海因少校说,"对于一个企业来说,它的大小有一个明确的界限;规模也许是决定性的条件。许多公司的操作活动已经超出了来自中心源的具体指导。"[①]这种限制因素不是管理层执行各种职能的能力,而是保持组织协调的能力。除了人的弱点以外,能够限制企业发展的唯一因素,是协调的复杂性。这个受到协调能力限制的阶段的到来,在一个随意建立起自身组织的企业中,比在一个从一开始就着眼于扩张而有计划地建立起组织的企业中要更早。扩张是授权的过程,但每一步授权都是在给协调增加负担。假设每一步授权都是给被授权人创造比授权人更小的权力范围,那么,由企业首脑所进行的协调将会在实际上变得几乎是无价值的这样一个时刻必定到来。即使在最科学的组织形式中,这一时刻也会在相对较早的

---

① C.D.海因:《现代组织》,工程杂志出版公司,1912年。

阶段到来。所以,这不仅仅是职能授权和职能划分的问题,而且是向下授权协调本身的问题。企业首脑所进行的协调不是唯一的协调。也一定存在着遍布组织所有范围的众多协调点。事实上,协调本身变成了一种职能,它以自己的头脑作为整个企业的首脑,并把自己的职员安放在组织的各种各样的集中点上。人们认为,这样的"点"在每一个主要的制造单元的顶部都会找到,而且事实上,制造部门经理的主要职责就是协调为他的部门贡献效率的其他人的活动,这样的协调在职能上与首席协调官即企业首脑所进行的协调,是联系在一起的。在第六章中将对这一问题进行更进一步的讨论。

成长的调节问题,显然影响着持久性这一问题,或者影响着一个组织的持续和发展的能力。这一点已经被看作是科学的组织活动的主要优势。持久性由两个因素组成:受到调节的协调之成长,和新旧更替或者说对时间、机会、消亡之后果的补救。部门型的组织形式,通过把所有职能集中于一个首脑之下,看上去可能为有效协调提供了最好的机会。然而,必须记住的是,协调不应该是限制性的,即协调不应该把人为的边界强加给企业的扩展。协调的职能更多是通过确保有成长的空间而促进增长。部门组织形式的后果可以说是在向日葵上强行盖上了一个玻璃罩。在它明确地提供了有效控制的同时,也一定阻碍了成长。当经理忙于控制而完全没有空闲时,组织的成长也就停止了。或者说,如果组织要继续成长,它就再次处于经理的控制范围之外。它缓慢爬到玻璃罩之外,由此而造成了浪费。还有,除了在可以想象到的最小的部门里,没有一个经理被期望对每一项职能都给予充分注意,所以,结果就是各种职能出现不均衡的发展,一些职能发展起来了,其他一些职能则处于抑制状态。另一方面,职能型组织的危险在于可能缺乏协调。然而,职能型组织有一个巨大的初始优势——企业的整个任务是按照逻辑分成几个部分,因而为最高执行官仅仅致力于协调工作留下了自由空间。职能型组织把协调职能看作是最高的职能。"正是在职能化为行动带来了必要的和有效的分权这一范围内,职能化本身使得另一个职能成为不可缺少。在一个组织存在不同实体的情况下——每一个实体对于自己领域内的行动和结果负责,同时所有实体都致力于同一个最终目标——为了实现和谐而有效的最终行动,认识到协调的必要性以及把它作为组织的突出的和基本的职能,是必需的。"[①] 没有为协调留出适当余地的职能性的组织建构,的确是极其危险的。这是首席执行官的主要职能,在其中他可以很好地由一个协调专家或组织专家提供援助,为了仅仅就协调问题向他提供建议这一唯一目的。

持久性的另一个因素是当执行官们离开企业时的替代问题。没有一个组织能够宣称,持久性这种优势依赖于一个人的能力,或者不考虑工作的科学分类、而依赖于把放任能力自然发展所获得的短暂优势,置于按照公司的共同计划而调节个体努力所获得的持久优势之上。这是"替补人员"或者"第二梯队"的问题。除非为死亡事件或其他情况做好准备,否则管理层就不能够执行一种连贯的政策。不管什么样的组织形式,这种必然性都持续存在。然而,在部门组织形式下,不能令人满意地做到这一点。显然,当一个部门经理完全控制了影响他所在部门的每一因素、而且人们只是根据结果来评判他时,他会建立属于他自己的特有方法。这样

---

① R.A.费斯的发言,见《泰勒协会公报》,1919年4月,第4卷,第2期。

一个经理在任何显著的程度上都不会被要求实行与其他官员进行合作的柔和艺术,结果是,对他来说有一种保持独断专行、同时的确是一种诱惑的确定趋势。历史的教训是,没有一种独裁能够保持长久存在。独裁就是自己的掘墓人。此外,"替补"那些没有被科学分类、容易被任意改变的职责,也许是在追求一种海市蜃楼。不过,职能型的组织形式,保持着一种标准形式,它能够使"替补人员"具有某种明确和清晰的前景。不管个体可能由于什么原因而死亡,广泛的工作群体保持不变,而且,"替补人员"由此而在前方有一个职位,其所要求的条件将不会发生一点点变化。在组织中为"替补人员"准备合适的位置,是组织建构者的一个问题。实际上,"替补"本身通常不是一个全职工作。它在一定程度上是由于对所要做的工作进行划分,一个官员被迫对他的直接下属授权工作,他的下属通过执行所接受的工作,使自己有资格承担在他之上的位置。事实上,"替补"是一种科学的序列——从一个职位上升到另一个职位,而这些职位是根据科学的授权计划安排好的。

这样一种工作安排是上面所谈到的科学组织活动的更深层优势的基础,即根据人性化的标准或根据被要求去完成工作的人员的正常能力来组织工作。在许多企业中存在的趋势,是把过重的负担加给愿意工作的马。在部门组织形式下,这种危险是明显的,因为每一个部门都是自足和集中控制的单元,划分工作所根据的是经理的性情而不是对职能的科学分析。不过,在确定某一组职责的范围时,职能化在本质上并不直接给构成任何一种职能的人员个体分配职责。正如图7所说明的那样,这一点由职能与能力的结合所决定。显然,使每一种能力都由不同的个人来提供,由此使每一个部门都有相应的人员,这一点是不必要的;有一种观点认为,为了一个部门的恰当行为,所需要的能力应明确地或者由单独的个体来提供,或者由人们的结合来提供。我们于是得到了丹宁先生所描述的"每一个人的工作"和"从事每一项工作的人",[①]这是工作职能和人员能力的科学关联。这里的优势不仅仅在于工作是根据正常人的能力标准来划分,而且在于从一个职位到另一个职位有一个自然和连续的过程,以及每一个官员所从事的工作和他所带来的相关能力是清楚界定的。

	职能	准备		生产	促进				销售	
	能力	设计	装备	制造	运输	计划	比较	劳动力	销售计划	销售
执行	决策能力									
	行政能力									
	下级行政能力									
	执行能力	设计主管								
	下级执行能力			下级制造经理						
	监督能力									
服务	研究能力									
	协调能力									
	咨询能力							劳动力咨询参谋官员		
	特殊能力									

图7 "职能和能力"决定单位的作用

---

① A.D.丹宁:《科学的工厂管理》,尼斯贝特出版公司,1919年。

第四章 工厂的组织

上面所描述的集中、个体性和相互结合，还有其他优势，它们来源于工作的逻辑分类。当所要执行的工作和承担工作的人的地位和能力这两者都是明确和标准的，那么，紧密而经济的运转就是可能的，因为所安排的工作关系是精确和紧密的。一个职能型的组织并不带走个人的责任，而是加强了这种责任。当一个个体被给予明确而界限清楚的职责时，他的个人所有感被增强了。而缺乏职责的界定，则会模糊责任的范围。这既适用于职能主管，也同样适用于部门经理或领班——在这里也就是制造职能的一个工序或部门的经理。泰勒所实行的"职能领班制"，消除了相应部门的经理，代之以八个职能工头，在相应于经理和领班的主要位置上，职能工头是执行官。然而，消除经理的位置，按照英国人的理解，是限制已经提到的必要的协调职能。这一问题在后面必须加以讨论。① 经理和领班是英国管理的本质特征，而且既把职能发展到较大程度同时又保留这些特征，是可能的。② 职能化并不消除、而是增加对于领导和协调的必要性，而领导和协调是英国工业中经

---

① 参见第六章。

② 参见汉斯雷诺有限公司的查尔斯·雷诺于 1920 年 4 月在牛津的演讲："在我们中，关心管理的那些人非常清楚地知道，一个好的领班之所以是好的领班，是因为他是一个好的领导者。如果用一群职能性的领班代替完整负责一群人的一个领班，每一个领班只能对一个人工作的一部分有决定权，那么，个人领导的机会不再存在。……我毫不怀疑地说，职能性领班制是一个失败。限制领班的职责范围或他的领导能力运用的任何事情，都是错误的；而且，职能性分工的地位处于管理的更高序列。"

另参见 A.R.斯特林先生在"现代英国管理中的泰勒原理"一文中的观点："管理职能的授权是美国泰勒体系的主旨，但在英国将不会产生效果。这里我们必须再次与英国工人的心理打交道。他们不会忍受八个工头。"载 B.穆希欧编：《工业管理演讲》，皮特曼出版社，1920 年。

理和领班所具有的突出优势。领班是我们工业历史中遗留的不朽遗产。不过,在职能型组织形式下,就像在这里所概述的,领班的职责发生了一点变化。他不再是独断专行的人——传达神谕的祭司——而是作为一个整体的管理的代言人。

正如把职能组织形式和制造部门的经理的存在结合起来是可能的一样,在组织活动中把职能方面和关于参谋的观念结合起来也是可能的。制造部门首脑和职能首脑都是执行性的;这里仍然存在着调查研究和咨询建议的余地。参谋观念是那些容易被过度强调所毁坏的创新之一。这一观念正在被带向死亡,而且正在受到所有指责中最严厉的一种指责——指责它建立了不必要的部门,雇用了多余的官员。而且,"参谋"这个词,在当前理论中是以太不精确的意义而被使用的。严格地说,它意味着提供建议和研究能力的一些官员。无论是在生产方面还是在促进方面,参谋都不是执行性的。

使特定的人们组成参谋团队,并不是绝对必要的,尽管在大的企业中,这可能是必需的。在一个小的企业中,一些执行官员可以集体地为任何特定职能提供咨询能力。或者可以雇用一个外部人员提供这种能力,这在美国是不断增长的实践方式——人们称之为"请专家来"。如果这种能力可以用某种方式来提供,用什么样的组织形式实现这个目的,关系不大。"外部专家",或者被称为"工业咨询工程师",在英国工业中可能不会流行起来。引入一个即使是间接地告诉每一个人应该如何做自己工作的陌生人,绝不会是增加效率的流行模式,即使在某些情况下这可能被认为是必要的。也不会出现能够完全依靠委员会来恰当地提供建议这种情况,因为这首先涉及认真和详细的分析、长时间的研究、各种各样的学术条件以及特殊的科学方法。

由此看来,在任何工业组织中都有一定的参谋官员——非执行性的官员的位置。他们的唯一事情就是提供调查和建议。即使在一个完全职能型的组织形式之下,也需要这些非执行性的官员,尽管明显是在一个更小的程度上;因为每一个职能部门的首脑只是他自己所从事的职能的专家。不过,每一位职能首脑的工作总是执行性的,同时由此也不会有必要的时间去从事调查。比如,尽管这里可能有一个比较主管,他是成本方面的专家,但由一个特定的调查者研究成本计算方法,对他的工作加以补充,可能是非常必要的。

这里之所以举出比较职能的例子,是因为在很大程度上,这个职能是执行我们已经提到的作为参谋官员的工作。这是与研究有关的一项职能;而且,毫无疑问,在研究工作已经取得发展的范围内,对于一种特设的参谋组织的需要正在减少。不过,将仍然会有需要一些参谋发挥作用的空间,尤其是作为给企业首脑提供咨询的参谋。随着从部门组织形式到职能组织形式的转变过程开始准备就绪,在"参谋—直线"组织的意义上,一个专家参谋团队是必需的。因此,可能随着职能组织形式的发展,原先的参谋官员自身将会变成职能官员。最后,原先的参谋核心成员将分散在比较职能和一个固定的参谋团队中,为常务董事提供咨询,尤其是就组织的发展、管理的新观念、其他企业中的行政革新,以及整理信息以展示行动的共同结果等事宜。然而,在职能组织中对于参谋的这种吸收,绝不意味着会消除对致力于一些特定问题的特殊参谋工作的需要。执行官对于参谋建议的这种需要并不会损害执行官的名声,正如在特定情况下一个从业医生需要请专家来咨询或者一个建筑师需要求诸咨询工程师并不会损害他们的声誉一样。这样的情况是否不断地发生、并且是否由此要求使用一个全时制参谋,是当事企业的事情。很清楚,虽然职能化确保了这样的一种活动分类,使得组织的官员们能够集中于特定的工作范围,但是,它并不能保证最好的信息、理论和建议对于这些职能的执行总是有效的。因此,用由全时制的核心成员组成的参谋组织来补充组织职能,由局部的调查研究委员会来支持,以及如果需要的话,由外部专家来援助,可能是必要的。在职能化过程完成之前,这样一种组织肯定是必要的。在此之后,企业具体的情况将决定在多大程度上这类固定的组织仍然是必要的。①

总结来说,我们现在能够列举一个理想组织的主要要求。这些要求的具体应用取决于企业具体的考虑。不存在完美的理想,但下面所列举的可以被看作是必要的原则:

(1)对于企业职能的主要划分应该建立在对所要完成工作的科学分析基础上。

---

① 参见西德尼·韦布1920年4月在牛津的演讲"关于工业的新精神":"我对于多年后未来管理的看法是乐观的。但是,这种管理远远不同于独裁的管理,将在很大程度上依赖于公正无私的专家们的报告。当然,仍将会有非常时刻的决策,但在更高水平之上的管理,将可能变得越来越是一种对专家提供的证据的出色的权衡,既涉及规则,也涉及公开。"

也参见雨果·迪默尔:《工厂组织和管理》第三、第四章,麦格劳—希尔出版公司,1914年;以及C.E.克诺培尔:《建立有效方法》第八、第九章,工程杂志图书出版公司,1918年。

(2) 类似的职能应该结合在一起,而且要清楚界定,尤其是对"边界线上"的职责。

(3) 应该按照工作和能力、工作和人的恰当结合,来决定职位。

(4) 协调应该是首席执行官的唯一重要的事情,这样的协调沿着组织从上到下连续进行。

(5) 对工人的领导应该是单一的、直接的和密切的。

(6) 应该对执行经理进行这样的支持,首先,由一个委员会组织来提供协调、建议和调查的便利、以及对下属的训练;其次,当情况需要时,成立专家参谋组织。

(7) 决定职位时不考虑个体,而且按照能够形成从一个职位到另一个职位的有条理的序列,来对职位进行分级。

(8) 整体的组织形式应该图表化,向全部有关的人们公布,而且保持更新。

第五章 劳动力管理

概　　要

1. 工业中的新精神;变成口号的危险;这种新精神在当前的重要性;这种新精神的本质——伙伴关系。

2. 工资的问题;工资增加从何而来;利润分享——反对意见和优势分析。它没有触及到工资问题。最低工资的问题;经济和伦理之间的必要调整;与生产力的关系。最低工资为高于其上的工资设立了标准。按劳动绩效付酬——优点和批评意见。对降低工资率的政策的需要;工资协调的需要;工资率协议。

3. 雇用工作——背后的精神;人员的聘用;职业诊断和工作分析;劳动力的维持;劳动力流动率的重要性;劳动力流动率的原因;劳动力维持的价值;员工的解雇;纪律的基础。

4. 经济保障——失业是就业的反面;调整的问题;数量的限制;解决由不可避免的失业所造成的影响;可支付的数量;国家的作用。

5. 福利工作——取决于总体的福利精神;无益的其他动机;工作场所和方法;福利工作影响着精神、道德以及健康状况;工人在工作中进行合作的必要性。

6. 培训和教育——方法比内容更重要;科学管理的培训,价值和反对意见;培训中真正合作的必要性;创新精神的发展而不是技术的发展;管理与教育的关系;工厂生活塑造精神;民主要求更好的教育;管理不能消极被动。

7. 工会——脱离生产的问题;通过自我保卫而发展;能够产生建设性吗?与各种工会保持亲密关系的必要性;与管理方进行合作的可能性;车间管理员的使用。

8. 合作——进步的基本原则;人类的合群天性;在工业中由于缺少共同动机而形成的对于这种天性的分歧;管理是未来合作的关键;新型管理者的必要性;工资激励的失败;以工厂委员会为开端;合作是可能的吗?

使用一些流行口号或流行短语,会产生一种内在的危险——要么它们可能表达了一种不适当的重要性因而引起误解,要么由于它们被过度使用而令人生厌。我们已经看到,"效率"这个概念的使用导致了这两个方面的危险。如果"工业中的新精神"这个短语现在被随意使用而导致类似的危险,那将是非常令人遗憾的。对于"效率",我们可以换用另一个不那么令人讨厌的概念,但对于"工业中的新精神"来说,不存在任何具有同等重要性的替代词。因为这个概念是富于表意的。它表示一种变化,不是结构、方法、目标、环境或者条件的变化,而是思想态度的变化。它代表着联合在一个工业企业中各种各样群体的一种新的人性态度。尤其是,它代表着管理和人们之间一种新的关系——这种关系不是由传统或经济条件决定的,而是由每一方的精神决定的。因此,它代表工厂管理中劳动力一方的新态度。

劳动力问题是工业中的"爱尔兰"问题,是一个永恒的问题,一个不断发展的问题,也是一个心理上的问题。就像政治领域中的爱尔兰问题一样,劳动力问题不仅需要技巧、实际的政治才能、组织构建的能力,而且需要远见卓识。改变劳动时间和工资、建立就业部门、鼓励福利活动,往往与针对爱尔兰问题的许多善意提议类似。这些提议可能缺乏充满真诚的自发精神。劳方的需要主要不是对方案和就业部门的需要,而是对同情心和洞察力的需要。我们常常没有认识到,现在的工厂制度是一个世纪以来快速发展的结果,并且没有认识到,在发展过程中试图稳定原有状况是不可能的。工业在发展;我们不能预测其发展的程度。但我们可以确定并用一个改写的短语来说,"虽然工业发展在云雾弥漫中开始了漫长的旅程,但它的目标不是停留在工业主义的现有阶段"。[①] 人类活动的每一个领域的现有阶段都不是永恒的。现有阶段不过是通向未来的阶石,是练兵场而不是目标。新精神意味着必须采取进一步措施实现这种意识的复苏。它不仅指明了新的视野,而且指明了解决当前问题的一种不同路线。新精神并不涉及对工业乌托邦的生动刻画,并不比包含着天堂王国全景的基督教精神所意味的更多。它为日常行为提供了一种广阔的原则,为日常生活提供了一种总体态度。

与采取铁腕政策的旧精神相反,新精神的本质是伙伴关系。用高尔斯华绥剧作中一个人物角色的话说,旧的精神就是"对待人们只有一种手段——采用铁腕政策。这一代年轻人的杂拌性的事

---

① 参见《唐宁街之镜》,作者为"一个穿罩衫的绅士",米尔斯—伯恩出版有限公司,1920年。

第五章　劳动力管理

业,他们的杂拌性的行为方式,已经把所有这一切带给了我们。多愁善感,软弱,以及这个年轻人所声称的他的社会政策。你不能同时既要吃蛋糕又要拥有它。这种中产阶级的态度,或社会主义倾向,或无论它是什么,都是腐朽的。主人就是主人,平民就是平民!"①新精神与旧精神是背道而驰的;它并不试图把现在作为进步的目标。由于进步是人的特性的发展结果,新精神把人性看得比财富更重要。它认为现在的状态和未来的状态都不是理想,而是认为,如果未来是在当前基础之上的提高的话,那么,通向未来的最好途径是调解、伙伴关系、相互理解。进步的路标指向合作之路。

劳动力管理将我们带到了十字路口。它使我们必须决定走哪一条道路。如果我们继续向前,我们就将沿着一条无限艰难但也充满无限希望的路走下去。管理中的新精神不会立即消除困难,但它可能最终将会解决它们。

在这一章里,我们将讨论新精神在劳动力管理主要领域中的运用——工资,雇用和福利。我们不可能把一卷的内容压缩在一章里,但我们可以提出问题并对管理所要遵循的道路提出建议。

工　资

工资问题是决定工业收益中支付给劳动力的那一部分。这也不可避免地涉及决定以利息形式付给资方的另一部分。然而,不幸的是,我们面临的任务不是以何种比例切分一块既定的蛋糕,而

---

① 约翰·高尔斯华绥:《争斗》。

是如何切分一个大小未知的蛋糕。工资和利润可以说是以生产为底边且顶点固定的三角形的两个边。如果底边变短,两个边就会缩短;如果底边变长,两个边就会变长。工资就像利润一样是以生产为条件的。即使是"最低工资"也要以最低生产率为基础。

那么,增加工资从何而来呢?——这也是问题的关键所在。增加工资可能有以下一种或几种来源:(1)减少利润,(2)提高售价,(3)降低原材料成本,(4)提高工作效率和更加努力的工作。除了最后一种之外,其他每种来源都受到严格的限制。利润率受限于吸引资本的必要性。提高售价受制于公众需求,一般来说通过这种途径在任何情况下都不能增加实际工资。降低原材料成本受制于资源稀缺性、运输成本、培育成本和提炼成本。不过,工业效率只受限于人的才智和努力的未知边界。因此,我们必须主要从这个来源中寻找提高工业生产中人们的薪酬的方法。

这个主要问题也引发了一些次要问题:第一,决定作为更高水平工资基础的最低工资水平;第二,决定不同级别不同工种工人的相应工资;第三,决定使工资固定的机制。因此,整个问题可以分成以下四个问题来讨论:(1)资方和劳方之间的收益分配,(2)最低工资,(3)不同级别劳动力的工资分配,(4)工资分配的机制。

我们首先来看看第一个问题。近些年来,人们对利润分享与合伙经营方案的热情复燃。[1] 1919年的前十个月,29个新方案投

---

[1] 参见安奈林·威廉姆斯:《合伙经营与利润分享》,国内大学图书出版社。关于这一主题的一般讨论,也参见劳工部1920年出版的《联合王国的利润分享与合伙经营报告》,也参见詹姆士·A.博维:《与雇员分享利润》,皮特曼出版社,1922年。

入实施;年底,164家公司采取了某种利润分享与合伙方案,大约有243 000名工人参与其中。然而,这些方案没有触及工资的基本问题。这些方案假定了资方和劳方的回报标准——对前者而言是吸引资本和维持公司所必需的最低利润,对后者而言是不同工种的现行工资。这些方案处理了收益中有争议的部分,即按照以上标准支付资方和劳方之后而剩余的部分。因此,实际工资的确定依然按照劳资双方制定协议的老办法来进行。另一方面,在利润分享方案试图在标准工资与标准利润之间达成劳资双方都可以接受的平衡、并努力按照双方同意的原则分配剩余利润的范围内,它在一定程度上把讨价还价限定到了一个有限的领域。然而,利润分享方案并没有消除按照劳资双方的力量来确定工资的必然性。因此,利润分享方案是对讨价还价的补充而不是替代。也不能把利润分享方案看成提高生产率的重要动力。这种报酬方式同按劳动结果给予报酬的方式一样,与人们所付出的努力并无直接关系。另外,这种报酬方式很难被计算并且在劳动结束后很久才能支付。因此,它不是即时而鲜明的激励。不过,任何方案的价值可能更多地在于对它所代表的公正要求的承认,而不是在于这种报酬方式的直接结果。这种心理上的价值也许比备受质疑的经济价值更重要。如果利润分享方案能够在实质上对工业公正感的发展有所贡献,那么它的价值是不可估量的。

然而我们不能忽视,尽管在不同地区存在差别,但大部分有组织的劳方对利润分享方案的总体态度是有敌意的。这对于工会的危险是显而易见的,因为可能很容易通过利润分享方案将工人与他们的公司而不是与他们自己的有组织的工友联系起来,这就削弱了劳方的团结。更进一步的危险在于,利润是可以通过留出储备金来操纵的,因而留给劳方的增加空间很小。还有,正如 W.L. 希辛斯先生所指出的那样,"一个公司和另一个公司之间会有突出的不平等,这将导致不公正。"最后,利润分享方案的最危险之处在于,由资方和劳方通过各自的组织而形成的联盟,可能会造成一种反对社会的武器。由雇主联合会和工会组织所造成的工业自身的联合程度,可能会使社会受到难以弥补的损害。

实际上,劳方更愿意收到基于工作表现的直接工资,而不是基于标准基础的工资和有待证实的利润分红方案,因为对它们的评估是劳方所无法控制的。[①]

然而,仍存在进一步的选择方案。工业不只是由基于各自利益的资方、管理方、劳方所引导。这三个要素都服务于共同的主人——共同体。因此,提出共同体在分配利润时也获得一份并非不合理。利润分享方案不仅仅是在雇主与雇员之间,也是在这二者与共同体之间——在工业中的合作伙伴得到标准报酬和工作分红之后,共同体也要按照利润的比例获取相应收益。

同时,任何利润分享方案都必须基于合理的工资基础。它是对工资的补充而不是替代,也不是对较低工资的缓解剂。因此,工资问题仍然存在,即,它是一个除了对工资的任何补充措施之外可以通过利润再分配得到提高的问题。工资问题,首先是最低工资的问题。我们要牢记,最低工资尽管以关于生产率的假定为前提,

---

① 参见西德尼·韦布:《今天的工厂管理者》,郎曼格林出版公司,1917年,第83页。

但二者实际上并无关联。最低工资首先是一个文明社会中每个公民的权利，以保证其根据社会的一般标准过上普通生活。如果一部分工业从业者的物质生活水平很低、以至于可以忽略他们作为社会成员的效率，那么，任何进步的社会都不会认为工业贡献出了它应该贡献的充分服务。除特殊的情况以外，把社会作为一个整体来看，低下的物质生活水平导致低下的智力水平和道德水平。如果后者要提高的话，物质生活水平必须提高。当某些社会群体的物质福利的繁荣是建立在非熟练工人的收入报酬的基础之上时，整个社会的一般智力和精神生活只能受到损害。换句话说，在充分的物质生活水平使社会达到与它的发展相适应的伦理水平之前，物质生活水平必须在一定程度上实行共同标准，这种标准能够凝聚而不是分裂社会。衡量繁荣的标准是能力和个性的发展程度而不是奢侈的发展程度。真正的民族繁荣不是偶尔的奢侈，而是能力和个性的普遍发展，因而这意味着需要对物质福利进行更加公正的分配，以便每个人都有平等的机会发挥更高的才能。因此，最低工资方案主要是伦理的，当然，显而易见，它也是经济的。但是，基于一种经济上的考虑而认为最低工资不能立即适用就否定它，就是逃避我们提出的主要假设——不管经济上是否可行，最低工资在道德上是正确的。如果我们要进步，我们就不能通过使道德进步从属于经济进步的方法，而应该调整经济进步、服务于更高的道德进步的目的。

显然，进步必定取决于我们能够进行调整的程度。非常迅速地提高工人的物质生活标准，既是不可能的，也是不慎重的。这个过程必然是缓慢的。因此，在目前的情况下，我们怎么确定最低工资水平呢？朗特里先生把它界定为"能够使具有普通能力的人结婚,有体面的房子,能够抚养一个普通大小的家庭——这里假设有三个孩子需要养育——保证全家的身体健康,同时,也能有合理的余钱用于意外和娱乐。"① 他估计,就 1914 年的价格水平来说,男性的最低工资是每周 35 先令 3 便士,女性每周 20 先令。这意味着,就 1921 年 12 月的价格水平而言,男性每周 70 先令 1 便士,女性每周 39 先令 1 便士。有批评认为,以一个有妻子和 3 个孩子的男性为基础是不公平的(鲍利教授认为,超过 20 岁的男性工人中只有 18.7%处于这样的情况中);但这种批评并不会影响以下论点的正确性,即使是这样的工资水平,在任何一个作为整体的工业社会中都还没有基本达到。②

在基本理论中,最低工资报酬问题是公共问题而不完全是经济问题这一观点,在新南威尔士 1919 年通过的"儿童赡养法案"中得到了支持。该项法案规定,付给男性工人的基本最低工资是夫妻的生活工资,根据生活花费逐年决定,加上由雇主的贡献所维持的儿童基金会支付给母亲的儿童津贴。这种津贴数量是根据养育一个孩子的花费以及工人家庭的孩子数量而得出。直接付给母亲津贴,敲响了最低工资理论的主音符。雇主作为单纯的经济主体,只是关心充足高效的劳动力直接供应。即使他知道,当他所支付

---

① B.希波姆·朗特里:《劳方的人性需要》,纳尔逊父子出版公司,1918 年。
② 对于在 1914 年的价格水平上的"个人杂项费用",朗特里先生只是估计为每周 5 先令,他认为,其中 2 先令至 2 先令 6 便士将会用于健康保险、工会会费、对病人俱乐部的额外捐助费等等。这样,每周仅仅为"报纸订阅、偶尔旅行、教会或教堂捐助、妻子孩儿俱乐部,以及邮寄、写记用品、理发、药品等费用,留下了 3 先令"。

的报酬不足以满足工人的合理需要时,工人的劳动效率必定会逐步下降,他也毫不担忧。因为一旦个人的效率低于某个临界值,他能够解雇工人。作为经济这台机器中的一个齿轮,很清楚,雇主只想支付与工人产出成比例的工资,即使这个工资不足以维持工人的生活,雇主在心目中也还是把它放在次要地位。但是,维持工人的生活是共同体的首要关切。因此,最低工资的内在问题,是决定共同体在多大程度上有权利将自身的整体和终极利益放在雇主的暂时利益之上。没有一个共同体能够发号施令,让工业置于非经济的基础之上。与此相应,接下来的问题就是工业生产率能够增加多少,以至于使得雇主不需承担经济风险也至少可以向工人提供共同体利益所要求的工资。

尽管工资不能与生产率相分离,但可以使生产率从属于工资。工资不是慈善,而是为通常以产量和结果来计算的劳动所支付的报酬。因此,除非以相应的比例提高工资或增加收益,否则很难期望提高生产率。不是为了增加生产而增加生产,而是为了从中获得增长的利益。工资不仅仅是对努力工作的报酬,也是对努力工作的激励。因为,劳动力像任何物质商品一样,可以用便宜的价格来购买,但劳动力的质量可能同样成了问题。如果低报酬的劳动力不能增加生产率以便提高最低工资的话,可能会证明比高报酬的劳动力更加昂贵。因此,事实上,为一个做五份工作的工人支付五份工资,比为一个仅仅做三份工作的工人支付三份工资更好。从长期来看,高效率总是花费最小的。医学和心理学也揭示了低报酬因素是低下生产率水平的主要原因。

我们也要记住，最低工资趋向于使得购买力在全社会范围内的分配更加平等，这反过来又为本国产品打开了一个更为广阔和更加稳定的市场。财富的更大程度的分散意味着生活水平的更加普遍的提高，由此也创造了对商品和服务的更多需要，这是更高生活水平的结果。事实上，最低工资也会促进贸易的增长。

除了经济上的考虑以外，如果工业主要是为了服务而被引导，增加生产率以及提高工资的动力就必定来自于这样一种信念——工资报酬不是以在压力下最低能够支付多少为基础，而是以工业最多能提供多少为基础。工资的限制不应是雇主的顽固与能力不足，而是工业的支付能力。当工业以最高效率而运转时，它由于顽固、由于无效管理而不愿意支付给工人它能够支付的工资，就是在拒绝承担其对共同体的责任。但是，服务的动机要求工人同时也要求雇主提供高标准的效率。在具备好的管理的前提下，工人增加收入就要依靠自己的劳动。因此，可以清楚地看到，更高的最低工资需要淘汰无效率的工人。可以说，工业应该由最有效率的工人来操作，并根据共同的生活标准付给他们足够的报酬，同时，把无效率的工人作为单独的问题来处理，这比工业由不平衡的能力的链条来运转，同时以效率最差的工人的力量为基础来确定最低工资，在全社会范围内是更加可取的。使工业更有效率，并且能够支付足够的工资和提供合理的条件，比工业在承担无效率重负的情况下支付工资，是更好的选择。这同样适用于管理和劳动。有效的管理比有效的劳动对生产的影响远远更大。工人的生产率不仅仅依赖于他们自己的努力，也依赖于管理对工人努力的运用。低工资的原因经常是工人无法控制的低效。因此，符合现代要求的最低工资,不仅以劳动付出和技能为条件,而且以管理的效率和开明为条件。

于是,管理方和工人共同这样来确定指导工业的任务:在经济上使得健康的生活标准所必需的最低工资成为可能。我们必须沿着促进伦理目的的路线来解决我们的经济问题。因此,我们可以期待强制性最低工资的增长,这是由法定机构、工业代表和共同体所确定的。这样的工资水平宁可以人们所预估的工业能力为基础,而不是以当前的工业实践为基础。那么,这就仍然有待于工业中的伙伴联合起来,努力将所预估的能力转化为实际产量。

显然,最低工资构成了更高工资的基础。从这个基础起跳的高度将是它可能达到的高度。自然,最低工资所基于的原则,完全不同于在最低工资之上按照责任、努力、艰苦程度、技能而支付报酬的原则。前一条原则是为了防止导致工业和商业无效率的情况出现;后一条原则是决定在低级别工人基本生产率之上的劳动报酬。最低工资之上的工资,除了基于责任、努力和技能的额外工资以外,只能够根据产量来决定。这就与必需假定某种特定的产量、而在根本上与这种产量无关的最低工资区别开来。这种报酬的最明显的形式就是直接的计件工资。从理论上看,不存在更加公平的报酬。认为劳方反对计件工资制是一个错误的观念。这种观念绝不是正确的。劳方所反对的其实是计件工资制的伴随条件,因为计件工资制坚持"劳方数量的臃肿"这一错误观念,劳方也担心工资率被降低的风险。这种担心绝非没有根据,要想消除这种担心,管理方必须拿出比口头许诺的真诚更多的东西。但是,如果能确保对工人的连续雇用,或者在工人失业时给予足够的生活费,以及标准的计件工作清单,可以消除劳方的许多反对意见。再者,现代的管理方比其先辈更加厌恶降低工资率。以经验或非科学的计算为基础确定工资率的内在危险如此之大,以至于对工作的彻底分析成为评估的标准模式。只有通过分析每一个过程,把每一个过程分解为它的构成要素,通过分析花费在每个要素上的时间和将每个过程结合起来所花费的时间,以及通过确定所需要的休息间隔,才能获得准确性。科学地制定工资率,不仅是获得最大生产率的绝对必要条件,而且是保证工资公平的绝对必要条件。

当以时间而不是以数量为基础来确定工资率时,情况就更是如此,这就如同在奖金分红制度的情况下一样。简单地说,这种制度意味着,要按照科学确定的每一个工作过程的时间或每一件工作的时间来完成工作,这构成工资率的基础。如果工人比规定的时间提前完成了工作过程,就会得到按照节省时间的比例而计算的奖金。当然,工人所节省的时间不是被简单地按比例支付报酬,而是根据协议规定的计算方法如霍尔西方法或罗旺方法,以某种比例支付报酬。付给工人的报酬的数量除了日工资之外,根据节省时间的份额,给每一份额支付从 25 美分到 33 又 1/3 美分不等。这种系统当然也可以以群体为基础而使用,一组有贡献的工人根据每个人的劳动时间而分享这部分奖金。

更进一步来说,通过上述方法支付报酬,既以在所允许的标准时间内完成工作为基础,也以按照预先指示的最高效率方式完成工作为基础,是可以做到的。因此,报酬是既按照指示又按照节省的时间来确定的。吉尔布雷斯的"三重比率"制度具有这一特征。它以三重基础制定工资:1. 基本的日工资率;2. 针对遵守指示的效能工资率，不考虑节省的时间或增加的产出；3. 既遵守指示又在规定时间内完成工作的奖金率。

按照结果支付报酬，事实上有许多种形式，我们在这里不可能一一进行描述。① 然而，除了在特殊情况下所选择采用的特殊方式以外，管理方必须决定对依据结果支付报酬的一般态度。其实，这样的报酬有两方面。首先是针对物质结果的报酬，其次是针对工人努力的报酬。仅仅根据物质结果来计算报酬，就会错误地计算物质结果对工人努力的依赖性。这两个方面是相互依存的。如果根据物质结果来支付报酬，而对工人付出的必要努力不加以激励和鼓励，就很少会取得实际成效。完全专注于任何特定制度所产生的物质结果，就会忽视公正这个重要的因素。工资方面的不公正问题，不管制度如何，是对活力、生产率、努力的有力和直接的抑制，这将播下最终会摧毁合作的所有种子。因此，工资效能不仅意味着必须按照科学方法确定工资率，以便保证充分的生产率回报，而且也意味着必须根据最公平的标准、以及通过与工人的充分合作而确定工资率。只有工资率是公平的而且是意见一致的，它们才有可能提高生产率。雇主对产量的要求必须与工人对公平的

---

① 参见亨利·阿特金森：《一种合理的工资制度：对为了效率而支付给工人工资之外的奖金的某种评论》，吉贝尔出版公司，1917年。

也参见 H.L.甘特：《工作、工资和利润》，纽约，工程杂志出版公司，1916年。

也参见美国经济研究会《经济研究》杂志：《相对于效率的工资调整》，第 1 卷，纽约，麦克米兰出版公司，1896年。

也参见亨利·阿特金森：《科学管理下的效率激励》，工业重建委员会，1919年。

也参见威廉·格雷厄姆：《工人的工资》，卡塞尔出版有限公司，1921年。

也参见工程师办公室：《工资支付的奖金制度》，1917年。

要求保持平衡。对产量的科学评估与公平的工资率相结合,构成了工资效能。

从管理方的角度来看,工资的价值衡量标准就是产量。除非工资本身代表一定产量并且根据生产成本来表示,否则它就是没有意义的。实际上,工资增加同支出减少,不仅不是不相容的,而且也是最高工资效能的指标。这个目的只有通过更加经济地使用人们的努力才能达到。金钱的激励只有建立在合理的公正基础之上才会唤起人们的努力。工资的公正依赖于两个关键因素:第一是关于降低工资率的政策;第二是工资的协调问题。关于第一个因素,很清楚,从一开始就更加科学地制定工资率,之后就不需要再作出改动。另一方面,如果降低工资率是必要的,应该在管理者和所有相关工人之间达成一致。这就是说,不仅与那些在特定工资率下进行操作的工人达成一致,而且与在其他工资率下操作的工人达成一致(前一类工人的工资与后一类工人的工资是不成比例的)。实际上,二者在工资方面的不成比例,是降低工资率的唯一实质理由。不能因为劳动成本高而降低工资率,因为,如果高工资伴随着高产量,生产每个单位产品的成本将保持不变。但是,如果前一类工人的高工资上升到与其他类工人的工资完全不成比例的程度,那么,整个工资情况就会出现混乱。因此,良好的政策的形成,首先需要以最充分的认真分析来确定工资率,或者通过与相关工人合作,在一定时期内设定一个试验性的工资率,在实行期结束时具有选择修改的自由,并且只是在与工厂中的工人代表达成一致的情况下才对工资率进行修改,或者,如果这种工资率覆盖了一个行业,那就需要与这个行业的工人达成一致。

第五章 劳动力管理

就工资公平的另一个因素——工资协调来说，要记住的是，公平的实现在很大程度上依赖有效的组织和直截了当的方法。这方面的问题是平衡那些从事不同的工艺流程、有着各种不同的技能、带来各种各样产量的工人的工资问题。企业越大、工艺流程和工资率的种类越多，问题也就变得越复杂。无论一个工厂的构成部分如何多样，它都是一个整体。不公平是无法掩盖的，也是不能容忍的；它会传播开来并影响整体。在要求类似的技能和努力的不同工艺过程中存在大不相同的工资，会招致不满和怨恨。这样的情况从部门的角度无法进行纠正。为了确保在不同级别和不同部门的工人之间的报酬公平，集中的协调是必需的。在任何大的企业中，工资的集中协调是绝对必要的。

此外，在解决日工资率和计件工资率的过程中，管理方和工人之间达成一致也是必要的。这涉及目前的讨价还价制度。在科学确定工资率的制度下，关于工艺流程特点的讨价还价被减少到最低程度。但是在日工资和计件工资问题上，讨价还价仍然有发挥作用的空间。在讨价还价发生在以有组织的上千万工人的代表为一方与以雇主的群体为另一方之间的情况下，解决方法不仅为各种困难所困扰，而且处于各种危险之中。共同体在工资安排方面的作用，还没有发展到我们的哲学所指出的那种可能的程度。如果我们假定共同体有权利对公共服务行使权力来限制资本的利润增长，我们也必须假定共同体有权利坚持劳方不应该获得与企业或工业的收益不成比例的工资。在人类活动的每一个领域中，任何部分的权利都不能根据自身的理由作出最终判断。整个工业是一个群体。一个企业把多少财富归属于自己以及在它的组成部分之间如何划分,并不单独是它自己决定的问题。任何行业中劳方和资方的协议都有可能损害共同体。例如,不难想象,设想一个依据工资和利润而组成的建筑业工会"议会",就可能会对公众构成威害。

确实,主要因为劳方和资方是对立的,共同体在解决工资方面的合法功能从未得到强调。当通过讨价还价能够达到公平的解决时,就不会产生共同体对这种解决的明确同意的需要。只有当讨价还价双方不能够达成协议,或者它们达成了不公平的协议时,才需要代表共同体的国家做出解决。

举一个例子,我们已经看到,我们的国家曾经召集矿工和矿主,以解决它们的分歧。国家干预原则受到了广泛批评。然而,如果我们认识到国家是共同体的最终权力,而共同体是工业所服务的目的,那么,让国家使用最终权力解决工业收益的分配,应该是既符合逻辑也是正当的。

雇　　用

如果说,管理方在劳动力方面的首要任务是执行正确的工资政策,那么,它的第二个任务就是使用和维持有效的劳动力。大体上,可以说雇用工作涉及人员的流动——工人的招聘、调动、离职。它与围绕工人工作条件的福利工作不同。然而,这两种工作必然部分重合,这不仅是因为它们的职责是紧密联系的,而且因为它们的精神必定相同。当二者执行着管理职能并由此构成工厂组织的必要部分时,它们都体现着工业中使人优先于机器的精神。

因为，雇用工作本质上是对一种精神的运用，也是组织管理中的必要部分。一个十分常见的现象是，人们建立人事部门，就像建立一个工厂的新的部分，并且期望它以机器的精确性进行运转。这样做实际上忽视了人的精神，因而收效甚微。人事部门工作的首要前提，是它必须代表工厂中所有的人的因素，与福利工作紧密相联，不断地把管理政策的人性效果呈现给作为一个整体的管理方。的确，人事部门不能使管理脱离它的良心，相反，它代表着这种良心的一种积极的职能，那就是照看好工厂的生命，既不能打盹也不能睡觉。

雇用工作使工厂的人力资本优先于物力资本，赋予生产活动以人性的精神。如果以致力于使工业成为人们的一种巨大的共同努力这样一种精神来指导雇用工作，那么在一开始，就不能过于强烈地坚持认为雇用工作的所有方法和机制在使工业人性化的方向上将不会取得成就。在这样的努力中，男人和女人是主要的原动力，而使人们紧密结合的力量是合作和公正，动机则是更好地为人类服务。

几乎没有必要强调将雇用工作组织成为一个独立部门的必要。人员的雇用单独构成一种高度专业化的职能。不能把它看作是管理的附属因素。另一方面，如果我们认为工人的地位远远超过了机器上的齿轮，那么，在人员解雇的公正方面，就不能够完全留给领班来决定。还有，工厂内部的人员流动要求一个中心机构来实施人员在部门之间的必要调动。

在我们国家和美国，已经有如此多的公司设立了人事部门，以至于我们可以假定这种组织形式已经建立。人事经理的第一个任务,就是工厂人员的招聘。在这方面,他对公司和有前景的雇员都负有责任。他需要设定一个高标准,仅仅选择个性和能力符合这种标准的人。他需要研究当地的劳动力状况,与当地的雇用代理商保持联系。对于申请来工厂工作的人,他需要表示出礼貌和直截了当,因为,申请人可能将要终生在这里工作。他需要为他们选择最适合于他们能力的工作。他需要创造亲切的气氛接待他们,如果聘用他们,他需要确保在他们开始工作时,把他们恰当地介绍给同事和领班,以及正确解释他们的工作在整个组织中的地位。他需要坚持给予新工人医疗检查,以保证使他们免于疾病之患。他需要努力使新工人具有高尚的职责意识,使他们对自己的工作产生兴趣,以及以工厂的某种精神引导他们。在选聘过程中,他需要根据心理测试的结果找到符合这项工作的新员工。

员工聘用工作的确需要心灵和科学的结合。天生能力强的人事经理的本能的识别力也需要以科学心理测试为补充。这种心理分析以两个相互补充的方式发挥作用:第一,通过分析工作类型决定适合工作需要的主要个性特征;第二,通过分析申请者的资质,决定申请者在多大程度上拥有高效完成工作所必需的素质。数据的逐渐收集将最终导致针对特定工作的标准化测试的形成。①

人们从来没有充分认识到将方钉钉入圆孔的后果,这对雇主

---

① 参见 B.穆希欧:《工业心理学演讲》,劳特利奇出版社,1920年。也参见 H.L.霍林斯沃思:《职业心理学》,德阿普尔顿出版公司,1919年。也参见雨果·明斯特伯格:《心理学与工作效率》,康斯特布尔出版社,1913年。也参见 C.S.迈尔斯:《心灵与工作》,伦敦大学出版社,1920年。也参见其他诸多研究成果。

和工人的利益都是有害的。装错了螺丝钉很快就会被机械师注意到，而不适当地人员安排却被放任不管。我们太相信人的适应能力了。人在自己的基本个性特征方面是没有适应性的。一个笨拙的人绝不会变得灵巧，一个聪明的人绝不会满足于无需聪明才智的工作。即使人是有适应性的，也会由于被消磨掉了个性优点以及由于不合适地运用他们的努力而产生不满，因而造成人员的浪费。

我们在糟糕的技艺、热情的缺乏、较高的劳动力流动率、合作活力的缺少等方面，见证到了这种浪费。但是我们常常忽视这一点。"我们能够看到，森林正在消失，水资源正在浪费，土壤被冲向大海，煤炭和钢铁正在被逐渐耗尽……我们能够看到和感觉到物质事物的浪费。然而，人们所进行的笨拙的、无效的或被错误指导的运动，却未留下任何看得见或实实在在的东西。"① 只有当我们能够使用更科学的方法选择工人的时候，我们才能不再造成人们潜力的浪费。可以预见，心理学家和人事经理的主要助手成为每一个管理层的固定成员的时代，将不会是十分遥远的事情。

员工聘用之后的任务是劳动力的维持问题。显然，找到了适合的员工就会减少劳动力的维持工作。然而，总是会有雇员不断从工厂离职。对这个离职的测量叫作"劳动力流动率"数字——一个对应于社会成员死亡率的数字，这是工厂人员状况的指标。

劳动力流动率通常用百分比的形式来表示，并且可以被定义为在一个既定时期内、不管什么原因而终止聘用的员工与工资名

---

① F.W.泰勒：《科学管理原理》，哈珀兄弟出版公司，1914年。

单上平均总员工数量的比率。① 较高的劳动力流动率,不仅意味着从雇主的角度看,由于在招聘和培训方面的浪费所造成的金钱上的损失,而且意味着从社会的角度看,工业主义是明显不受欢迎的。长期聘用高效的工人,应是所有人事工作的目标。需要对较高的劳动力流动率进行立即调查。为什么上一年会有这么大比例的工人离职?有多少是由于管理方可以尽力消除的原因而离职——失望不满、工作不足、临时聘用期结束,如此等等。

有多少人员离职本来是可以当初通过更加明智的选聘能够避免的——如工作低效、不遵守时间、酗酒等情况?有多少人员是由于对工作条件不满而离职的,如作威作福的工头、不良的通风条件等?有多少人员去了条件更好的其他公司?有多少人员是由于工业可以帮助解决的社会问题而离职的,如缺少住房、上下班交通困难,或者家庭生活条件差?哪个部门离职人员最多?一年中哪段时间离职率最高?离职的人员已经做了什么工作?为什么有这么多人在不满 6 个月的工作时间内就离开?管理不善、缺少希望、聘用不善、工作条件差、冷漠无情的领班工作、不良的家庭环境是主要原因吗?离职的人员年龄有多大?为什么许多离职人员都不满 20 岁?

对于这些疑问,人事经理应该做出回应,并且找到进行改变的补救措施。因此,他需要努力调整工资,以便给工人的劳动提供充分和公平的报酬。他需要尽最大努力,确保按照下列方式安排员

---

① 参见:(a)工业疲劳研究委员会:《劳动力流动率统计研究》,1921 年。(b)美国政治与社会科学学会年报:《稳定工业就业》,1917 年 5 月,第 21 卷,第 160 期。也参见其他研究成果等。

工的工作——尽可能使员工雇用保持在稳定的水平上。他需要设法了解员工的家庭困难和生活条件。他需要为员工提供可能的最好的工作条件和可以使他们恢复活力的娱乐设施，以便鼓舞员工去实现幸福。他需要制订方案，使员工免除对年老、突然死亡、非故意失业、传染病的担忧。他需要做出最大努力，从聘用员工的第一天起，就使每一个员工充满友好精神、热情、忠诚和公正。他需要在每一个方面改善员工的体能效率。他需要对每一位员工的抱怨、困难和想法保持倾听。他需要引导他的部门为那些有潜力的人提供机会，并努力避免使他们走向"死胡同"职业。他需要在一切有争议的政策问题上表明人性观点。他需要激励各位部门领导充分重视人的因素。他需要协助福利工作装饰和照亮工作间，降低噪音和其他干扰因素，保证有足够的阳光和新鲜空气，提供舒服的椅子、厕所、盥洗设施，安排休息时间，鼓励工人之间以及领班和工人之间保持友好关系，以及在也许是最大的福利工作方面做出努力——协助福利部门激发员工的工作兴趣。他需要改善娱乐设施，建立俱乐部、培训课堂、食堂，组织竞赛、运动和娱乐。

保持劳动力处在最高效率水平上，的确是一种最重要的人类事业。人们或许要问，人事工作有价值吗？仅仅从产品结果来判断的话，它的成本费用确实很小。但如果把工人的满意、友善、全身心投入工作也看作是伟大事业的话，结果也是巨大的。而且，人事工作现在已经非常必要。体贴周到地对待工业中的人的因素，不再是可以逃避的。科学掌握生产方法不能弥补由忽视人的因素所造成的损失。还有，社会已经开始要求一种不同于战争时期的雇主和工人的关系。人们开始认识到，只有那些在实际运营领域中促进了工业和平与进步的人们,才是工业的真正领导。在对价值的评价中,共同体中更加开明的部分正在寻求领导能力和物质结果之间真正的平衡。社会正在像关注企业利润一样关注工厂精神,像关注对物质需要的服务一样关注对社会的更高需要的服务。

人事工作的最后一个方面是控制员工的解雇。因为贸易环境、季节波动或工人行为不当所造成的人员增减变化,在某种程度上是不可避免的。然而,不能轻易实施解雇行为。每一次解雇都是一种社会责任——不仅是一种关系到作为一个整体的工厂的社会责任,也是一种关系到被解雇的工人个体的社会责任。这种责任是雇主不能逃脱的;它是每一种领导活动所内在固有的。这方面的公正是不可缺少的;如果以任何其他原则作为支配原则,就不会有健康的工厂生活。在根据这一原则制定法律的过程中,在根据这些法律解决特定案例的过程中,工人也能够参与。在社会生活中,个人由自己制定的法律所支配,由自己的同辈人所组成的陪审团来审判。在工业中也没有理由不实施这种方式。不过,在管理者和工人都无法控制的情况下所要求的解雇,比如在商业萧条的情况下,必须根据效率减少员工。除了由于年龄太大所造成的低效以外,最低效的工人必须首先离开。然而,在效率相同的情况下,就要考虑其他因素——独身员工先于已婚员工被解雇,没有家庭或没有需要赡养者的员工先于有家庭的员工被解雇,短期工作的员工先于长期工作和受尊敬的员工被解雇,没有家庭困难的员工先于有家庭困难的员工被解雇。在所有这些情况下,工人代表内部的合作可以确保平等。至于由于纯粹个人的原因如不遵守规章制度所引起的解雇,员工也可以合法要求自己的同事与管理方一起来判定这种事件。管理方将不会损失什么,而只会由于工厂的公众舆论对其行为的支持而得到加强。

总体来说,对人事工作的要求是,一方面为最大限度地运用工人的能力、另一方面为创造以公正为基础的高尚的全力奉献的工厂精神而提供机制。它要赋予工厂活动以人性的脉搏,使生产人性化,使工人真正成为人。它不是仅仅为了效率而提高效率,而是为了效率所促进的终极的善而提高效率。

保　　障

失业和就业不足问题是我们所面临的同战前一样的问题。无疑,异常的形势已经使这两个问题变得极其尖锐,但它们的基本性质并没有发生改变。失业确实一直是工厂制度的一个特征。

人们在习惯上似乎认为,失业与工业生活的其他特征是可以分开的。事实上,失业恰恰是就业情况的反面。工作和缺少工作是同一枚硬币的两面。无论我们对一个方面的哲学是什么,它都同样适用于另一个方面。如果我们把工作看成是工人在经济生活中的幸运,同样,我们将把缺少工作看成是与当前生产形势相连的不幸。另一方面,如果我们把工作看成每一个公民对于共同体的责任,同样,我们将把非自愿的工作缺乏看成是共同体的一种直接关切。如果共同体要求公民工作,它必须保证工作是可以得到的,如果它暂时不能够提供工作,它必须为他们提供生活供给,直到它能够提供工作。

不管依据什么样的哲学,都不可能设想所提供的工作数量是如此有限,以至于不能够为所有劳动力提供工作。正如威廉·贝弗里奇先生所说,不能为所有劳动力人口提供工作的时代"还没有到来;人们预见不到、也难以想象会出现这种情况。"财富是由土地、劳动力、资本三要素生产出来的。有一个异乎寻常的误解是认为劳动力太多了;只要想一想现存的数量巨大的土地和资本储备就会明白这一点。不过很显然,用在任何一个领域的劳动力数量并不总是恒定的。

因此,失业问题是一种调节的问题——即以下列方式组织工业:尽可能使劳动力的供应充足并且被节约地用于所需要的地方,同时,在失业周期不可避免的情况下,使其危害达到最小。完全消除失业是不可能的。为了任何时刻都能给每个工人提供具有经济价值的工作而去进行所必需的调整,远远超过可以做到的努力的界限。而且,如果每个工人都被完全雇用,显然,任何需要额外工人的企业都无法获得劳动力,除非付出极高的工资或者提供其他不正常的诱惑。如果这种政策普遍实行,就会扰乱整个劳动力市场。对于管理方的工作来说可行的是,首先,通过在生产财富的过程中更好地调节土地、资本、劳动力的贡献,减少失业的发生率;其次,管理方需要坦诚地认识到,一个员工有时将不能做他自己所习惯的工作,同时,管理方必须为这样的偶然情况做好准备。所以,要使目前周期性失业的规模以及由此带来的困难成为过去,就必须解决这两个问题。

那种认为这些问题的解决不属于管理方的职责范围,认为员工提前一天还是一周接到解雇通知这一事实与管理方没有关系的实用政见,已不复存在。对企业来说,这样做既是错误的政策,也是对社会责任的逃避。"消极怠工"是工人对管理冷漠的反应。还有,如果失业时间稍微延长一点的话,那么,在目前的条件下,失业对生理、精神和道德的影响是如此之大,以至于失业工人再就业时就感到不适应于工作。失业,尤其是年轻工人的失业,对他们的身体和性格都有不可避免的损害。

因而,从有效生产和公共责任的观点看,管理方必须致力于减少失业。例如,重新安排工作,以便在一年中有更加均衡的人员流动;此外,也可以探讨短时间工作的可能性。除了这些治标措施以外,在提高效率的道路上每向前走一步,都会最终扩大就业。当成本较高时,需求就会受到限制。增加生产而没有降低成本,也不会解决这个问题;相反,它可能会加重这个问题。一个必需的准备工作就是要降低成本。正如节约的生产为较高工资提供最有希望的途径一样,它也为更加全面和稳定的就业提供手段。

不过,一定数量的失业是不可避免的。如果工业是有效率的,它无法负担起雇用那些能力低于正常标准的工人,或者那些它并不急需的高效率的工人。失业的这两个不同原因意味着两个不同的问题。低效率工人的问题是不能期望工业自身可以解决的问题。它绝不完全是一个工业问题。当工人因为工业服务而变得低效率时,例如在发生了事故、因为长期工作而变老、因为工作条件差而导致健康问题等情况下,工业必须承担责任。但是,当工人的低效率是由直接的工业影响领域之外的原因所造成时,就只能要求工业承担作为复杂共同体一部分的责任。这个问题需要作为一个整体的共同体来解决。

然而,很清楚,对于边缘性的失业,工业即使无需承担全部责任,无论如何也必须承担主要责任,否则,工业就不可能进步。如果工业要求劳动力市场作为自己组织的一部分,它就必须维持这个市场。

在非自愿失业期间,高效工人的维持主要是一种工业职能。无论这种维持是雇主的事情,还是雇员的事情,还是两者共同的事情,都是一个新的问题。似乎很明显,只要工人没有指导企业的责任,他们就不能被要求去承担由外部形势给企业带来的重担。

如果接受了这一点,雇主就要承担这副重担。然而,这同样不能代表全部真相,因为,如果工业是被引导去服务于共同体,那么,共同体就必须承担某些责任。因此,当一个企业达到了共同体所要求的效率标准时,雇主从共同体得到与他的服务价值相应的帮助,就是正当合理的。事实上,可以认为,在工人失业期间,共同体所应分担的维持工人生活的责任,是以相关工业的效率为基础的。这再次依赖于限制性条件,因为很显然,除了效率这一原因之外,在某些行业中,失业的可能性比其他行业更大。比如,季节性的贸易可能比稳定的贸易有更大的负担。因此,看起来合理的是,共同体的贡献应该基于:首先,失业的总体数量;其次,基于各种工业之间的差别,同时,雇主的贡献应该基于特定工业中的失业率,减去或加上它不同于其他工业的那一部分失业量。至于付给失业期间个体工人的工资数量——这里指的是在非自愿失业中那些平均效率的工人——显然必须能够维持他们的身体健康,同时,也不会鼓励他们装病逃避工作。实际上,有一种观点认为,这个工资数量将根据他的家庭状况而存在不同。例如,单身男子将得到正常工资的一半,已婚男子则代表妻子而再多领 10%,为一个孩子再多领 5%,最多达到正常工资的 75%。①

福　　利

对于人事工作来说是正确的观点,对于福利工作来说也是正确的观点——既然人事工作和福利工作都由使工业人性化这一共同动机所激励,都由人比机器更加重要这一共同信念所鼓舞,都以和谐与友谊这一共同精神为指引,那么就不能把工厂的精神职能化或部门化。福利工作并不独占上述动机、信念、精神,也不是它们的唯一倡导者。其实,除非作为一个整体的管理方都秉承这种精神,否则,任何数量的福利工作都不会在本质上使得工厂生活更加人性化、更加具有合作性、更加亲密无间。如同人事工作的精神一样,福利工作的精神也不能仅仅集中在福利部门。如果福利工作要取得成功,福利精神必须在工厂的所有工作中取得支配地位。在工厂外部,没有这种精神的传播,也可能取得进步,但只有这种精神才能够使工厂生活的基本关系得到改善。使福利工作取得成

---

① 关于对失业的全面的权威研究,参见下列文献:
(a) W.H.贝弗里奇:《失业问题》,朗曼格林出版公司,1919 年。
(b) A.C.庇古:《失业问题》,国内大学图书出版社,1914 年。
(c) 珀西·奥尔登:《失业的人们:一个全国性的问题》,1905 年。
(d) B.S.朗特里、B.拉斯克:《失业:一种社会研究》,麦克米兰出版公司,1911 年。
(e) 国家联盟国际劳工组织全体大会:《关于失业的协议草稿》,1920 年。
(f) G.D.H.科尔:《失业与工业维持》,1921 年。

功的第一个条件,是一种普遍的福利精神——把工厂生活看作是构成工厂中人性因素的所有个体生命的一个横断面这样一种精神。

把福利"工作"集中起来,纯粹是组织问题。在较小的工厂里,管理者自己可能亲自做福利工作。正如必然也必须把管理职能划分为若干职能一样,也必须把这些职能再进一步划分,以便我们所界定的劳动力管理职能必须从总体的管理机构中接管某些具体职责,比如人事工作和福利工作。但工厂的动机和精神不能由此而被隔离出去。只有与工厂精神的传播成比例,工厂的职能化才能取得成功。工厂的精神必须先于工作。除非工厂的精神首先引起福利工作,福利工作将不会产生任何精神。对于"你和你的工人是什么关系"这个问题,仅仅回答"我们有一个福利部门来负责所有这些工作",并不是一种真正的回答。

没有存在于福利工作背后的强有力的人性化的合作精神,福利工作依然会对某些雇主有吸引力。首先是因为它能带来回报;其次是因为它是很好的广告。然而,这种吸引力与福利工作的真正精神是背道而驰的。可以说它能带来回报,但诚实的基本动机不是在利与弊之间寻求美好的平衡。也可以说它是很好的广告,就如可以说《天路历程》使约翰·班扬的名声远播天下一样——但约翰·班扬的动机并不是使他的名字永远家喻户晓。这个间接结果与福利工作的动机完全不同。如果这些结果变成了动机,福利工作必定受到损害,就像作为一个整体的工业——它在一定程度上由产生于工业运转的各种益处这样的动机所激励——今天正在遭受着秩序混乱和内部纷争的损害一样。福利工作将会获得回报,正如在战争中为正义而战会有回报一样。但我们在战争期间不是因为有回报才为正义而战,我们也不应该因为会有回报才进行福利工作。没有公正动机的福利工作就是一种欺骗。根据价钱来评价从本质上是人类理想的事情,或者力图从用于人类精神的支出中获得金钱利润,都不能给我们所说的工业世界和它的任何部分带来一点点好处。

普罗德女士将福利工作界定为"在现存的工业系统中,雇主自愿努力改善工厂中的工作条件"。① 这是对福利工作的一种定义,但不是对激励福利工作的那种精神的定义。如果工人作为个体有权利对工作条件提出要求,比如它是保证身体健康的、激励精神的、支持道德的,那么,在现行工业制度的内部,这种权利的对应方面,就是雇主和他的管理所承担的责任。按照这种要求所进行的福利工作,既不是唯利是图的物质主义,也不是对虚伪慈善的屈就。马歇尔教授说,"在大部分雇主的心目中,慈善和企业是分割开来的。"当今新工业时代的需要,是要求雇主应该停止将慈善看作道德奢侈品,并且在慈善中找到一种实际的义务。不仅仅在工业中,而且在我们的社会生活中,我们常常习惯于表扬所谓的慈善行为,其实,这不过是我们已经完成的简单责任。

管理方作为一种职业团体,应该彻底抓住福利工作的内在本质。人们经常把福利工作看成是有影响力而又慷慨的一个董事的一时兴致,或是看作被劳动力困扰的董事会所提供的缓解剂。但人们很少把福利工作看作是科学管理的一个内在部分。它并不是

---

① E.M.普罗德:《福利工作》,德贝尔父子出版公司,1916年。

产生于战时条件的一种新工作。它在组织中的新颖性在于它是管理的一个单独部分,但它的存在与有组织的工业本身一样悠久。在以往的年代,当雇主在车间里走过工人身边时,福利工作是一种日常的亲密关系。随着工厂制度的发展,雇主变得日益与工人相分离。当后来的一代人进入工厂时,对他们来说,雇主已经只是一个名称了。在那时,在为工厂做贡献的各种层级之间已经不存在个人化的关系;所发生的变化是,每周一次的薪水支付代替了每天的亲密问候。为了创造像存在于早期历史中一样的合作精神而实行的这种代替,其本身所存在的缺陷很快不仅变得十分明显,而且成为我们工业稳定的一种危险。工业充满了争斗的痛苦,这种争斗是在误解中产生、在无知中发育、在猜疑中达到成熟的。

因此,一种有吸引力而又令人信服的新的推动力将会横扫整个工业领域、清除所有冲突,这一点已经变得不可避免。这种推动力来自于工业的一种新动机。这种动机把人与人之间的关系放在优先于所有其他事情的位置上,并且要求把福利工作组织得至少同工业组织的任何其他部分一样好。工厂管理者通过任命一个福利工人代表,并没有使自己免除监管其员工的福祉的责任,正如他没有因为任命一个成本会计师而使自己免除保持较低制造成本的责任一样。福利和成本计算是同一种工厂政策的必不可少的构成部分,不能仅仅由于授权的需要而使它们背离这个政策。

福利工作本质上是一种共同事业。尽管福利工作的责任属于管理,但它也是工人所直接关心的那部分管理,是工人对控制权的要求可以首先在其中找到实际运用的那部分管理。产量大小、生产成本、产品质量只是间接地影响他们,而工作条件才是他们每时每刻都关注的。这些方面构成了工人的生活,是他们每天生活的过程。因此,除非通过合作,福利工作不可能取得成功。不可能像输送钢材一样把福利工作输送进工厂。

只有当人们拥有使自己健康的意志时,他们才能够在心灵和身体上获得健康。在确信管理能够取得成功之前,必须首先使工人信服。仅仅通过告诉工人福利工作有利可图,工人是不会信服的。仅仅靠一个雇主慷慨解囊,工人也是不会信服的。不依靠合作来建立福利,就是沿着一条很快走向失败的道路在前进。福利的激励因素必定是合作,它产生于这样一个共同信仰——工厂生活必须按照适合于为人们提供比物质需要更加高尚的前景来进行引导。

显然,福利工作不仅关注工人的身体,而且同样关注工人的精神和道德。但人们经常认为福利工作只关注工人的身体方面——提供良好的照明和通风条件、食堂和休息室,装饰工作间,提供医疗服务。但福利工作关注得远远更多。它不仅处理身体疲劳,而且同样处理心灵疲劳、工作单调以及工作条件造成的精神紧张。它不仅关注车间的氛围,而且关注车间的情调。它不仅力图消除单调和疾病,而且同样力图消除情绪消沉和争吵。它既致力于良好的身体健康,也同样致力于良好的伙伴关系,既致力于保持清洁,也同样致力于维护正义,既致力于提高工作效率,也同样致力于提高工作兴趣,既致力于创造舒适,也同样致力于创造友谊,既致力于振奋工人的精神,也致力于彰显他们的个性。

在追寻这些目标时,必须把工人在工厂之外的生活同在工厂之内的生活一样考虑在内。在这方面,强大的工厂推动是绝对必要的。工人越能够组织自己的福利,特别是工作时间之外的福利,他们的兴趣就越强烈。的确,管理方管理的是工厂,而不是工人的全部生活,但它应该以如下方式管理工厂,这就是使得工人能够有益地度过在工作之外的时光。工厂俱乐部,包括社交俱乐部和运动俱乐部,将会有一个自发的增长。福利工作应该促进工厂精神的发扬光大,同时,工厂精神也可以被用于提升工厂的足球运动队的水平。在工厂内部,福利工作是管理方的一项职能,但也应该使工人尽可能去指导福利工作。他们将很快学会去管理自己的食堂,决定自己车间的装修,为了自己的安全而提出建议,建立和指导自己的团体和教育设施。福利工人代表应该把自己看作是工厂中的"里长"——代表工厂共同体的行动执行官,在工人需要时提供劝告,在旧的工作路线不再适用时,指出新的工作路线,鼓励失去信心的人,同时把指导权留给那些做工作的人们。工人被当作慈善雇主的自愿受惠者的时代已经一去不复返了。他们是独立的,并且愿意承担责任。他们需要自己的专家,就像管理方需要成本会计师和化学家、伦敦郡县委员会需要建筑师和工程师一样。他们要求福利工人代表是训练有素的、合格的。管理方应该和工人一起任命福利工人代表并指导他的工作。没有这样的合作,福利工作就会失败,因为管理方本身作为一个团体没能力建立起同伴感情的纽带。当管理方意识到合作的极端重要性时,它就会在每一个领域特别是在福利工作领域重新受到热情的对待,为它自己铺平道路。

当管理方放下自己的架子并使自己下降到与工人平等的层次时,它就会发现,它正工作在远远比过去更加高尚的平台上。福利精神将会渗透到工厂生活的所有方面——工资、工时、健康、自我发展、领班位置以及环境之中。这会带来一种新的意义重大的合作氛围的繁荣,它将会使福利工作不简单地是一种新增加的职责,而是一种审视构成工厂生活所有内容的新的方式,治疗过去的痛苦并且开辟新的前景。

培训和教育

如果在目前的讨论中,把培训和教育两个术语弄清楚的话,将会排除许多混乱。在这里,"培训"一词指的是技术培训,通过这种培训,工人在工作时会更加有效率;而"教育"一词指的则是更加一般的人文教育,通过这种教育,个体试图满足自己对知识的渴望,使自己有能力胜任作为一个公民的责任,以及找到自我表现的机会(参见《成人教育委员会报告》)。对职业教育和非职业教育所作的这种划分,在某种程度上是错误的,因为对任何教育的检验,与其说在于所传授的课目,不如说在于所采用的教学方法。通过速记、家政、耕作方面的教学而培养智力和素质,与通过古典作品或正规科学的教学而培养智力和素质,是同样可能的。然而,关于人们所知道的"科学管理"的现代表述,已经强调人文教育和技术培训的区别,坚持认为在工业中没有一项操作不需要培训,没有一项工作可以被正当地称作是非技术的。

根据科学管理的最初倡导者泰勒先生的观点,"科学管理"涉及给管理方的任务增加四个新的职责:1. 形成关于工人工作的每一要素的科学;2. 科学地挑选和培训工人;3. 与工人进行合作以确保采用科学方法;4.对于工人和管理方的工作和责任,进行几乎均等的划分。对工人的培训是"科学管理"对现代工业问题最突出的贡献。的确,它形成了现代工业方法的主要基础。工时研究和动作研究、工作的标准化、工作说明卡的制造和分发、任务的界定、"任务和奖金"报酬制度理论等,全都建立在工人能够并且愿意通过培训去按照规定的方式和时间进行工作这一假定之上。没有培训,科学管理的整个结构就不可能存在。正是因为这一点,麦基洛普先生才把科学管理的整体一般原则概括为"将管理的技能从管理方转移到工人身上的过程"。[①]

管理方通过工时研究和调查,决定完成工作的最好方法。它使工作方法标准化,发放说明卡,精确地规定如何完成工作的最微小细节,以及完成每一项工作的各个环节所需要的时间。在此基础之上,根据工作效率或工作时间建立奖金分红制度。很明显,不能期待每个工人都自然而然地根据规定的方式和时间去履行工作。因此,管理方在车间中均衡地安排了"职能领班"。在泰勒所提倡的制度中,设有四个领班。这四个领班不是过去意义上的领班,而是教师。"检查员领班"教授工作的质量;"速度领班"教授最快的工作方法;"维修领班"教授对机器的正确保养;"团队领班"教授使用恰当的工具、工作的正确次序、合适的材料等等。实际上,"科学管理"建立了自己的培训领域、自己的教师、自己的标准任务。

在"科学管理"强调为了使每一种工业职业变得比现在更加科

---

① M.麦基洛普:《效率方法》,劳特里奇出版社,1917年。

学而需要对工人进行培训这一意义上,科学管理已经提供了有价值的服务。很长一段时间以来,我们仅仅满足于给工人分配任务,然后让他们自己选择工作方法;同时,让他们自己决定操作方式,即使这种方式像亚当一样古老,像乌龟一样缓慢。管理方没有提供任何帮助。更大的产量是通过更多的说服而不是通过更多的帮助而获得的。管理方期待工人"学会"自己的技术。如果工人尽其最大努力,在一定时点能够获得所需要的技术,但如果工人达不到规定的标准产量,他就被抛投到劳动力市场中,在别处继续他们的"学会"过程。

对于上述这种有时成功有时失败的制度的问题,"科学管理"已经作了充分说明。然而,科学管理所使用的替代制度,也许会受到广泛的批评。以任何方式贬低吉尔布雷斯少校以及其他人的有价值的研究——这种研究已经彻底改变了许多先进管理人员的看法——都纯粹是徒劳的。就这种研究致力于消除不必要的努力而言,只能对它持以完全的赞美之词。然而,从带有试验性质的工作中过快地得出结论是很危险的。因为,即使找到一种执行任务的方式,如果采用它将会带来三倍于以前的工作量,甚至伴随有最高的金钱激励,也既没有正当理由认为工人会采用它,也没有正当理由认为确定和执行任务的方法是普遍可取的,或从社会的角度看是可取的。其实,对于认为做一种工作有一种最好方式的观点,存在着心理学角度的反对意见。可以想象而且的确可能的是,大多数工作可以由不同的人、以不同的方法同时以相同的效率来完成。工作说明卡可能会帮助一个工人而同时束缚另一个工人。同样,不同的工人可以通过不同的方式学会工作方法。就目前的讨论来说,假定有一个"最好的标准",一个工人也许能够通过记忆来运用这张说明卡的程序,而另一个人可能从心理上不能够通过记忆来学会运用这张卡,他的整个体力工作是以被称为"肌肉感"的运动节奏来引导的。工人消化训练的不同方式,也许会导致不同的操作方法,这并非是不可能的。

不过,可以从一个更广阔的角度来考察对于人们公认的科学管理来说所必不可少的培训。在管理方确定工作速度、工人执行这种工作速度的情况下,为了确保运用科学方法而实行的与工人的合作,几乎不可能取得成功。正如约翰·李所说:"我无法想象,除了天使以外,任何一个人如何能够忍受具有正式头衔的'速度领班',以及如何能够与那些将要提高速度的人一同工作。"[1]合作只能够通过分享责任来实现。工人不仅需要知道如何完成工作计划,而且需要共同参与计划的制定过程。必须以经过共同研究后的双方同意的方法进行培训。没有这样的合作,整个政策就不可能成功。

纯粹以金钱报酬激励为引导而实施的标准方法的训练,与合作是对立的。忽视这个事实,就是忘记了我们在整个工业行为方面的动机。只有生产方法是合意的,产量才是合意的。如果训练完全是从上层强加的,工人不被允许提出意见或带有创造性的兴趣——这样一套在特定动作和操作方面的狭隘的教条化的训练,一种为了取得严格标准化目标而采取的训练,能够取得更大的产出吗?

---

[1] 约翰·李:《管理》,皮特曼出版公司,1921年。

如果工厂的生活在于造就公共的精神,如果工业的目的在于不仅通过它所生产的产品而且通过它所形成的精神和个性而丰富社会,那么很清楚,上述训练方式就既不是令人鼓舞的也不是使人们和谐的。当霍克西先生写下下面这段话语的时候,他一定已经认识到这一问题。他说,"我们不希望把对工人的培训集中到雇主的手中,并且仅仅处于雇主的控制之下。看来我们真正需要的,作为对科学管理的一种补充,以便我们能够从它的诸多可能性中获得益处,并且消除或最大限度地减少它可能带来的负面效应,是由社会所建立和控制的一种适当的工业教育系统——它是我们完整的公共学校系统的一个构成部分"。这是一个关于由公共控制的普遍学徒制度的设想。不过,这方面存在的教训是,一种强制性的培训,即使能够在增加产量的目标上取得成功,也是社会所不欢迎的。因此,在"科学管理"极大地促进了我们对于工业中毋庸置疑地需要更多详细训练这种认识的同时——告诉了我们关于对每个个体的工作进行管理的作用、界定工作的必要、工作分析和工艺技能的价值、应用心理学与工业运营的关系、教育和控制的区别、教育和技艺的区别——它也许已经低估了合作对这种培训的绝对必要性。培训是极其必要的,但这必须以工人的合作为引导,而且目的不只是在于增加产量,而且在于提高工人的理解力,激发他们的兴趣,发展他们的个性。仅仅通过更多利益的刺激所实现的标准化,不仅使工人个体的身体从属于不是他们自己所创造的工作方法,而且也使他们的心智硬化到他们自己所不适合的模式之中。

这就导致了人们置疑管理方对工人的人文教育的关心程度。这种教育能够开阔工人的心灵,并且能够使他们在不断前进的社会中适合于完成自己的职责。这种教育的价值是无需争论的,但这种教育在多大程度上是工业所应提供的职能,可能是不清楚的。工业的作用与其说是促进教育,不如说是提供教育。教育不仅是书本的问题,而且是环境和影响的问题。正如 H.A.L. 费雪阁下所说,教育是培养一个人自身的最好的和最有用的方面,以便可以将其应用于社会的利益和他作为一个社会成员的自身利益。很清楚,有损身体健康的、有损心理健康的以及道德上不公正的工作条件,对于这种意义上的教育都是有害的。

正如所有的经验都是学校一样,工厂的确是一座学校,因此,它能够在教育方面帮助工人。通过激发兴趣,通过分享责任,通过树立高度努力的榜样,通过激发热情,通过赋予工作以社会重要性,通过遵循高尚的原则,通过选择合作而不是独裁,管理方能够把工业塑造成一个没有教育机构但可以效法它的一种学校,同时,为在工厂之外所实施的更加直接的教育铺平道路。

从这样的教育中,工业将获得每一种益处。实际上,教育是开发人的经济这一伟大运动的一部分。在一次陶瓷制造业会议上,一位发言人说道,"没有更好的教育,包括对大师和普通民众的教育,现代工业就无法进行下去。"史密斯博士最近指出,大部分工业困难的原因是"相互的无知和误解,而远不是故意选择错误","只有在黑暗和昏暗中,才会发生冲突。"现代工业的趋势——不断增长的合作的必要性、工人进入某些控制领域、闲暇的增长、工资的提高、利润的分享——都需要教育的相应进步。民主,不论是国家的民主,还是工业的民主,如果没有教育,就像儿童的手中拿着炸弹一样危险。

解决我们的所有重大工业问题,依赖于启蒙的程度和主要相关方的审慎判断。对于这些问题中任何一个问题的解决,正如我们每天所看到的那样,不会有任何一种简单的方案或不证自明的万灵药,只能依靠恰当安排的熟练工人的合作。通向工业理想状态的道路是知识之路。信仰是必要的,努力是必要的——但没有知识,信仰就可能寄托错了地方,努力就可能没有收获。"我们不用担心缺乏善意。没有精神的努力,没有聪明的预见,善意比无效更糟。它是一种道德鸦片。"只有开放的心灵才能发现到达真理之城的道路。

因此,在教育方面,管理方无论是为了自己的目的,还是为了它所服务的那些主要目的,都不能依旧处于被动状态。很长时间以来,工业的运行是建立在对自身生活和公共生活的错误划界、一种假设的鸿沟之上的。其实并没有这样的鸿沟。我们不能要求为人民提供教育机会,而同时又否认为工人提供教育机会,因为二者是一体的。管理方不能否认社会的领导,不能把社会的领导看作是一种不同于工厂领导的领域。如果教育是我们的社会进步所必需的,那么,管理方在它自己所能影响的领域,必须提供教育,同时,在它自己的领域之外,必须促进教育。1918年的法案要求管理方的耐心、创造力和同情,但除非管理方尽快获得这些素质,否则,它必须受到谴责。

在工厂的所有生活中,管理方都可以发挥作用。它可以开发主动精神和兴趣;可以通过自由化的职业训练和车间兴趣的培养而消除工作的单调乏味;可以通过富有同情心的领班工作而激励工人的个性;可以通过为每个工人提供参与各种活动的手段而提高他们的适应能力;可以通过使每个工人了解产量、成本、一般贸易以及工厂发展等日常事务以培养责任感;可以通过坦率的处理事情和树立优秀的榜样而形成工人的个性;可以通过对提升的促进和对功劳的适当奖励而激发热情;可以通过把控制福利的工作交给工人而鼓励他们的自主性。这些本质上是进步的教育方式。随着这样的教育的发展,真正的合作变得越来越现实。

在过去,教育主要来自于两个动机——宗教的动机和公民的动机。对于工业来说,它将会认识到它的动机在本质上应该是公民的或公共的,而且,在工业领域中工作的人们的开明和发展,是与共同体所需要的商品输送同样重要的一种服务。促进工人的这种发展,是管理层的职责:第一,采用一种自由化的职业训练方式,以便激发工人的工作兴趣和更加广泛的兴趣;第二,提供那些本身能够拓展和有助于工人自我发展的工作条件。

工 会

忽视或谴责工联主义的时代早已逝去。在工业中,工联主义是关于工业前景的哲学所不能够低估的一种力量。以忠诚坚持和理想勇气的历史为序曲,携带着由令人鼓舞的过去和目前的巨大组织所形成的力量而前进,无论好坏,它作为最伟大的力量而令人瞩目地存在于当今的劳方世界中,如同波涛汹涌的大海中的一只巨兽。在改善我们本国工人的命运方面,它所取得的成就比任何其他因素都要大。在发展共同的牺牲精神方面,在我们本国的历史上还没有其他团体取得如此巨大的成功。

因此，人们应该能够发现，一个合作的实体，从这样的过去发展而来，带着这样的力量向前迈进，展现出如此高度的伙伴精神，与作为它的成员的工人的每天工作通常所促进的利益相分离，这是一个需要认真思考的事情，而对于工业中的管理群体来说，这更是一个迫切需要关注的事情。就我们对工联主义的考察来说，根本问题不在于它的力量、动机或目标，而在于它从工厂生活中分离出来的基本事实。为什么工联主义不仅引导工人要把工会利益置于工厂利益之先，而且甚至引导他们把两者视为几乎必然是对立的呢？为什么工人的想要联合起来的内在愿望会以仅仅与他们的日常工作的利益间接相关的联合形式来实现呢？为什么工人的"群体关切"与占据他们生活主要时间的"群体"的关切并不相同？

这是管理方必须面对的问题。它发现，劳方正在表达一种基本的人类天性，其方式把最明显的表达形式置之不理。任何工厂的管理方，只有制定针对解决这一问题的建设性政策，才有希望取得成功。这是一个把人们的天性纳入到一个新的合作体之中的问题，在这个合作体中，工厂的生存和工会的生存发挥着相同的作用。人们经常把工会看成是不可避免的邪恶事物。这样的态度只能起到延续并加重这种无法容忍的状态的作用。在管理的其他领域，没有一个主要因素处于被如此忽视的状态之中。

任何工厂的管理方在制定针对工人与之相关并作为其中成员的那些特定工会的政策时，必须牢记工会运动中的若干因素。

第一，需要记住的是，工会的力量是在长期的防御运动过程中发展起来的。他们的目标始终是消极的——敌对态度、要求补偿、要求减轻惩罚。他们在工业事务中所起的作用是纠正错误，而不是为了确立、创造和开发各种事情的秩序。的确,他们缺少机会;他们的建设性工作,就是对生产之外一个巨大机器的注脚。人们不能把这完全归因于工会的政策;这个政策大部分是由环境所决定的。没有符合逻辑的理由表明为什么工人的联合体不能建立在工业的建设性要求基础之上,不能像基督教社会主义时期所形成的那些联合体一样,形成生产者的联合体。事实是,当时,工人趋向联合的自然动力遇到了直接的强烈反对,这反过来使得工会、工联主义、也同样使得管理方,必定认识到建设性是进步的种子,认识到工人在各种工会中的联合,只有导致某种具体的和确定的东西,导致某种既有益于劳方、也有益于工业和作为一个整体的共同体的进步活动,才能无限地延续下去。这一点是任何外部的批评、攻击或者干涉态度都不能实现的,相反,只有通过工业内部的一致努力、合作和统一目标,才能实现。

第二,管理方应当认识到它自身与工会之间的鸿沟正在被迅速地填平。管理越接近成为一种职业,它与工会所共享的利益就必然越多。在谈判桌上,工会的领导者正在越来越多地面对同自己一样拿薪水的官员。他们不再处于努力扼住资本家的喉咙不放的状态,而是与像他们自己一样的其他雇员面对面地商谈。工会的执行官也不再是四十年前那种未经训练的人。工联主义已经拥有了自己的脑力劳动者、它自己的管理层——往往是在他们的工作领域中最博学多才的人。这一现代发展确实意味着冲突采取了两班不同专业人员之间的争论这种形式,他们都承担着相同的劳动力管理任务。形势是全新的,但新的形势也意味着希望。每个地方或每个工业中都有能力相差不大的个体,在很大程度上从事着类似的工作,并以相似的方式谋生,但却一直处于敌对的状态之中。既然如此,我们是不是能够瞥见工会成为工厂和工业管理的一个伙伴这种新的秩序?

第三,需要记住的是,工联主义代表的不仅是特定的怨恨和纷争,而且还有作为大众群体的工人的一种根深蒂固的、不可言表的觉悟——整肃后的社会道德规范将为他们带来更高的物质生活水平和争取"美好生活"的更加平等的机会,这种美好生活是每个社会都向往获得并为之努力奋斗的。的确,在工联主义背后存在着一种道德动力,一种建立在纠正错误基础之上的力量,这些错误主要是社会的,只有在整个社会以工业主义为基础时,这些错误才是工业的错误。工联主义肩负着一种刚刚开始的重建使命。诚然,工联主义的领导者已经制定了规划,但整个运动的重建精神仍然在想象的自由中徘徊,向着它只能形成模糊概念的一种秩序奋力攀爬。

解决工资标准、劳动时间、个人抱怨是工会的直接的日常工作,而且可能占据了工会成员的十分之九的自觉兴趣。如果管理方设想,只要把上述事情极好地永远解决,工人的联合就会消失殆尽,这就会犯下一个极大的错误。这种天使般的行为,只能为更广阔、更模糊但更加强大的联合动机开辟道路。当人们不是为了他们自己的缘故,而是为了在他们的精神视野中破晓的某种更高理想的缘故,而联合起来共同思考、制订计划、并且取得他们的物质回报时,这种联合的动机就会发挥作用。

没有对工联主义这些主要特征的理解,形势就依然黑暗。然而,对这些特征的理解,需要对工会行动已经掩饰的无数事实和倾向视而不见。对于本应该是一种共同事业的当前分裂状态的唯一替代选择,就是把工会的领导权与管理职业联系起来,把两者的目标锻造成一种共同的理想。在过去,管理方将工人的合法联合从他们自己工业的所有建设性利益中排除出去。因而,引导有组织的工人参与促进他们自己工业的发展,取决于管理方。通过命令另一方悔悟是不可能取得进步的;沿着拖延争执的方向走下去,也不可能取得进步。工业需要的不仅仅是一个调解协议,而是合作的和平。这样的合作需要通过重新确定"联合愿望"的方向来实现,如果管理方在这种合作的成就中成为落伍者是不太合适的。

对这些基本原理的分析完全可以指明将要采取的进步措施。这些措施可以简单地阐释如下。首先,对工会的充分承认——不仅承认它代表工人的权利,而且承认它拥有对实际管理进行协助的能力,以及它在政策形成中可以做出贡献的能力;其次,积极和诚实地重视工会的态度,熟悉工会的目标和方法。这样才能得到理解而不是谴责,达成合作而不是敌对。无疑,管理方将被要求检查造成不满的诸多原因——狭隘的领导、工会内部的妒嫉、错误的经济理念、占取微小的便宜。然而,即使道路是不平坦的,但目标是伟大的。这个目标就是利益的统一。统一产生于密切关系。

在统一全国工厂的利益方面,伦敦的联合委员会贡献很少。我们需要工厂内部的密切关系——不仅包括工厂委员会内部的密切关系,而且包括管理方与工会领导者之间的密切关系,管理方与普通工人之间的密切关系。这可以从在工厂的每一个部门中认可某个工会代表开始。这个代表是管理层能够与之合作的人在所有情况下都可以被看作是这个部门工人的合法代言人,也是在产生问题时可以与之进行讨论的正式人选。显然,如果让这样的代表发起管理层和工人之间的所有事情,进步是不可能的。管理层在制定管理政策时应当与他保持联系,解决问题时应当征求他的意见,并且让他了解部门的数据。合作的方式就是开诚布公。

管理的问题就是把工会所代表的联合精神与工厂联系起来。目前,大部分由工会所独有的群体意识、忠诚心和兴趣这些品质,正是作为一个整体的工业自身所需要的。我们必须致力于在作为工会成员的工人的利益和作为工厂成员的工人的利益之间锻造起强有力的联系。[①] 按照这里所提出的方式把它们连接起来,并没有超越当今的梦想,而且也许在明日的成就中会得到证明。这不是一个与机器有关的问题,而是一个与精神有关的问题;不是一个强迫的问题,而是一个领导的问题;不是一个与破坏有关的问题,而是一个把二者锻造为统一体的问题。

合 作

一位苏格兰哲学家曾说过,"没有团结精神、共同体精神和友谊精神,这个世界上的人类的命运就会是低劣的和冷酷无情的。"

---

① 参见《皇家委员会关于工会的报告》,1868年。半个世纪以前的时代,"是法律和习惯把雇主看作是统治阶级的时代,那时,传统的态度规范在雇主和工人之间处于支配地位。现在,这种态度规范已经处于衰弱状态,不可能获得再生。人们必须从公平、无偏见的自我利益、相互宽容的态度中找到对它的替代,这种态度存在于合约的当事方中,他们通过相互援助和相互适应,能够促进他们各自的利益。"

共同体感是一种主要的人类天性。在全部历史进程中，人从来不是独居的动物。从最早的时代开始，人就以共同体的方式生存和存在，使自己服从于共同体的需要，在日常事务行为中，自觉和不自觉地接受对他的习惯、信仰和常规所强加的各种限制。在家庭共同体和地方共同体形成之后，职业的、宗教的、体育的和政治的共同体逐渐产生。在人的心灵的每一种活动中，都趋向于受到与他具有一致观念和兴趣的人们的吸引，趋向于与他们联合为一体。与此同时，人可能隶属于一个地方市镇、一个宗教团体、一个体育或社会俱乐部、一个工会或一个雇主联合会、一个科学团体和一个政党。人的每个行动几乎都是在与某个个体的合作之中进行的，或者是为了支持某个个体而进行。人并不是独自地在行动；他的每个行动都同时归属于一种规划的事件系统之中，于是，他就得到了特定的归属头衔——社会主义者、英国教徒，保守党或者工会会员。

在工业领域，联合的天性已经形成多样化的形式。这种天性已经不再由工业或工厂垂直管理，而是由行业进行横向管理——可以说，由跨部门的分类活动进行管理。雇主通过协会联系在一起。管理者和技术人员通过科学的、专业的机构联系在一起。工人通过工会联合在一起。但是，在任何一家工厂里，每一类人员的代表们的分类工作，并没有形成利益上的联合与共享。经济阶级的利益高于经济单位的利益。

为什么呢？在其他领域并非如此。教会不会因为它有内部等级而分裂。一个地区不会因为它有不同的选民阶级而易于走向暴力分裂。然而，一家工厂经常是充满内部纠纷的组织。每个层级的工人都把个人利益置于工厂利益之上。在工业生活中，缺乏在其他团体中存在的占主导地位和通常被接受的动机。其他社会团体都由强大的动机所支配——如宗教团体、慈善团体、市民团体等。在工业中，缺少形成自由团体的足够强烈的动机。工业中的动机是杂乱无章的聚合体——从一种观点看，工业被看成是有待开发的项目；从另一种观点看，工业被看成是一种纯粹的收入来源；从再一种观点看，工业被看成是一种专业实践的领域。工业中不存在共同精神、共享的理想、竭尽全力的兄弟情谊和团队协作。

没有某种总体动机，在工业中对合作的呼吁就如同旷野中的呼唤一样无力。进行有效合作的前提是必须接受合作动机。没有所有成员可以赞成的目标，就不会形成一个社会。当前工业中的动机还不够充分。人们不是在培养合作的基础，而是在鼓动分裂。雇主的动机一直是利润，工人的动机一直是工资和保障。任何一方的上述动机都不能为创造工厂的繁荣做出贡献。

高薪和失业的交替周期除了产生阶级意识以外，决不会产生任何有益的东西。如果不是由于双方的动机已经受到某种人类感情的锤炼，工业就根本不会在内部找到任何凝聚力量。相互之间的不信任是无法控制的。任何解决雇主与工人之间矛盾的方式，都不能完全建立在双方的信用基础之上；对于协议中的每条规定，都必须有保护条款。对这种保护条款的需要来自双方的不信任，而这种不信任又来自双方缺乏统一的目标或共同的动机。

工业首先需要一种能够把所有成员凝聚成一个整体的动机。对不以特权和习惯、财富和地位为基础的高远目标和工作动机的需要，在工业所要求的条件中是最重要的。这种动机必须比自我利益的动机更加强大,尽管它包含着这种动机;这种动机必须是普遍适用的,它既不忽略管理者也不忽略工人。对这种动机作出构想难道是不可能的吗?——这种动机是一种比得上使五月花号航船从莱顿出发去漂洋远航的动机;一种比得上努力添砖加瓦而构筑大教堂的动机;一种比得上前往坎特伯雷教堂神龛的无数行进脚步的动机,比得上穿越沙漠而前往圣城麦加的动机。

过去促使人们努力取得最崇高成就的动机包括热爱、奉献和理想。伟大理想的动力曾经超越了自我利益的动机。今天的工业渴望热情,渴望一种理想的统一推动。这种理想将会引导所有阶层的工人抛弃他们的唯利是图的渔网,离开他们利己主义的狭隘天地,怀着共同的理想踏上崎岖不平的道路。这就是合作的内在本质。我们在战争中已经见证到了这一点;难道它不能够在和平年代获得复兴吗?合作不仅仅是纪律,也不是利益、荣耀、追逐私利,也不是装满船舱跨越海峡时的轻率。它涵盖的内容更多,包括对英格兰、对公正、对生活中正直和光荣事业的热爱,这种热爱不善言表、紧张抑制、笑而不谈。这种动机在战争年代弥足珍贵,在和平时期也是无价之宝。

如果工业仍然仅仅是敌对双方的战场,这样的梦想就可能没有希望得到实现。但是,我们正在目睹工业中一个新的实体——管理方的逐步稳固。难道这一新的实体不能够为工业注入新理想的激情吗?引导管理方——新时代的新的管理方——担当其任务的那种精神,是我们的一种伟大希望。倘若管理方能够代表服务于世界大众这一高尚动机,工业的整个精神就会发生改变。当管理方发展成为具有自身标准和方法的专业群体时,它的态度是走向未来的关键所在。

如果管理方代表这种新的动机,未来的管理人员必须具备新的素质。工作的技术、专业能力、准确性和可靠性将不再是管理者的首要资格。第一个必要资格就是合群的天性,能够与他人合作、能够吸引他人、能够把他人紧密联合起来的天性。他一定更多地具有"船长"的素质,更少地具有技师的素质;更多地具有领导者的素质,更少地具有"老板"的素质。他的忠心耿耿将会鼓励其他人的忠诚。与同事亲密无间将会为他赢得友谊。重视下属将会为他赢得支持。作为首领他将组织起团队。他不能消极被动;因为敌对与合作之间没有折衷方案。他也不能隐藏本性。工厂是一个紧密结合的意识共同体,它憎恨欺骗和隐藏动机。的确,工厂组织越科学,管理方树立榜样、传播自身精神的机会就越大,工人辨识不诚实动机和低劣理想的机会就越大。

然而,管理方方面的新动机本身并不能使工业转型。有些旧的根基必须摧毁,由不信任所产生的各种观念必须消除。其中要消除的首要观念,是合作能够以工资为基础而获得的观念。这种情况也许即将到来,也许遥遥无期。如果失业仍然是一种长期的威胁,那么在任何可以想象的情况下,合作都不会实现。你可以使用解雇这样的威胁来强迫人们努力工作,但是在商业繁荣时期你就会搁浅,而且你绝不会看到,你的工厂像一支足球队一样运转。高工资激励,只是在尚未完全从先前时代的物质至上的追逐中解放出来的时代里才被期望,现在已经被难以置信地过高估计,这在美国尤其如此。人们经常表达的惊叹是,劳方将会抵制计件工资制,或者,工人会通过其战略而使各种计件工资制方案在"平庸的麻木水平"上结束。问题在于我们不应该如此目光短浅。如果人们看不到努力工作的道德理由,那么,不管工资激励如何,他们也不会更加努力地工作。为了使同伴都有工作,工人会放弃通过额外劳动去获得额外收入。他们的经济学和推理方式也许完全陷入迷途,但他们的精神是正确的。为了为工厂寻找同样的团结精神、团体精神、友谊精神,雇主们还有什么不愿意付出呢?但是这种精神不是用高薪换来的。雇主提供的工资激励随着工资的提升而递减。如果不是由教育持续打开更广阔的视野,工资激励早已处于消亡的过程之中。

实际上,在工资激励依然是把工业的各个相关方联合在一起的主要纽带的情况下,它可能确实会延误合作的进程。必须把"工资纽带"降低到次要位置,同时锻造其他纽带。如果所有工资方案都以民族为基础、在国家的直接监管之下得以制订,那么,雇主与工人之间的"工资纽带"就不再仅仅是工厂生命的一部分,而且是作为一个整体的共同体生命的一部分。因此,锻造使工业各个相关方联合为一体的其他纽带,就将是管理的任务——因为合作不会通过管理方分担工人的工作而实现,而是通过工人参与管理而实现。只有工人参与管理过程,他们才有机会忘记过去的纠纷,将工厂意识铸造成一种活生生的兄弟情谊般的共同精神。工厂委员会是一个起点,许多公司都给工厂委员会赋予了相当大的立法、行政和司法权力。[1] 不幸的是,在很多事例中,这些措施是在更为根本的准备工作就绪之前而实施的;这些准备工作是,管理方的地位

---

[1] 参见 B.S.朗特里:《企业中的人的因素》,朗曼格林出版公司,1921年。

和动机的改变,经济不安全的消除,把工资决策归属于外部机构。无论如何,这些都标志着一个新的起点。工人方面几乎毫无犹豫地支持上述措施。尤其是,使某些具有批评或管理素质的工人发挥重要作用,是上述措施的优势之一。

尽管依据惠特利方案所建立的工厂委员会是否是最好的形式依然存在争议,但这些工厂委员会得以建立的原则是正确的。工人必须得到更大的激励去发挥他们在工厂中的合群天性、必须拥有某种对自己的经济生活进行控制的权利、除了通过工资纽带以外,必须依靠其他纽带把工人和管理方统一起来。这样的时代已经到来。随着工人参与管理的逐步扩大,以工人自己的高尚动机鼓舞他们,正是管理方的任务。如果当今的管理方能够高举服务于整个共同体的火炬以便照亮前进的道路,那么,明日的管理——一种统一表达了实现共同目标所需要的合作精神的管理——将会发现全部工业都将跟随着火炬的光芒,携手向前,同心合力,使每个人都为全体大众的福祉贡献自己的力量。

第六章 生产管理

概　要

1. 生产大量物美价廉的产品的必要性；有量无质不是最好的服务；生产由人的因素和物的因素所组成；需要更有效地运用生产中非人的因素。

2. 需要以科学的态度对待生产问题；科学管理在这方面的贡献；工业研究在比较职能中的地位；纯理论研究和应用研究；研究和成本核算的关系；研究和生产管理的关系，研究在工厂中的地位。

3. 成本核算的本质；缺乏对这个主题的关注；成本核算是当务之急的原因；成本核算系统的特征；成本的要素；间接成本问题；成本核算有益于标准化；标准的界定；在材料、流程和设备中的应用；标准化的普遍适用性；经济上的结果；科学控制的基础。

4. 需要科学计划来解放领班和经理；经理的职责；计划的分析方面；产品和工序的分析；常态和动态的分析；计划的领域；出于部门之间相互关系的必要性而制订计划；除了委员会之外的协调；对管理方和技工的书面指示；管理中工时研究的运用；运用科学开展反对浪费的斗争。

5. 制造活动和其他职能的区别；制造活动的细分；工业企

第六章 生产管理

业的高层控制;需要唯一的领导者;这一领导者的职责;在职能组织中制造经理的职责;各种职能是对制造活动的补充;制造经理对职能的协调;其运转的实例;他的第二职责——领导;他的第三职责——了解实际情况;制造经理的品格。

研讨提高劳动生产率必要性的时代已经过去了。劳方要求保障和安全,但一般来说接受经济的事实。战后英国内外的状况使人们确信,在给予劳方保障和安全的情况下,增加生产不仅仅是适宜的,而且是势在必行。随着战争的结束,我们也清晰地认识到,如果消费能力不增长的话,增加生产是无益的。生产的产品倘若不能被消费,将直接导致滞销。我们需要增加生产,同时应使产品价格处于普通消费者所能承受的范围内。增加生产必须伴随着生产方面的节约,以便使生产成本减少到能够使价格降低到可以实现消费增长的水平。潜在的需求几乎是无限的——对住房、衣服、食物的需求,以及对达到更高生活标准的必需品的需求。因此我们所面临的问题就是要通过高效的生产和销售将潜在需求转化为有效需求。产品不仅必须更多、更便宜,而且必须更好,质量和数量同等重要。事实上,对于消费者而言,质量和数量二者缺少任何一个方面,就不能被认为是向社会提供了最好的服务。这就是工业的职能。仅仅是物质产品的数量增长是不够的,上个世纪,我们实现了单纯的产量大幅增加,但是却很少、甚至没有以非物质标准衡量的共同体福祉的进步,更多的物质资源对于促进更多的幸福与痛苦有着相同的作用。但是,要想使物质产品具有更好的质量,就需要生产者具有更好的技术,消费者具有更高的辨识能力。工业产品更具艺术性意味着生产者和购买者具有更丰富的精神内涵。产品质量中包含更高的科技含量，意味着应用于那些产品生产和购买中的智慧更高。只有当产品值得生产时，工厂才可以声称提供了最完满的服务。

生产的数量和质量依靠人的因素和物的因素这两种因素的结合，或者就像 A.R.斯特林先生所说的：人的因素和非人的因素。通过更加有效率地发挥这一种或两种因素的作用，可以实现更加节约地增加生产。仅仅依靠人的因素而没有任何相应的机械因素来增加生产，意味着对于个体的更多需求，或者是更大地发挥其体力和脑力的作用，或者是对其操作方法进行重新调整。在宣传"增产的途径"这一观念时，我们过度倾向于将人的因素作为生产力中唯一的因素，就像认为只有靠更大的体力才能打开门闩一样。我们必须修正我们的观点，考虑到非人因素的潜力。我们的工业管理越有人情味，对个体的体力需求就越小，对机器装置的需求就越大。劳方要求，在命令其更加努力之前，工业中非人的因素——机械、厂房、运输方法、流程、计划、采购、发货、检验以及制造过程——应该成为最有效率的因素，这是正当的。通过更有效地运用生产中非人的因素，在我们无法预见其限度的范围内，工业效率可以得到极大改善。

因而，这一章的目的是考察工业中非人的因素，也就是那些在生产中工人的人力不直接涉及的因素的配备和管理。

泰勒先生和他的"科学管理"的倡导者强调科学地处理生产问题，由此，他们已经为工业进步做出了巨大贡献。现代经济条件提高了产品的劳动力成本，在某种意义上影响了生产中的所有经济问题。科学管理的精髓在于要求我们持一种探究的态度。我们必须更为怀疑地看待生产方法,我们需要更具分析性的视野。在现代经济条件下,自我满足是愚蠢的。沾沾自喜必须被可行性研究所替代。我们需要一种科学态度——一种从详细探究的立场处理每一个问题的态度,将问题分解为各个组成部分,解决每一个难题,仅仅依据完全可靠的证据而前进,将一切都建构在坚实的基础上。进步不是来自对知识的一知半解,而是来自对真理的不懈阐明。在过去,我们把商业建立在结果恰好成功了的运气、碰巧是有利的环境以及过去留传下来的习惯之上。但是,时代已经变了,依赖于运气、环境、习惯的方法即使在战前也是有缺陷的,在很多情况下都极其不适合于现代的情况。科学管理可能在反驳对它的指责上犯了太多错误,它嘲笑、攻击、痛斥、谴责战前工业的"碰运气"、"凭经验办事"的方法,好像以往的做法完全没有借鉴意义。确实,科学家可以重新开始他的探究,但是工业不可能再从头开始。科学管理毕竟只能希望通过研究和重构来调整多年发展所形成的工业模式的细节。这可能有助于铸就未来的增长,但事实上,如果因为过去遗留的工业知识有一部分只是意见或偏见而不是事实,就予以完全抛弃,这样的做法是不科学的。科学管理可能会彻底改革工业方法,但它只能以过去为基础而又同时通过当前的不断调整,才能做到这一点。

无论如何,科学管理的重要和基本原则——研究原则——是无懈可击的。只有通过深思熟虑的研究才能改善机器、操作和管理,而过去的改善大部分是由于纯粹的环境压力或者是工作者的偶然发现而达成的。当今人们对工业的需求以及工业自身不断增长的复杂性,对研究活动提出了更为严格的要求,以至于把研究看作是生产的一个分支是必要的,它的范围并不限于某些特定车间或部门。科学方法并不限于特定的领域,而是普遍适用的。工业天生是保守的。当一个管理者希望(正如他自己所说)"基于事实"或者坚持要"知道自己所面对的情况"时,他会把成本状况拿出来进行分析。成本核算是工业中普遍接受的对事实的唯一科学处理方式。每一个管理者都怀着获利的希望而生存,对于工业工序的探究就是为了获得利润。他仅仅从成本出发思考问题。他的研究是围绕获利的可能性而进行的。然而,成本核算仅仅是研究的一个分支。现代成本核算的发展清楚地表明,成本核算所涉及的事项越来越远离会计活动。除了金钱标准以外,成本核算要求人们把注意力转移到科学研究能够更加容易揭示的因素上来。它将显示出,通过机械研究、运输研究以及电力研究,能够以一种更为直接的方式发现在机器装置上的时间浪费、运输中的高成本和配电中的损耗。从有效的成本核算中所获得的有价值的结果,所表明的不是对一个更为精致的成本核算系统的需要,而是对消除浪费的努力的需要(这种浪费是基于将科学方法应用于生产的各个部门而揭示出来的)。因此,成本核算应该更多地用于财务盈亏的衡量,而不是作为物力或人力浪费的指标数据。生产状况不仅仅可以用英镑、先令、便士来表示。真理最适合于以朴实无华而非金光闪闪的形式来表现。求知的本性是好的,但仅仅明白成本的涵义只能是半瓶醋而已。我们每一天都需要做出一些决定,其中只有一部分可以用成本来表述,并且常常是不适当的,其余的方面仍然依靠猜测和推断。通过计算机械操作成本以发现其缺乏效率是绕了弯路,机械研究和测量可以立即揭示相关事实。

这只不过是说,要想更好地利用生产中物的因素,第一步是发展我们在第三章中提到的比较职能。这种职能主要是关于研究、标准和衡量的职能。研究的目的在于建立一种标准(一种标准方法、标准混合物、标准质量等等),通过衡量的过程来比较实践和标准的差异。我们把这种职能看作是提高工业效率的第一个必要步骤;而在过去,这种职能是最容易被忽视的职能,这的确是意味深长的。

研究有两种类型:首先是纯理论研究;其次是工业研究或应用研究。就这一章的目的来说,我们必须排除有关人的因素的研究——对基于动作、紧张度和节奏的人力效率的研究,对工人的精神、体力和道德素质的研究,对劳动力流动率的原因、数量和影响范围的研究,以及对支配劳资关系的根本因素、支配工人群体心理的力量和来自企业内外而铸就工人心态的影响因素的研究。弗莱明先生指出,"对组织进行研究的另一类更加常见的要求,是关注下列这些相关的因素:新的工具、工序和方法的开发;对生产过程中不断出现的困难的排除;新设计所需要的资料;关于回收利用副产品的手段的建立,以及废物利用和类似的经济考虑。还有,对所供应的原材料的质量应进行持续检查,并建立质量标准以使得材料尽可能在公开市场上采购。"[1]

对非人因素的研究的发展,不仅仅依赖于在特定问题上运用科学方法。这个过程开始于纯理论研究——仅仅是为了研究本身

---

[1] A.P.M.弗莱明:"工业研究",载《工业管理演讲》,皮特曼出版公司。

而无任何具体的知识应用目的。工业研究人员将纯科学理论应用于工厂生产过程中特定的对象,生产者最终将知识用于实践。目前存在着一种忽视纯理论研究的作用的倾向。但不要忘记,没有纯理论研究,应用研究的进行就缺乏足够的数据支撑。通常来说,尽管纯理论研究是在大学和"科学研究与工业研究部"所领导的专门机构中进行的,但在这些科研单位和工厂中的研究人员之间建立起密切的合作关系,是十分重要的。

进一步说,管理方作为一个群体,应该重视研究人员所提供的服务,这是绝对必要的。老一代部门管理者的自负难以消除。他们所控制的所有事情,对他们自己非常有用。他们对于甚至是善意的打扰都容易持愤恨态度。这种态度是组织职能化的障碍。管理者太倾向于将研究看作是对他的合法领域的侵犯、对他的能力的责难。这种态度来自对他们自身的职责和研究人员的职责的误解。必须消除这种态度。各种职能间的合作是职能型组织的本质。研究存在的目的是为合作提供帮助而非批评,经理者和领班必须学会重视研究所提供的帮助,把研究所提供的调查和建议看作与依据机械学、化学和电力科学所作的成本核算一样重要。毕竟,某种机器可能带来收益但却又是低效的。这是一个从作为工作之基础的科学的角度来考察人们工作的可衡量性的问题。机器工作可以从机械学方面进行衡量,电力工作可以从电气科学方面进行衡量。成本核算是为了财务目的而进行的金钱方面的衡量。问题在于要反复灌输一种观念和态度——即获得工厂中所有活动的准确详实的知识是非常必要的。这是对科学态度的培养——仅仅依靠事实,准确地呈现事实,认真地检验事实,正确地应用事实。

第六章 生产管理

每一个工厂都有恰当组建研究部门的余地,以负责调查工序、材料、劳动力和工厂布局,其目的在于提高产品质量、降低生产成本、使生产方法标准化以及促进管理的各项职能的正常运转。与所有职能活动一样,这种研究工作被视为是对制造部门的管理的补充,根据这种研究结果,可以为部门管理层提供建议。部门管理层应该认识到,他们既没有时间和机会、也没有资格去指导这些细致的研究,因此,经过部门管理层批准后,这种研究部门的工作能够顺利展开,提供其他途径所无法获得的改进生产的建议。同样,研究单位也应该认识到,任何制造部门活动的最终责任是由制造部门的管理层承担的,因此,研究单位不仅要和部门管理层密切合作,还要接受后者对其建议的批评甚至否决的权利。

显然,在这种研究工作中,工序的成本核算只是一种与其他形式的衡量具有同等作用的衡量。工程师、化学师和工时研究人员能够用他们自己的衡量方式确保效率。成本核算与它们不同。它是其他单位中所进行的直接衡量之后的次级衡量。不过,成本核算在现代理论和实践中没有被过度地强调,相反,问题在于其他的统计和比较方法被低估了。成本核算主要不是用来衡量整体效率的,它的作用在于衡量财务效率以显示获利能力。成本核算表明某个工序、单位或部门的支出情况,以及这种支出是否实现利润。这当然是至关重要的,因为任何可以想象的工业系统都必须自负盈亏。另一方面,尽管成本核算可能不是直接关于效率的衡量,但无疑是对这种衡量的一种指导。成本核算是确保更好结果的第一步。它表明什么地方可能存在浪费,并为研究指明了道路。可以说,它有双重目的——一是表明合理的销售价格,其中包括从销售价格中扣除竞争、协议等其他因素之后的利润,二是揭示在生产过程中比较明显的浪费究竟在何处。

令人欣慰的是,在英国,对成本核算严重缺乏关注的现象正在消失。在1918年,贸易局所任命的委员会做出了关于工程行业的地位和前景的调查报告,其中这样写道:

"当然,这个国家的所有有效率的企业都有适当的成本核算系统。然而,我们认为,确保最大经济效益的成本核算系统的基本价值在很多机构中没有得到应有的重视。根据我们的调查,某些大型工厂根本没有成本核算系统,其他一些大型工厂的成本核算系统是基于它们几年以前的惯例工资率而制定的。可以断定,大多数小型工厂的成本核算系统或多或少地被降低到一种经验法则。在我们倾向于认为美国的非常精致的成本核算系统会沦为幻想的同时,我们确信,在英国推广一种合适的成本核算系统,将必然会使公司的领导层获得有价值的信息,并且在浪费变为现实之前停止它的形成过程。我们并不信奉针对小公司的精致的成本核算系统。我们相信的是,在所有可以实现稳定营业额的公司中,以非常合理的代价推广一种令人满意的成本核算系统。"①

自从上述报告发布以来,情况已有所好转。下面所附的怀特福德先生所提出的观点,几乎不需要做出改变。② 在1919年,进

---

① 《部门委员会关于工程行业的报告》,9073号,英国皇家文书局,1918年。
② J.F.怀特福德:《工厂管理的浪费》,尼斯贝特联合公司出版,1919年。"据估计,在英国,不超过5%的生产商知道自己工厂所生产的各种产品的实际成本。进一步说,不超过1%的生产商能够及时知道生产成本信息以便使其能够是真正有益的。"

步表现为不计成本的增加生产。然而,现在显而易见,进步在于更加节约的生产,低廉的生产成本与高产量同等重要。而且,由于工业中新的道德要求,研究生产中的浪费情况成为必需。劳方有权要求在降低工资之前,先消除由于低效率的生产方式所造成的浪费。因此,作为这种浪费的一个指标的成本核算,在工业运营中有新的战术地位。埃文思先生的观点也具有重要意义——对成本缺乏了解是贸易中的一个干扰因素。他写道,"一个运营良好的企业最担忧的竞争,来自于不知道自己的成本的企业。经常出现的例子是,一个低效的企业在竞价中出价低于一个高效而拥有中等利润的企业,并且最终的成交价格低于产品的实际生产成本。当知道竞价成功的低效企业不久将陷于破产时,高效企业并不感到快乐,因为将会有同样几乎不了解实际成本的其他人进入到这一领域。这些情况会使整个商界士气低落,并且会一直持续到人们知道真实的成本为止。这种情况或许解释了在同一区域并且工作状况相似的一些企业在竞拍同一项目时出价的巨大差异。从50%到100%的出价变动空间是很正常的。"①

对这些因素的全盘考虑,将成本研究工作提高到生产控制中最重要的位置。因此,精心设计一套成本核算系统成为必不可少的事情。并不存在普遍适用的成本核算系统。系统的建立需要基于工作的性质和企业的生产方法。很明显,必须准确地知道什么项目需要支出,这样的项目确切地要求什么信息。对于浪费的排

---

① 霍尔登·A.埃文思:《成本监管和科学管理》,麦格劳—希尔图书公司出版,1911年。

查来说,仅仅知道成品的成本是没用。管理方需要知道成本是如何形成的,以及生产过程中哪些部分所占的费用最大。因此,成本核算系统首先应对生产工序进行最大可能的细分,然后对细分成的每个彼此区别的单元进行单独的成本核算。进一步说,这一系统必须包括所有的支出以及它们的正确分布。就此而言,不存在任何理论,只有实践意义上的常识。在理论上对成本核算的精致建构,倾向于使学生相信可以在任何地方运用整个核算系统而无需考虑实际情况。成本核算具有显著的灵活性,它可以为了各种各样的目的而变通。当出现一个问题时,唯一可能的指导方法就是问:"一般实践常识要求什么?"举例来说,在诸如"间接成本"、"费用负担"和"日常经费"之类的费用分配方面,人们提出了各种各样的理论上的假设方法。最常见并且最具误导性的,是给被估计的工作的成本附上各项间接费用的比率。很明显,与事实相比,这种比率在一些情况下过高,在其他情况下过低。

常识会告诉我们:"给需要进行的工作、工序或物品分配间接成本费用,要与每一项间接成本所能获得的收益或所能提供的服务相匹配。"此外,在一些理论所设计的成本核算系统中,资本的利息被作为一种间接成本而分配到各个成本项目上。但是很明显,如果我们正努力界定每一种生产出来的物品的成本,那么为资本支付的利息是在我们的考虑范围之外的。当然,它会被包括在物品的定价中,但不能够把它计入生产成本,因为资本的利息是在利润产生之后对利润的分配,而不是生产过程的费用。利润是生产过程创造出来的。

成本由三个要素构成——直接的劳动成本、材料成本和间接成本。直接的劳动成本是工作中所花费的工时。材料成本是原始发货价加上到成本核算开始时的相关费用。间接成本包含工厂运转过程的所有费用,这些费用并不直接用于任何单一的工作。对于直接的劳动成本,某种清楚、准确和简单的工时登记系统是必需的。因为一些间接成本项目的分配必须基于工时记录,所以,如果工时没有被准确地记录下来,整个系统就可能是无效的。材料成本依靠有效的库存系统和准确的材料分配的登记系统。间接成本是关于科学分析的问题,除此之外,则是常识性的问题。一些项目可以科学地被分配。例如,租金的确定可以基于对厂房建筑物的准确勘察;电力的分配可以借助机器的电力消耗装置而做到大致准确(尽管以此为基础,发电的成本当然不能被包括在内)。其他项目,如车间设备折旧、销售费用和税费等,必须按照与收益成一定比例这种常识进行分配。比如,设备折旧费用只能通过估计建筑或机器的使用寿命和它们在使用期结束后的残余价值,并将折旧平摊在设备使用期间内来决定。

间接成本的问题无疑是复杂的。有一个错误看法,认为在总成本中高比例的间接成本无异于自取灭亡。这种看法只能产生于对间接成本组成问题的无知,或者产生于小商铺经营方式的陈旧观念。人们通常没有认识到,大量劳动成本和小部分材料成本是包括在"企业的一般管理费"之中的,因为它们不能被分摊到任何一种特定的工作上。在一般管理费和主要成本之间并无固定的比例。如果能够实现更大的效率,即使一般管理费的额度等于主要成本也是可以接受的。大幅度削减一般管理费的开销将会导致监管不良、机器磨损和照明不足等等。同样,如果不允许一般管理费用合理增长,将会阻碍企业的扩展。一个为了解放个体工人而改良的包含文书工作的计划系统,很可能导致一般管理费用的扩大,而由此产生的效率可以完全覆盖这种费用。"一般管理费用不是对工厂效率的衡量;对效率的衡量是以所有成本而不是部分成本为尺度的。"①

准确、详细和直接的成本研究会反映出工厂的经营方式。在它指明了消除浪费的方法这一意义上,它有助于使产品、机械、生产方法和生产工具标准化。标准化是由成本核算和其他统计衡量方式的激励和测量所产生的对于一种最优方法的研究结果。事实上,成本核算和研究一起造就了标准化。标准化就是确定最优材料、最优设备以及在任何时候所能发现的最优生产流程。它不是教条,而是对每一个进步的确认。如果管理按照泰勒的定义是"准确知道应该做什么的艺术",如果将工作任务的大部分转化为标准的实践,那么,工作任务将会在多大程度上得到简化啊!如果将产品特点和制造工序一并标准化,以至于所要进行的每一种改善都能够精确地根据标准来衡量,那么,生产过程将会在多大程度上得到简化啊!

莫里斯·库克先生对标准化的定义,表达了关于标准化基本原则的最精辟的思想。他说,"现代科学管理下的标准,只不过是深思熟虑地履行职能的方法,或者是仔细思考制定出来的执行规范或关于库存原料或产品的规范……在标准化方面不存在完美这

---

① 霍尔登·A.埃文思:《成本监管和科学管理》,麦格劳—希尔图书公司出版,1911年。

个概念……在这方面绝对不存在阻碍创新的东西……防止标准变更的措施还是由于考虑到变更的缘故而建立起来的……在标准方面,有关变更的提议应首先被审查以便确定能否采用……这样的标准化的实践是一个需要不断实验和改进的过程。"①

我们还没有认识到,注定要建立的标准化原则在工业化发展中的地位是多么重要。哈林顿·埃莫森指出,效率是基于十二条原则,②其中有三条与标准化相关——标准生产条件、标准操作以及书面的标准实践说明。如果四分之一的效率原则是基于标准化,那么,要实现它,我们还有很长的路要走,因为我们的国民性情对标准化是非常反感的。我们极其喜欢使用自己的方式处理问题,但它们常常不是最好的方式。我们必须学会按照已知最优的方式做事情,依靠那些我们自身可能没有参与的研究成果,接受最有效率的、而非令我们满意或者符合我们习惯的方式。

工业中的标准化,除了标准的产品以外,主要适用于材料、设备和方法(机械的因素和人的因素都有),最终是附了书面的标准实践说明的标准任务。英国工业将会发现它很难接受这最后一点,而且,除非那些被要求执行标准任务的人参与决定什么是标准任务,否则,让英国工业接受它也是不可能的。然而,这并不否定应用这项原则的直接需要。这仅仅关系到实现标准化的方法。标准是先进行分析再进行综合的结果。当一个专家致力于某项生产流程的标准化时,他将首先分析该流程的各个组成部分,再细分这

---

① 载于《学术与工业效率》,卡耐基学习促进基金会第 5 号报告。
② 哈林顿·埃莫森,《效率的十二项原则》,工程杂志出版公司,1917 年。

些组成部分,通过对每一部分的考察,设计出最有效的操作方法。然后,他开始重建,一部分一部分地相加,不断进行调整,在必要时把各部分结合在一起,直到将该流程塑造为一个综合的整体为止。同样的,他会分析生产任何物品所使用的材料,以及该流程中所使用的工具、机器和速率。最后,在考虑到工作条件、不同的产量和人的因素这些变量后,他将记录下他所发现的完成流程的最优方法以及所使用的最优材料和设备;然后,遵循这些书面指示就成为管理层和员工的职责。

我们通常倾向于将标准化当作纯粹的局部关切问题、当作这样那样的流程问题进行讨论。然而,美国国家标准局的年度报告打开了一个新视野。当我们读到丹宁先生的引文时尤其如此:"人们自愿接受的关于标准化之职能的界定是:开发、建构、监管和维持参考标准和工作标准,以及对它们的相互比较、改进和在科学、工程、工业、商业中的应用。"[①]

"归根结底,"丹宁先生说,"为什么每个工业不像工程师那样有自己的标准协会,并时时颁布经过核准的定义和规范呢?"每天,我们当中那些有机会学习工业管理科学的人都要面对由于非标准状况所带来的困难。我们需要对工业中的事和人给予标准名称;我们需要标准的管理方法,以避免机器和建筑物的浪费,同时便于行政机构的指导;我们需要关于工业、工厂和部门的执行操作的标准方法;我们需要标准的衡量形式、标准的质量规范、标准的程序、标准的机器零件、部门之间的标准关系、工作场所的标准标识,以

---

① A.D.丹宁:《科学的工厂管理》,尼斯贝特公司出版,1919年。

及关于工业的大大小小方面的无数标准。

最重要的是,既然使用预先确定的标准使得对效率进行科学评估成为可能,所以,标准化直接导致了节约。成本方法和其他统计方法的价值是微不足道的,除非成本方法或数据可以和某种确定的标准相比较。令每一个高层行政人员感到棘手的是,他所获得的用来检验效率的那些数据是无益的,因为缺乏一个可靠的标准与之进行比较。他可以将当前的数据与一年前的同类数据进行比较,但是他无法得知一年前的数据是否比当前的数据更能反映效率。他需要一种"标准"——一种具体、简明、科学编制和精准的标准。只有这样,他才能得出可靠的结论并找到低效的隐藏之处。

此外,标准化是科学控制的基础。帕克赫斯特写道,"设备的种类越少,就越好控制,并且效率越高。"[①]仅仅依靠标准对工厂的工作进行规划,同时,以最节约的方式把执行共同任务的人和物结合起来,也许从一开始就预示了成功的前景。

高效的工作计划取决于对工作的分析以及这种分析可能带来的标准化。在对将要做什么、怎么做以及什么时候做进行控制之前,一定要有某种关于这个任务的具体特征的综合了解。那些特征越是恒定的,它们越能被标准化,对工作的控制就越简单。任务越是复杂,这一事实越显得重要。我们经常听到这样的评论,由于商业是复杂的并且在实际的生产过程中存在变数,所以计划是不可能的。这更是制订科学计划的重要原因。现在,每一个工厂都

---

① 弗雷德里克·A.帕克赫斯特:《科学管理的应用方法》,查普曼—霍尔公司出版,1912年。

存在某种形式的计划。在任何一个工厂中,所有工作的进展都不纯粹是机会问题。在工作背后总是有作为支撑的思想——常常是不科学的、缺乏协调的思想,并且往往是不合格的人们的思想。

事实上,为什么在每一个工厂中科学的计划活动或生产控制都是如此紧迫的一个问题,其主要原因之一在于,对于那些其固有的主要任务不是从事计划工作的行政官员而言,这往往是额外的负担。在实践中,做好所有工作的安排往往不是经理人员或领班的职责。经理人员被告知去负责产品的生产、他的部门所应达到的大致产量,以及销售经理能够最有效地投放到市场上的产品的特定种类。然后,他剩下要做的就是处理好细节问题并把工作做到最好。他完全不用考虑特定车间的产品是用来储备的还是用来配送的;不管这些产品是食品、机器还是大头针。事实上,交由生产部门经理负责的任务,仅剩下在计划的期限内将货物交给运输部门或是将仓库里的储备维持在一定水平上。需要进一步指出的是,一种产品,无论是由许多部分组装而成的,还是基于一种或多种组成材料而经过许多工序后的结果,通常来说都是几个部门工作的结果。我们可以想象,其中的每个部门,为了各自的目的,都努力以最有效的方式计划自己部门的工作。

因此,我们可以发现,在通常的生产业务方面,局部的计划工作存在双重缺陷。首先,经理或领班制订他自己的计划,其次,他制订的计划大多没有考虑对于在生产最终产品上起到同等重要作用的其他经理人员或领班人员的计划。因此,一方面,我们经常缺乏有效的管理,因为经理或领班忙于那些使他远离对自己部门进行持续监管的工作,或是为了车间监管而舍弃了计划工作;另一方面,无论局部的部门计划工作多么有效,它也不可能实现对从收到订单到完成订单的整个过程的综合控制。几个好的部门计划安排的总和,作为一个整体来看,就可能根本不是一个好的计划了。

科学改革者持续呼吁,部门经理要做的事情太多了,而工业企业中的某些高级管理者还是倾向于对此充耳不闻。他们看到的是部门经理的工作时间同他们一样,他们心中甚至怀疑部门经理是否真的有足够多的事情要做。我们需要弄清楚,在一个职能组织下,一个经理应该切实承担什么样的职责。他的主要职责可以简单描述如下:

1. 协调对其自己部门有影响的那些职能活动。
2. 负责最有效率地完成所计划的产出。
3. 负责有效的操作技艺和其部门员工的团队精神。
4. 负责产品的质量。

除此之外,所有附属于部门工作的行政工作,应该具有辅助的职能特征。如果经理能够有效地履行上述职责,那么,除了对这个部门中的计划工作和其他职能活动进行协调是他的任务以外,计划他自己的工作这一任务完全可以留给他人来完成。

然而,制订计划的主要原因,既不是部门经理不堪重负,也不是部门之间协调计划的缺乏,而是在于科学地对待控制的必要性。制订计划的活动是保证对生产的系统的、完整的和详细的控制。这就需要将计划活动分为三个部分:第一,积累数据以表明工厂的工作是如何进行的;第二,精心制订计划,它覆盖从接到任务单到交付给仓库或运输部门的全过程;第三,建立必要的管理机构以告知计划部门关于遵照或违背计划的情况。计划的这三个阶段可以表述为：生产方法的分析、计划的制订以及对计划执行的检查。

对计划工作的分析可能会最先引起我们的注意力。既因为它是制订任何运行计划的一个必要的准备工作，又因为它是通常情况下最容易被忽视的一个方面。正如丘奇先生所指出的那样，"工厂中的工作协调，不应基于什么事情应该发生，而应基于实际发生了什么事情。后者对于确定接下来会发生什么，是唯一可靠的指导。"[①]许多工厂的计划工作（这里最好弄清楚，"计划工作"指的是为了实现既定目标而对生产过程进行指导和控制的活动）是基于预设的方法，而非基于实现目标的实际方法。

每一个工业管理者都接受过来自计划部门或某个负责为工作进度做必要安排的人的指示，而这些指示是建立在不准确或是不充分的数据之上的。出现这种情况的原因，要么是分析不足，要么是计划缺乏弹性。前者是目前较为常见的原因。发布指示时对所涉及的事情缺少充分的知识和调查。在工业领域中，我们需要的是可以与铁路信号系统相类似的系统，这种系统能够根据基于对运输量的分析所预先制订的计划而做出指导和控制，并且能够处理在特殊情况下额外多出的运输量。任何有效控制的基础是可靠的数据。

以计划为目的的分析可以分为两部分：第一，对将要做的事情的分析——质量和数量；第二，对如何做事情的分析——机械、工序、所要花费的时间。当然，所有这些信息必须由比较职能来提供。根据不同的基础，这种分析又可以分为：（a）对在标准工序和

---

① A.H.丘奇：《管理的科学与实践》，工程杂志出版公司，1914年。

产品中那些可以简化为常规程序的因素的分析;(b)对那些不能确定的、只在特定情况中出现的那些因素的分析。分析是一个细分的过程。整个生产活动被分解成一系列的不同单元,对其中的每一个单元,首先从一个独立的单元的角度、其次从与相邻单元相关联的角度进行解析和研究。对每一个单元都做充分的记录——工序的各种细节、可能的生产能力、所花费的时间——由此,一个有效的计划最终以明确每一个单元的工作计划为标志而建立起来。

以这样的深入分析为基础,计划活动就可以开始了。分析将会揭示生产在多大程度上可以实现自动化,在多大程度上必定是未定的并且是可以根据工厂的性质而加以改变的。第一步是为所需商品的生产确定最好的程序和流程,不管这些商品是为了某个特定购买者的订货(其中涉及交付日期的决定),还是为了存储。其次是必须确保预先计划的生产手段——材料、劳动力、设备——的供应和随时可用。接下来是对材料的控制,使得在产品组装过程中的每一个零部件,或者在生产过程中的每一道连续的工序,都扮演一个连接点的角色,以便杜绝延迟或阻塞情况的出现。与此同时,对于即将开始的工作的记录应当被保存,从而使开始每项工作的时间以及预计的交货日期能够确定下来。最后,当正确地制订出时间计划表,并按照所预定的产品完成日期而严格执行时,那么每一笔订单就算完成了。

因此,编制生产计划的基础在于生产中每个连续阶段所花费的时间。在根据计划表实施计划的过程中,主要的因素是地点。生产事实上是一个通过必要的间断以使运转进行下去的运动过程。因此,计划活动可以被比喻为以下列这样一种方式对生产运转的控制:(1)确保在任何一个超负荷单位中的运转中不存在阻塞;(2)确保生产单位之间的运动是最短和最经济的;(3)确保每一份订单被传递到车间,以及使进入到工序中的每一个新的材料与已经处于循环中的材料所处的程序节点相衔接;(4)要有足够的时间把订单送达车间,以使其能在计划期限内完成;(5)在出现故障时,能以最有效的其他方式进行生产。

因此,很明显,科学地制订工作计划不仅需要一份完整而又准确的工序计划表,而且需要关于所有订单或其组成部分的进度状况的即时记录。从单位到单位的进展必须由计划职能来控制,从而使材料的工艺路线以及新订单任务的开始可以建立在对各个车间中真实情况的即时了解的基础上。

已故的泰勒先生所提倡的"科学管理"研究,已经极大推动了科学地制订工作计划这一理念。不过,我们有理由建议,英国的生产商要制订自己的计划表。

实际上,泰勒自己也总是强调,任何一个工厂都必须设计出它自己的系统。泰勒自己所使用的权宜之计——八个"职能工长"担任计划系统的执行者,很显然与英国工业的心理状态是相反的。英国工人喜欢一个"工头",他们把"多工头"的管理看作是一种"徒劳无功"的管理。

然而,这种科学地制订计划的工作,除非它是综合性的,否则最好作为单独的工作来进行。一些企业设立了"进度部门",其初衷是令人称赞的,但缺乏足够的知识。科学制订的运营计划不能被基于非科学数据的"逼迫"系统所替代,这种"逼迫"系统是依靠其代理人对工长的威逼从而获得工长们虚假的承诺而制定的。只有科学的、可靠的而又全面的计划才是有真正价值的。与其用不明实情的部门官员的指示去侵扰领班,还不如相信领班自己的能力。

因此,我们的难题是建立科学计划、工作控制与部门职权的实质观念之间的经济联系。这是每一个职能组织都要面临的问题——确定职能部门与运营部门的关系。这个问题在制订计划的过程中尤其突出,因为这在很久以前已经是领班的传统职责了。领班经常准备着将材料采购、设备的安装及维修、工序的成本核算、时间记录、他手下劳动力的雇佣与解雇以及对其产品的批发等职责交付给中心职能部门。但对他部门的工作该如何完成的决定权是他保留给自己的事情,否则,他便会感到自己最后的一点儿权力也消失了。

这是职能化的关键问题所在。任何工业的增长已经在很大程度上依靠经理和领班,他们的能力已经建立了一个传统,如果革新者忽略这一点,就会带来危险。领班们通过其实际价值而把自身建立为工厂行政管理的中心点,因此,如果要改变生产方法,首先要让他们接受转变。每一项革新必须相应地以对领班必要的说服为前提。领班在过去已经习惯于"放手处理事情的权力"。他们的最突出的特点是忠诚——不过前提是他们被放任以自己的方式履行职责。

现代生产方法已经打破了同一工厂内各部门之间的障碍,领班不再是某一部门的独断专行者。然而,在大多数工厂,工作计划的制定仍然掌握在领班手中,尽管领班的特征已经发生了改变。生产已经被无限细分;生产最终产品的工序通常被分解给一系列部门来完成。领班相应地被迫与其他部门的工作保持联系,从而使他们自己部门的工作能与整个计划相适应。换句话说,对生产的协调已经成为必需。领班意识到他自己的工作并不是独立的,很大程度上要被其他部门的工作所支配。不管企业生产什么产品,这一点都是适用的。由此,为了提供这种生产协调,领班被要求经常碰头,设立委员会和召开会议,以及建立某种机制以通告各自的工作进度和正在发生的变动。

这样的方式显然是浪费资源。领班的工作不是不断地离开自己的部门去接受询问,也不是去研究工厂其他部门的工作进度。当我们认识到大部分这样的工作能够通过一个中心控制将其消除掉,把它简化为近似于例行公事的程度时,事情就更是如此。工业中存在着对于协调的有益的和无法避免的需求。然而,我们需要记住,协调可以通过多种方法来实现。协调并不必然意味着一定要建立一个委员会。通过设立委员会而实现协调,只有在所要协调的事情是不断变化的并且讨论是必不可少的情况下才是必需的。

当那些需要协调的事情能够完全或部分地用某种衡量标准来解决时,那么,最好通过设立某种机制而实现协调,这样,协调几乎可以成为自动的。如果以决定政策为目的,通过设立委员会而实现协调很可能是必需的。而在执行政策的过程中,通过建立必要的机制而实现协调通常是更有效率的。举例而言,在决定是否将一种新产品投放市场时,通过销售、制造和计划部门之间的讨论以实现协调是明显必要的。但是,在生产这种新产品的事务方面,对于涉及不同工序的各个制造部门之间的协调,最好能通过一个中心权力机构发布必要的指示和实行必要的控制而实现。的确,可

第六章　生产管理

以毫不夸张地说，在当前工业中增加委员会和会议的趋势，在很大程度上是由于缺乏适当的执行机制所造成的。

不过，尽管人们同意制订工作的中心计划是必需的，但中心权力机构能够在多大程度上干预部门安排仍然是存在争议的事情。我们可能承认中心权力机构应该为一个个部门安排各自的工作任务，并且决定每一个部分在整体中应该扮演什么样的角色，但是仍然拒绝认为这种中心权力机构有权力决定每一个部门应该如何完成分派给它们的任务。这样，就将剥夺中心权力机构制订准确交货日期的权力。既然它对于各个部门在完成订单任务的过程中采用什么方法没有决定权，那么，就不能期待它来规定应该何时完成订单任务。这就像将一个瓶子扔进大海，然后估计它什么时候会漂到岸边一样。事实上，除非在整个生产进程中都应用同一种计划系统，否则，计划活动不可能是有效的。不过，按照中心权力机构的要求而制订其内部计划的责任，还是留给各个部门来承担。因此，计划职能和制造部门之间真正的区别在于，前者决定计划的方法和制订计划所依据的数据，而后者通过其内部的计划部门，负责按照上述方式和数据制订内部计划。

有人可能会问："那么领班处于什么位置呢？"正如斯特林先生所提出的，"在这种职能的转移中，领班的职责是什么？他不是仅仅变成了一名警察或是被非个人的计划部门所支配的机器人吗？"[1]如果是这样，那么很明显，这种性质的计划将会被认为大体

---

[1]　A.R.斯特林："作为管理职能的产出计划"系列论文，载《工程与工业管理》，1920年1月。

上不适合英国工厂的状况。如果认为计划工作是由领班履行的主要职能,那么这种观点可能成立;但是,就这种职能目前只是领班的许多职能之一而言,这种观点不能成立,因为,在完成共同目标时很多职能的履行是协同进行的,因此在它们之间总是需要进行协调。这就是部门领班的职责。在执行生产计划的过程中,领班负责他的领域内的各种职能的有效结合。

在规模较大的工厂中,计划通常是以一个中心计划办公室、同时在每个生产部门都设有辅助的办公室这样的形式进行组织的。这些部门办公室的人员在部门内负责解释和执行计划,而他们的工作方法则由中心计划办公室制订。中心计划办公室和各部门之间的分歧将由相应的协调委员会予以解决。

必须记住的是,作为一种职能的计划是生产部门的助手,但是它的有效执行需要依靠中心权力的指导。因此,在没有中心权力机构批准的情况下,不能在部门内改变计划的实施,尽管中心办公室和各部门都服从于执行总裁的控制,或者服从于被任命来提供协调的各种委员会的控制。通过这种方法,可以认为,职能活动可以符合逻辑地被执行,同时领班的职权完全没有减少。

不过,无论在执行关于工作进展的科学规划的过程中会出现什么实际的困难,计划工作作为解决日益复杂的工业所带来的越来越紧迫的问题的一种尝试,着重强调的是管理的特征,当前,这种特征是十分缺乏的。管理为了履行其非个人的职责,最需要的是方法。尽管在战后的工业管理中有充足的热情和首创精神,但是在管理的执行方面存在着对于均衡感的严重缺乏。非个人的管理的三项基本原则可以被描述为分析、实验和衡量。这三项原则的结合就会产生一种正常运转的方法。

未来管理者最明显必需的资格是具备方法论的思维方式。我们的生产制造中的很多方面,都是拍脑袋猜测的结果,很少是基于科学完备的工作方法。如果管理确实是一门科学,那么它必须接受科学的工作方式和工作手段。必须采用确定的方法以实现确定的目标。就像化学有化学分子式一样,管理也必须有公式。克诺培尔先生说道,"化学家混合了一定数量的这样那样的试剂元素,然后他得到他事先已经知道那些元素相结合会产生的结果,制造商混合了大量的这样那样的材料、如此多的机器、一定的资金和人力,直到产品完成之前,却一点儿也不知道关于成本和效率的真实结果。"①这表明,人们不仅缺乏准确和直接的知识,而且缺乏一种思想方法,它可以规划出人们的行动路线,并且使人们有条不紊地沿着这条路线向前推进。

方法通常被责难为"官样文章"——这样谴责之后就可以对其完全置之不理。使用图解式的控制方法、计划板、这样那样的表格、"动作提示"、"书面指示"、记录和图表,被一般制造商看作是达到了"官僚作风"的顶点,并且与商业企业所必需的灵活性不相符合。然而,当代工业不能再像十年前一样用粗枝大叶的方式来指导了。工业发展得太快,需要知道的事情太过多样和复杂,以至于不能再完全依靠个体的记忆力、首创精神和适应能力。一种基于对变动的生产要素的分析和为它们留有适当余地的系统的做事情的方式,并不会磨灭首创精神,而是解放了管理人员,使他们能更

---

① C.E.克诺培尔:《建立有效方法》,工程杂志出版公司,1918年。

好地发展其工作所必需的品质。毫无疑问,存在着反对以无情的机械方式指导管理活动的各种意见,这是必然的。这样的意见在工业中有它们自己的作用,但它们不能掌控如何把构成一个共同产品的诸多因素结合起来的问题。这是发明家和工程师、内阁大臣和各部的部长、建筑设计师和建造者之间的区别。一个提供思想,另一个则把所有有益因素调动起来去实现思想。

书面指示是计划的一个基本组成部分,当然,其价值可能被热心者过度强调了。但是事实上,只有个体或群体在完成同一工作时对其职责的细节有完全清晰的了解,才不会产生混淆、重叠和疏漏,从而科学计划才会成为可能。"科学管理"已经强调了操作人员需要"书面指示",但更加重要的是管理人员需要书面指示。在很多公司,高层官员只是大体上知道他们的职责,而不知道执行其工作的精准详细的方法。领班和职员也同样如此。人们没有尝试去规定结合个体职责的程序。存在着大量的职责不明,整个管理状态是模糊不清的,而不是经过设计的。

对于操作人员的工作来说,情况同样如此,只是危害没那么严重。通过评估发现,与工人的职责界定不清相比,行政人员的职责界定不清导致了更为严重的低效。然而,在许多工序中,特别是在工程车间及其相关的车间中,操作者的技术也会对产品的质量和数量产生重大影响。凡是在存在这种情况的地方,我们有充分的理由将操作方法简化为一系列书面指示。于是,这就成为制订计划的一个必不可少的基础,因为如果工厂的各个部门要在正确的时间处理符合要求的材料,就必须知道完成这一工作的正确方式以及使用这种方式所需要的正确时间。这只有通过对人和机器的分析性研究才能做到。"科学管理"的这一方面已经被推到了一种显著位置,工人对这种研究的运用产生了怨恨,雇主普遍怀疑这种运用是否有益于企业的健康。在英国工业中存在一种偏见,即,反对任何使工厂生活和工作方法机械化的尝试。对普通工人而言,没有什么比被一个手里拿着计时表的工时研究人员监视的感觉更令人厌烦的了。工人被看作是像一个飞轮和蒸汽锤一样的东西。然后,工人接到一张"说明卡",被告知工作应该怎么做和时间期限,其中包括每一部分应该花多少秒钟完成。这足以使他们愤怒。

正是工时研究的这种心理后果,使得工时研究成为在科学管理的所有应用中需要以最认真的态度去处理的问题。应用工时研究的前提,首先是获得工人的合作,其次是有一个高效的管理方。工时研究,像其他方面的研究一样,本身不是目的,而是实现目的的手段,其目的是在管理方指导下实现工厂的顺利有效运转。如果材料的工艺路线充满错误以至于有时某项操作所必需的材料没有准备好,那么很明显对于该项操作的工时研究是无效的。同样,如果操作人员的工作没有事先准备好,或者操作人员不适合那种类型的工作,运用工时研究也是无效的。事实上,任何操作的节约运行都可能会被低效的管理完全抵消。因此,工时研究不仅仅是提高操作效率的手段,它对于管理效率的提高更加重要。

工时研究的结果是一种"标准任务"或"时间计划"。这意味着操作人员的工作要尽可能经济地进行,但这也意味着管理方要将自己的事务处理得井井有条,这是远远更加重要的事情。第一,"标准任务"能够使工资率的设定基于科学的分析,从而消除削减工资的需要;第二,它能够使计划的制订以正确可靠的数据为引导;第三,它能够通过对实际成本和标准任务所要求的成本之间的必要比较,发掘成本核算的价值,这正是成本核算的目的所在;第四,它能够使员工的雇用建立在关于其所应聘的工作的准确信息之上;第五,它能够使组织的建立基于对所有操作所涉及的工作的详细分析之上。工时研究的真正价值就在于以上这些方面,而非只在于操作训练和效率方面。

这种考虑将确保工时研究不会被迫走到极端,以至于得不偿失。在科学研究的照耀下,可能出现的问题是对工时的研究会超出在经济上具有价值的范围。然而,除非工厂的生产流程是高度复杂的、不断重复的,或者是由大量人力完成的,那么,超出更加简单的动作特征和工时要求之外的任何事情,都很可能将是没有生产上的价值的。很清楚,当工作只是一种非重复的、简单的高强度劳动类型时,优良的领班工作和完善的时间记录系统,伴之以由此形成的"标准任务"和"指示卡",可以像工时研究一样提高工厂效率。

然而,工时研究与机器时间研究大为不同。机器时间研究——或机械研究——属于不同的领域。这两者不能被恰当地统一起来。同时,与对机器和材料的研究相比,对生产中人的因素的研究也需要完全不同的方法,尽管作为一个整体的研究,以上三方面的研究都是必不可少的。工时研究的本质要素是工人自身的合作。这是一个人类学问题,就像机器产生机械学问题一样。如同机器研究需要工程师、材料研究需要化学家或冶金学家一样,对于人的研究需要心理学家。

当然,不是所有的工时研究都必须由专业的心理学家来进行,但是工时研究人员必须要接受心理学专业训练，并且在专业心理学家的指导下进行研究。尽管工时研究工作无疑需要与其他方面的研究紧密联系，但是，这种研究所需要的能力和方法与其他研究大为不同，因而不能把它与其他研究组合为一类。所以，对研究活动的组织，一般来说，不是对比较职能之下的某些特定个体的组织，而是对属于不同职能的个体所进行的某些活动的组织。研究就是对工程师、化学家或者冶金学家，以及心理学家进行分组，按照他们的不同职能，使他们集中于其各自的分支研究，而整个研究则由比较职能部门的一个研究监管者进行协调。还必须要牢记的是，所有这些研究工作的进行必须得到其所在部门的管理者的配合。

工时研究与职业选择的关系，使得建立上述组织方式变得加倍紧迫。尽管对于计划活动、成本核算、工资设定和组织而言，标准任务具有首要的价值，但是与它最密切相关的是员工的挑选。很明显，谁分析并且确定了某一工作的人的特点——动作、疲劳度以及工时——谁就最有能力选定最适合于从事该工作的人员类型。此外，将动作研究、疲劳研究与工时研究相区分是不可行的。工作的计时是内在于动作研究之中的。动作研究不是一种机械的过程，它所要求的比常识远远更多。它需要具有同情心、幽默和理解的品质；它还需要关于肌肉和头脑反应的知识。事实上，这是被心理学家培训过并在他指导下工作的人们的任务。在动作的确定中，时间要素和疲劳要素同样重要。因此，不能把工时研究与动作研究分离开来——这两者都需要心理学方面的能力，并且都为员工的选择贡献数据。

对工作的心理学分析和对从事该工作的工人的心理学分析是相互关联的,因而不能把它们分离开来。这种分析的结果被用于其他目的并且这种工作的进行必须密切结合其他方面的研究——这一事实并没有否决下列论点:经由心理学家的指导,工时研究和岗位选人,作为劳动力职能的一部分,必须被组合到一起。工时研究若没有关于人的角度的观点的持续引导和激发,就很难完成其设定的目标。

研究、计划、成本核算和工时研究是与工厂浪费作斗争的四种力量。浪费包括四个方面——人员方面的浪费,操作方法方面的浪费,机械、材料和布局方面的浪费,管理方面的浪费。我们逐渐意识到必须用科学的武器与浪费做斗争。科学是有条理的知识,在与低效率作斗争时,我们对事实的了解越多越好。对于管理方面的浪费,只有以可靠的数据为基础,对管理各方面进行更详细的分析以及实施更加系统的控制才能消除。对于人员方面的浪费,必须使用前面所概述的那些关于雇用工作和福利工作的方法,结合运用从心理学和经验方面得到的知识,与之进行斗争。对于操作方法方面的浪费,可以通过对员工的任务、工作环境、操作动作和工作习惯、疲劳影响范围的心理学研究,以及通过对机器劳动替代手工劳动的研究与机械及手工操作的工时研究予以消除。对于机械、材料和布局方面的浪费,必须通过对产量规模、速度和时间的准确测量、并根据由此得出的数据进行调整而克服。

与浪费所做的斗争是一种游击战的形式,应该连续不断地进行下去,甚至应该以完全确信浪费总是存在、并且实际效率远未达到最大可能为激励而进行下去。为了保持这种态度,我们不仅需要组织中的一个特定部分致力于研究，而且需要一种共同的合作的热情去探寻事情的根源，了解和衡量事实。此外，我们需要建设性的能力，以便以对上述事实的理解为基础而建立一种生产系统，它能够最有效率地运用生产中的人的因素和物的因素，从而以最好的方式制造出性能最好的产品。朝着这种理想的进步只能通过连续的巩固、研究和建设的步骤来实现。除非现在的立足点已经建立起来，否则，向前的步骤是不可能的。标准化是获得进步的必要准备工作。随意的所谓改进可能会导致进步中的混乱。制定最适应当前状况的标准，是以后对这种标准进行改进的基础。这同时适用于管理技术和操作技术。人们通常假定，如果"标准操作说明"的制定是为了保证制造流程的正确运转，那么，管理的方法可以像以前一样起作用。然而，制定关于管理的标准是同样必要的。

用于车间控制的程序应该是"标准的"，这与车间中的实际工序应该是"标准的"一样重要。这实际上是科学管理区别于科学操作的基础。正是为了这个目标才有对建立"管理科学"的努力追求。事实上，与浪费的斗争要取得成功，管理层不仅必须设计使员工和机器效率最大化的途径，还必须保证其自身的管理方法同样达到效率最大化。为了确定一个部门或工厂运转的效率而做出的成本核算、计划活动、记录、测算以及工时确定，所有这些研究和努力的主要教训是，最大的经济效益不是通过使个体员工更有效率而实现的，而是通过提高那些引导、控制和安排运营工作的人员的效率而实现的。工业效率从根本上是关于管理方面的效率。当管理是百分之百有效率的时候，人们将会发现，员工已经实现了大致相同的效率。

很明显，在这里不可能讨论每一个管理职能的详细方法。我们已经广泛地尝试对最近发展起来的研究、成本核算和计划等活动指明范围，并且认为标准化是这三项活动的根本组成部分。我们现在转而考虑各种职能之间的关系，这些关系构成了对管理职责的职能划分带来的主要问题，并且，为了职能型组织的有效运转，必须对它们进行界定。

因此，我们所描绘的组织形式包含三个主要分支：首先，高层控制，人员包括常务董事、工厂经理以及其他类似层级的官员；其次，工厂的职能部门，像计划部门、比较部门和销售部门，它们的领导者和职员；最后，制造部门，人员包括该部门的经理、副经理、领班、工头和操作工。

制造活动本身几乎不能被看作是同其他职能相类似的职能。与其说它是一种职能，不如说它是一种基础；与其说它是一棵树的分枝之一，不如说它是一棵树的树干。各种职能从制造活动中分生出来，从它那里汲取生存营养，并且为它服务。每一项职能都从属于主要的制造活动。的确，在某种意义上说，每一项职能的发展，都是制造活动的一种分解，这对于制造活动和这项职能都是有益的。在大多数从小的起点成长起来的工厂中，它们过去的情况是，制造活动实际上包含了所有职能。它有自己的工作花费，指导自己的操作，研究自己的方法，聘用自己的劳动力，支付自己的薪酬，销售自己的产品。逐渐地，所有这些职能都发展成为不同的实体，就像一棵树的分枝一样，既不同于主干，也不同于其他分枝。

之所以会这样，首先是因为每一项职能的工作变得如此庞大，以至于它不能再只是制造活动的一个组成部分；其次，因为制造活动变得非常复杂,从而不仅不能再包含那些明显区别于它的那些职能,而且它自身也需要再被细分。这不再是单一车间或部门的简单工作,而是技术含量通常很高、在许多情况下生产多种产品的大量多种多样的工序。

因此,根据产品的不同种类、同一产品的不同部分,或者制造活动中的各种工序,制造活动被细分为各个部门,这种细分通常是基于对最复杂因素的最简化处理。举例而言,在一个通过复杂工序制造许多相似产品的工厂中,会有根据工序所做的细分;在一个制造一种包含许多部分的产品的工厂中,会有根据组成部分所做的细分;在一个制造种类繁多并且各自独立的产品的工厂中,会有根据产品所做的细分。

因此,在现代工业企业中,我们已经把以下三种要素发展到一个较高程度——高层控制,这通过收集数据的复杂机制、与官员磋商以及发布指示来完成;职能管理,这存在于从事截然不同而又相互关联的工作的各个机构之中;制造活动管理,根据产品或工序而分为若干团队,每个团队都有自己的职员和操作工、厂房和机械设备。

概观生产活动,我们会看到,尽管对每个职能的考虑都是重要的,但第一重要的问题是管理的这三个主要分支的构成方式和相互联系——高层控制、辅助性职能管理以及制造活动管理。

我们可能没有充分意识到企业的高层控制在多大程度上会被职能化过程所影响。这一主题已经在第四章中讨论过了,在那里,指出了职能性的组织活动的协调对于有效管理是必需的。然而,在这里我们必须考虑的是,为了处理日益专业化的工厂活动,如何最好地实现协调,以及为了确保这种协调能够有效促进高效管理,所需的必要步骤是什么。

在每一个企业的管理的顶层,某种集中的控制力量是不可缺少的。这种集中控制力量不能由委员会构成,而必须是一个单一的个人。如果企业的董事们是企业的执行领导者,那么,集中控制者必须是董事长。如果企业的董事们不是执行领导者,那么,集中控制者必须是常务董事。我们无需再论证设立委员会是徒劳无益的。很清楚,如果所有职能的领导者共同组成了公司的实际最高管理层,那么,工作的所有职能最终都集中在顶层,它们就像在半空中悬浮着的一股股线缕一样,必须由一个负责协调所有职能和指导组织达到某种特定目标的个体,把这些线缕联结在一起。

当然,一个管理委员会可能会完成一种有用的目的,但只是为了给管理的最高首脑提供咨询建议,以及作为一种代表性机构、为了调节那些包含多种职能的工作活动而起作用。一个委员会可以批评或赞成职能工作,但它不能自行从事职能工作。在每一个组织的顶层,最需要的是一个单独的头脑,它能够完全投入到对交叉职能活动的调节、对组织形式的锻造以及建设性的思考活动中去。这样一个头脑能够把握管理的全局,从材料采购和接受顾客订单到产品销售,同时积累工业管理的最好的理论方法和实际方法的信息,以便把它们应用于特定的事务。这种工作、这种将企业看作一个整体的视野,显示了不同于指导单一职能活动的各种问题。它不仅是关于垂直管理(即从顶层到基层,从管理者到工人,经过各种不同的行政人员等级)的研究,而且是关于水平管理(关于交叉关系的管理)的研究,以及关于累积的管理(即关于将若干单独部分结合在一起的管理)的研究。

在这个集中的行政控制下面,可以划分出企业的两个主要方面;一边是职能团队,另一边是制造团队。随着职能化的发展,这二者之间的关系成为至关重要的问题。制造经理的职责已经在上文中阐明为:根据对自己部门的影响程度而协调各种职能活动;负责最有效率地完成计划的产量;负责工人的有效操作技艺和团队精神;负责产品的质量。因此他的职责可以概括为职能的协调、产量、领导和工作效率。与这些职责混合在一起的,是职能部门的职责,它们可以被表述为有效执行与实现这些职能有关的工作。困难在于,这些职能在运行时必然贯穿在制造工作之中。计划活动不是一个自我支持的职能,它是关于制造的计划活动。因此,很明显,这一职能和制造活动之间的关系需要认真界定。这些关系不仅是在职能领导及其参谋人员与制造经理及其参谋人员之间的人际意义上的关系,而且是职能工作和制造工作之间的"工作"意义上的关系。

在对职能化的英国式解释中,唯一的原则是,各种职能只是对制造活动的补充而非控制,而且制造经理不会违背自己的判断而被迫采纳职能人员的建议。只有这样,才能保持工厂的凝聚力。由于这个原因,在总体上产生了如下紧迫的需要,即我们的经理们必须具有成熟的判断能力和广阔的视野,并且必须对他们的职责做出研究和界定。我们需要制造经理运用协调能力去处理从劳动力维持到比较研究的所有职能。他被期待以同样的娴熟能力去决定员工教育、工序时间研究、产品的成本核算以及运营计划等问题。

深入了解每一种职能如何运转,几乎是很难实现的,而且也是不必要的;但是了解从一种职能活动中期待什么,以及如何利用每一个职能所提供的服务,是一个职能化企业中制造经理的基本素质。考虑到每个企业中都存在的不可避免的倾向,即一种职能会凌驾于其他职能之上,这种素质就显得更加必要。这在很大程度上是职能领导者个性的结果。在一个工厂中,劳动力人事职能的经理可能倾向于以牺牲其他职能为代价而促进自身职能的利益;在另外一个工厂中,比较职能的经理也会如此;在再一个工厂中,装备职能的经理也会如此。这种倾向性非常可能会扭曲组织的形式和管理的平衡。如果对职能化组织活动和管理工作的英国式解释要经受住效率的考验的话,那么,几乎毫无疑问,工厂中最优秀的人必定是制造经理。换句话说,如果允许专业化对协调置之不理,那么,随之而来的必然是混乱的结果。正如职能化使任何企业最高领导者所进行的协调必不可少一样,它同样使组织的其他结点上的协调也必不可少。这些结点只能存在于各种职能与制造部门相交叉的地方。因此,职能的协调是制造经理的主要职责。

在这里,我们也许可以举一个在职能与制造之间的这种协调和关系是如何实际运转的例子,来证明上述论点。以一个已经在很大程度上实现了职能化的工厂中从事食品制造的部门为例。我们可以想象,劳动力人事职能和比较职能与这个特定部门有特殊关系。从这两种职能工作,我们可以知道影响整个部门的三种活动,即劳动力人事职能为该部门雇用员工,比较职能对劳动力流动率进行评估,比较职能对生产方法进行研究。这三种活动中,制造经理和职能领导之间的关系是怎样的呢?

按照上面已经指出的原则，即，一个制造经理将不会被迫去做违背他判断的事，并且他的主要职责是协调各种职能，那么，我们可以简要地描述关于这三种活动的程序。

一、员工的录用将由劳动力人事职能负责，按照制造部门经理的要求来实行。劳动力人事职能将挑选那些最适合相关工作的人员。它将采取所有必要的步骤为工厂和制造部门引进新员工。它将为每位员工做完整的记录。制造部门经理有权拒绝被推荐给他的人员，但他只能基于劳动力人事之外的理由才能这样做。举例而言，他拒绝的理由可以是应支付的工资不成比例地增加了自己部门的成本，或是因为被推荐给他的人经过工时研究而不适合其工作。任何劳动力人事职能和制造经理之间的分歧的解决，必须通过一个协调机构——或者是一个工厂主管，或者是有制造经理参加的劳动力委员会。

二、在对部门劳动力流动率的评估方面，比较职能的工作是向制造经理指出劳动力流动率的专门特征。如果劳动力流动率过高，那么，与劳动力人事职能一起努力，采取一切必要的措施降低劳动力流动率，就是制造经理的职责。如果接下来的数据仍然显示劳动力流动率过高，指出这一问题，还是属于比较职能的职责，然后，如果制造经理没有能够降低劳动力流动率，那么，向协调机构指出这些数据，也是比较职能的职责。

三、在比较职能的研究方面的运转中，对于研究人员来说，经常到制造部门中进行测试和实验，自然是必要的。最终，比较职能将提出一种标准的操作方法。制造经理毫无疑问总是会与研究专家的工作保持联系，并且很好地了解他们所提建议的理由。然而，他可以接受或拒绝这些建议。自然,这种拒绝将会涉及要求由比较职能和制造部门之间的协调机构做出决定的事情。只要是制造经理对产品的质量负责,除非有上级权力的干涉,否则,他将对是否使用由比较职能所提出的那些生产方法,拥有最终的决定权。同样,如果制造经理接受了建议,那么他也要为这些建议的正确性负责。接下来执行这些标准操作,就仅仅是制造经理的职责了。

从上面对运转方面职能化的例子所作的简要考察,能够清楚地发现,制造活动与职能人员之间的关系,大致类似于西德尼·韦布所说的关系,这是当他描述伦敦郡委员会在决定建造一座新桥梁的过程中所出现的忧虑时指出的。他说道,"根据我们的深邃智慧,我们决定在泰晤士河上建造一座桥。但我们只有在请来一位工程师之后才能进行下一步……我们发现我们所能讨论的只是那座桥要涂什么颜色。即使在这一点上我们也要咨询艺术家……归根到底,几乎在每一种情况下,在事情的最后关头,总是事实在起决定作用,并且,只有了解事实的人才能解释事实。"[1] 在这里,伦敦郡委员会相当于制造经理,工程师和艺术家相当于职能领导。制造经理,就像伦敦郡委员会一样,要做最后的决定并且承担责任;职能领导,就像工程师和艺术家一样,提出以对事实的必要了解为基础的方案。同样,在城市共同体和工业共同体的运转过程中,必须既要有一个最终决策者,也要有专家人员。只有那些由专家提出并且被最终决策者所考虑的事实,才能最终决定政策。

---

[1] 法学学士西德尼·韦布在牛津大学所作的"工业中的新精神"演讲,1920年4月。

还有，重要的是要注意到，就是在由韦布先生所提到的这个事件中，伦敦郡委员会是引人注意的。"当我在伦敦郡委员会时，"他说，"我们是进步党并且非常认真地对待我们的所作所为。"很明显，他们感到他们的职能不是纯粹名义上的。另一方面，如果是由事实来决定，并且如果只有那些解释事实的人才了解事实，那么，询问伦敦郡委员会在这一事务中必须做什么，就可能是合乎情理的。这一点是根本性的。这只不过就是——工程师知道他的事实，艺术家知道他的事实，但是他们都不知道所有的事实，而伦敦郡委员会能够从全部相关者那里收集所有事实。

工业企业中的制造经理也处于同样的位置。他不可能是工程、研究、成本核算、采购、劳动力、计划和销售领域的专家，但他能够获得其中每个领域的基本事实，并且整理这些各种各样的事实去制定出成功的政策。工程师将呈现工程方面的事实，成本会计将呈现成本核算方面的事实，劳动力经理将呈现劳动力方面的事实，但除了制造经理，他们中没有谁拥有对事实进行权衡的机会，他们所执行的每个职能都是为了制造经理而收集事实。因此，我们可以同意西德尼·韦布的观点，即准确的科学度量将改变工业，但我们也许可以补充说，除非度量也是被协调的度量，否则，这种度量将趋向于扰乱我们可以称之为"管理平衡"的东西。对机械能力的度量在其自身领域内可能是科学的，但是，除非用对人的能力的度量来协调对机械能力的度量，否则，对机械能力的度量是无价值的。

因此，如果没有制造经理所进行的协调，职能管理不能保证各种各样的职能活动不会发生相互冲突。只有通过这样的协调，它们才会相互补充。然而这样的协调不是以自身为目的的,而是制造经理的领导活动、产量责任和工作效率的必要基础,后三个方面构成了制造经理的其他职责。两者的确是相互依赖的,因为,当有效的领导被配合以对有效执行的职能的有效协调时,它就是有效工作的保证。

一个部门的领导活动需要一个领导者。正如没有协调,很多职能不能共同实现所期望的公司业绩一样,没有领导活动,一群人也不能集体地为共同任务而运用他们的劳动。一个部门经理的领导活动与领班的领导活动具有相同的属性,尽管二者的次序不同(请见第八章)。一个是与间接管理有关,另一个与直接管理有关。就领导活动来说,人们常常认为"经理"和"领班"是可以互换的。这显然是错误的。因为如果对职能的适当协调是由制造经理有效实行的,那么显而易见,他与自己部门的员工之间的关系,不可能像他的领班与自己的员工之间的关系那样直接和密切。考虑到领班作为工人的直接领导者,职能化过程也许必定要求把领班从除了领导以外的其他所有职责中解放出来,但对于制造经理来说,职能化却不能要求这样做。任何这样的要求都建立在对制造经理和领班的各自领域缺乏界定的基础之上。当然,制造经理需要或者应该从大量细节工作中被解放出来,但是,如果那些工作由别人来完成,制造经理则必须确保那些工作的有效相关性。这不是领班意义上的领导工作。这是对外部活动进行协调而使之服务于内部的建设性用途,是为了主要活动的领导工作而进行的相关附属活动。

因此,制造经理必须首先依靠他自己对领班的领导以及领班们作为车间领导者的效率；其次，依靠为了保证及时了解实际情况而采用的适当方法；最后，依靠品格。这些是一个部门内的经理领导工作的三个要素。

对领班的领导区别于对员工的领导。在后一种情况下，领导工作在很大程度上是激发兴趣的问题；而在前一种情况下，更多地是一种引导兴趣的事情。普通领班，在赋予其职责的意义上，他对自己的工作已经有了兴趣。为了把他的兴趣引入获利渠道，对他们的领导是必需的。大量的领导工作可以通过开会来完成。丹宁先生说，"隐士不学习领导工作。"朗特里先生写道，"也许，雇主有点倾向于忘记，领班在工业事务方面几乎没有什么机会发挥自己的想法……如果我们不给他们发挥自己想法的机会，当他们陷入成规时，我们就不能指责他们。如果他们不能理解工业中如此迅猛的变化，我们也不能指责他们。"[①]为了实现这一点，他建议召集不同工厂的领班开会。与这一点同样重要、甚至更加重要的是领班与制造经理的定期会议。制造经理不仅必须激发领班的主动性和广阔视野，而且必须赢得他们的忠诚，并且指导他们根据企业的理想去领导员工。定期而持续的关于部门事务的会议对管理来说是绝对必要的。只有通过这种途径，人员之间的关系才能发展成为相互尊重和友谊。

但是，制造经理在挑选下属和评估他们的能力方面，也必须具有最高水平的识别能力，在必要的时候，对他们进行奖励和惩罚、提供鼓励和建议。经理领导工作的一个基本要素是那种难得的对

---

① B.希波姆·朗特里：《企业中的人的因素》，朗曼格林出版公司，1921年。

下属的正确对待:在表扬时伴随评判,在批评时伴随鼓励。此外,还很重要的是,对问题的有效率的处理能力,做出正确、及时的决策的能力,在将决策付诸实践的过程中把握事实的能力。一个经理绝不应该要求领班去做连他自己都不会去做的事情;但如果他的决策不仅正确而且清楚、及时,那么,他就应该看到他的决策的执行是同样有效的。

然而,对于领班的领导,并不仅仅依赖于领班与经理之间的关系。很多事情可以通过对部门的适当组织、通过对领班公开披露其工作的相关实际情况来完成。如果一个领班的任务被清晰界定,职责被简明地描述,范围被明确地限定,并且分给他所管理的人员也是明确的,那么,与一个其职责混乱、工作范围不清并且其手下人员很容易被调走的领班相比,他能够取得更大的成功。领导工作的一个格言是,一个领导者必须要有清晰界定的工作,并且放手让他去做。

但是除此以外,对工作的恰当分组具有重要的激励作用,因为这引入了竞争因素。领班之间进行竞争,每一个领班都努力把自己那组的工作做得最有效率,这是健全的组织活动的健康结果。使领班能够了解他自己的和其他领班的工作记录,是好的方针。应该告知领班其部门的日产量和周产量、时间记录、机器闲置的时间、其产品的销量等等。对领班而言,这些由各种职能部门所提供的实际情况,应该总是能够在经理的办公室中获得。而且,最好是用表格披露这些实际情况。

领班与制造经理的会议、恰当的组织、给予领班以充分信息,这三者的结合将产生有效的和令人鼓舞的领导工作,包括经理对领班的领导工作和领班对员工的领导工作。

然而,制造经理不仅必须指导领班,而且必须保持对自己部门的基本情况的了解。自然,实现这一点的主要方法是通过与员工和工作直接接触。当然,对于制造经理来说,让他像领班一样从早到晚都呆在车间里是不可能的,但是他应该尽可能经常地到车间去。经理们的工作有一种倾向,即围绕他们的是各种办公室的尊严,他们持续工作在办公室之中。职能化过程消除了这种倾向的绝大部分。在一个职能型的组织中,制造经理应该自由地花费大部分工作时间与他自己的领班和员工在一起,关注他们的训练、操作技艺、工作条件和士气。没有经理、领班与员工之间的持续的个人亲密关系,就几乎没有希望形成一种真实的、有力的车间精神,一种"团队"精神。不过,这种亲密关系必须由一种定期披露实际情况的标准机制所补充。在这方面,制造经理应该特别利用比较职能的服务。他必须总是了解实际情况——他的产出、成本、一般管理费用、所浪费的时间、每个员工的产量、按天工作和按件工作的比例、工资、材料耗费的数量、地面空间占用比例、中断时间的数量,等等。

确保这些实际情况随时可得,是制造经理的工作事务。他可以通过报表形式或统计报告的形式获得这些情况。这些实际情况是他做判断或者制定新的管理方法的基础。没有这些实际情况,他就不能正确评估生产效率是百分之百还是百分之七十五,也不能找出漏洞、提出改进建议。只有实际情况才能决定要做什么以及如何去做;而且,不断面对实际情况是通向效率的最好的道路。熟悉这些实际情况,加上他自己在巡视车间时所形成的个人观察,以及对其员工的能力和工作技巧的密切了解,将使制造经理处于一种攻无不克的地位。

最后,制造经理需要品格。没有品格,制造经理对领班的领导以及他与员工的亲密关系将无法创造激情、自信、活力和欢乐,而这些是生产平稳运转的基础。制造经理的品格应该是领班所渴望效仿的品格。我们挑选领班,在很大程度上要使他们成为经理;而且,制造经理的特征正是那些成功领班所具有的特征——首创精神和宽广的心胸。这一点在第八章讨论领班的资格时将做出详细阐明。

也许,在领班成长为经理的过程中,变得越来越必需的素质是与领导、同僚和下属共事的能力。职能化意味着好的经理,而且特别是机敏的经理。理所当然,他们不应该带有粗糙或锋利的棱角。在组织的"部门"形式下,经理靠自己而工作;在组织的职能形式下,经理与他人共同工作。这是专断运行机制和官僚运行机制的区别。

所有官僚制的危险是其成员可能会陷入争吵。这是职能化的危险所在。因此,极其必要的是,职能领导者和制造经理们应该都是毫无个人偏见的人。"他们必须是'大度'的人——不仅'大度'地指挥,而且'大度'地理解,'大度'地学习他们管理的科学,'大度'地把握和激发员工的精神,'大度'地纯粹通过品格的领导以及对工业世界状况和趋势的专业理解而鼓舞别人。"① 也许,这一章

---

① 奥利弗·谢尔登:"工业管理的近期前景",载《企业组织和管理》,1920年9月。

已经表明了制造经理应该掌握和要做的事情,表明了制造经理在利用最好的条件、以最好的方法生产最好的产品的事务中,为了贡献自己的一份力量所需要的品质。

第七章　工业管理培训

概　　要

1. 管理的更高地位强调培训的必要性；培训科学的发展；对更多思考和研究的迫切需要；管理的复杂性使得形成一种管理技术成为必要；理论和经验的相对价值；没有培训，职能组织活动是不可能的；对于详尽阐明一门科学的知识资源的需要。

2. 高级执行官的培训；他们在工业中的新地位；通过学习进行培训，大学培训的价值；培训科目——通识教育、工业历史、贸易技巧、经济学、管理科学以及伦理学。

3. 领班的培训；由于职能型组织而发生的领班制的变化；旧的"部门"领班制正在过时；领班的定义；领班的主要职责；通过环境和学校教育对领班进行培训；培训的科目。

4. 在职能组织形式下办公室工作的新地位，不再有与例行公事相类似的事情；随着促进职能的发展，专门化在发展；对管理的新关系；"办公室观念"的不可能性；选拔和培训的重要性。

随着每一门科学的发展，随之而来的必然是对这门科学的更高的培训标准。机械力学的发展提高了工程师培训的标准，医学的发展提高了医生培训的标准,战争的发展也提高了士兵培训的标准。知识越广泛,掌握它就越困难。工业管理科学正处于不断发展之中。随着它的发展,就相应地对实践管理科学的人们提出了更高的要求。进一步说,一门科学是在传授中成长起来的。它随着它的资料在越来越多的心灵中的传播而发展起来,每一个心灵都有可能为共同的资料库贡献新鲜资料。科学是经过证实的事实的相互关系,是经过组织的真理。事实总是已经存在,但科学将真实的事物转换成被认识的事物。科学管理的要素总是已经存在于工业之中,但我们并没有认识到它们。现代的进步正在把这些要素转变为某种有序和明确的形式。我们正在吸收事实,并逐渐将其转变为知识。

令人惊异的管理方法多样化和一般商业的狭隘性,使得对事实的协调和筛选成为一件极其困难的事情。然而,如果管理科学要真正得到发展的话,有两个方面的事情是不可缺少的。首先,所有从事管理实践的人们都应该为共同的知识库做出贡献,其次,广泛地传播已知的和已经证实的事情。只有通过更加广泛地传授、学习以及广泛应用我们已经确信的事情,那种按照共同接受的科学原理从事管理的时期才能最后到来。我们不能永远驾驶着管理之车行走在我们的祖宗所留下的车辙中。

机械工具已经得到改进,工厂已经实现了成长,劳方的思想已经提高。我们能由此认为我们的管理实践也取得了同等程度的进步吗?我们能说对工业的指导已经按照与工业领导者应承担的责任成比例地发展了吗?如果不是的话,是否可能评价已经产生的浪费?人们可以从根本上否认建立一门完整的管理科学的可能性，但是，至少不能否认存在着对它进行研究的无限空间。管理的极端复杂性是对它的组成部分进行科学分析的正当理由。在过去，科学管理不是如此清楚地必不可少；在过去，坚持不懈、果断控制以及努力工作的榜样是更加重要的。后来，进入了选拔人才的能力成为管理中最重要的因素这样的阶段。现在，随着一般企业的规模和复杂性的发展，深入了解在管理中从科学的角度看什么是最好的原则和实践，成为最迫切的要求。马歇尔教授说："在过去几十年间，由技术进步所带来的工业发展比过去任何时候都远远更加迅猛——尽管这是事实，但是现代进步的最主要特征是对能力和才能的日益增加的依赖，这种能力即使不是通过某种学院式的训练获得的，也是通过耐心学习获得的。"①

这是管理中的新标志——对耐心学习的需要。管理者不再是具有最大"驱动力"的人，不再是用最严厉的拳头进行恐吓的人，不再是只凭强烈的直觉做事的机会主义者，不再是熟练采集他人智力的人。这些特征可能有一定的用处，但是，未来的管理者应该具备的首要素质将是知识，这些知识是通过学习而获得的，并且通过由学习所激发的自然能力来运用。管理不再是对简单过程的简单控制。也许仅仅指明一些现代发展——成本核算、制订计划、时间研究、心理选择以及科学研究，就足以说明问题。这些领域的每一个领域所涉及的知识，对所有层级的管理人员来说，都是必不可少的。无知不仅是错误指导劳方某些行为的原因，而且是许多管理效率低下的原因。对管理方来说，当自己不懂管理方面的科学时，

---

① 阿尔弗雷德·马歇尔：《工业和贸易》，麦克米兰出版公司，1919年。

指责劳方不懂经济学是没有用处的。我们确信,从管理方的判断能力来看,它在执行自己的任务时并不缺少努力,但它是否在不断完善和充分发挥自己的引领作用?

当前的需要是对管理方进行科学培训。没有一个人未经学习和培训就能从事专业工作。医生并不是在行医时通过犯错误而学习知识。他对通过培训和学习而获得的知识的依靠,远远多于对经验的依靠。他并不嘲笑那些讨论医学、发表了研究结果、把他的思想引入到新领域的作者。他并不拒绝大学的学问。他并不谴责所有的理论家。在没有对疾病做出诊断并把诊断建立在医学和生理学事实的知识的情况下,他并不给病人做手术。相反,他为他的学识和他的职业的科学地位感到骄傲。如果管理确实是一门科学,而且如果这种实践是一门艺术的话,那么,我们就不仅必须详细阐述这门科学,而且必须提供对这门实践艺术的培训。如同在每一个专业中一样,管理方面的经验是大量的,但这绝不是管理的全部,而且的确,如果它没有被整理成这样的形式——既作为实践的指导又作为吸收新观念的手段——而起作用,它就没有多少价值。除非经验不断地得到分析并接受新事情的挑战,否则,它就会很快萎缩。有些经验倾向于作为知识的门闩起作用,当面对新的和未知的东西入侵时会迅速关闭。即使是经验中最好的经验——已经去粗取精的经验、已经准备好去接纳新事实的经验、已经以有用的形式安排好并且从未被事情的结局所毁坏的经验——也是不充分的。战争经验并没有消除对军事战略研究的需要。实际上,经验和知识是共同前进、互相支持的。新事实不仅会增加经验,而且会增加在未来必须要学习的东西。堑壕战争增加了军事科学的新领域,正如成本核算和工业心理学增加了工业科学的新领域一样。我们的士兵正在学习军事科学的堑壕战争这个新领域;我们的管理者正在学习工业科学的新领域吗?满足于过去的经验,导致我们的军队在1914年走到了崩溃的边缘。今天,管理方正面临着它的工业的"加利波利"难关。①

对于培训,有两个必要的准备工作——确定培训对象和培训内容。实际上,我们必须精确地说明管理方由什么人构成,以及管理方需要做什么。

可以说,管理方是由其职责涉及控制他人或在这样的控制中援助他人的官员们所构成。这当然包含所有级别的领班。有一种倾向,把领班看作是管理方之外的人员。正如我们在后面将会看到的那样,这种倾向是令人怨恨的。关于管理方需要做什么,如果没有把它的职能确定下来的话,那么很清楚,去培训管理方或者期待管理方去培训自己,几乎是没有什么用处的。不过,对于管理科学的详细阐明与在管理科学方面的培训,可以是共同前进的。健全的工厂组织活动必定伴随着科学的培训。在某种程度上,对管理方的培训是全面的,但是这在很大程度上也涉及管理的特定分支,这个分支的工作是接受培训的个人已被安排要去承担的,或者是他正在从事的。由此,去培训某些特定的临时职位所需要的个体,显然是没有价值的。的确,对下一代管理者的培训比对当前这代管理者的培训更加重要。因此,这样的培训应该致力于那些个

---

① "加利波利",指第一次大战期间发生在土耳其加利波利半岛的重大战役,协约国和同盟国双方投入重兵,以双方伤亡惨重而结束。——译者注

体确实将被指派去承担的职位,而不是目前由于不合逻辑的分类所产生的职位。这一点是非常重要的。泰勒先生说:"我们目前正在寻找的是现成的、有能力的、经过他人培训的人。实际上,只有当我们充分认识到我们的职责和机会在于系统地共同去培训、塑造这种有能力的人、而不是去搜寻一个经过他人培训的人时,我们才能走上一条通向民族效率的道路。"

的确,如果没有经过一般性质和职业性质的培训,职能型的管理几乎是不可能实现的。我们已经看到管理所产生的对于执行官员的新要求。职能型官员需要具有高度专业化的能力和技术能力,而这种能力是不能靠过去那种随意的方法获得的。制造活动的执行官成了集许多职能活动于一身的焦点所在,如果他们的工作要顺利进行的话,必须对这些活动具有充分的了解。职能型管理要求高超的管理性质的技能以及执行官之间的充分合作。两个人除非有共同的目标并且知道对方在努力完成什么工作,才能在一起工作。这种知识大多需要通过培训才能获得。

最后,在确定了管理方的职位构成,并改善了组织,使得更加专门的培训目标能够清楚地摆在面前之后,所剩下的只是确保由培训所获得的知识是正确的,并且以能够容易被吸收的方式来进行。目前,管理科学没有像医学或法学那样的明确特征。它是混乱的,没有公认的教科书和原理,没有公认的理想目标,没有已被证实的方法。每个工厂在管理方面都进行了跌撞曲折的试验,而且经常竭力保持自己方法的秘密。如果要把工业管理提高到更加适合于它的责任的地位,我们就必须分享我们的知识,公开我们的发现,并在研究中进行合作。当前的工业太偏狭,以至于不能形成一门以广泛数据为基础的科学。

因此,就目前来说,培训在很大程度上必须是每个独立公司自己竭尽努力,并且,在适当的研究和学习之后,公司必须反复宣传,它认为什么知识是最好的知识。因而,任命一个官员,让他督促行政官员按照正确的路线学习,这可能是明智的做法。他将构建一个管理学文献图书馆,筛选不断涌现的杂志和图书,从现职人员那里获得关于他们工作进展的详细说明,组织会议、演讲和学习圈子,以及确保执行官可以得到最好的信息。

在知识分享方面,美国也领先于我们。机械工程师学会、哈佛商业实践学院、泰勒协会,连同美国的大学一起负责对工商管理的教学课程,同时,其他团体正在以一种便利的方式迅速搜集一门具体科学可能以之为基础的资料。在我们国家,我们才刚刚开始。像工业管理学院、伦敦政治经济学院、曼彻斯特技术学院以及各种各样的商业联合会等团体,正在为实现共同目标做出贡献。这样的努力是值得支持的。我们应该鼓励学生参加它们的课程,我们应该研读它们的出版物,并且协助它们达到更高的标准。我们也应该集中我们的经验。在建构管理科学的过程中,没有竞争的余地。竞争应该主要发生在应用管理科学的艺术之中。

对不同级别的执行官的培训,必定在某种程度上有所不同。因此,我们可以将讨论的问题分为两个主要部分,第一部分讨论对高级执行官的培训,第二部分讨论对领班的培训。

今天,常务董事、工厂经理以及部门领导所面临的问题,即使仅仅与十年前的问题相比,都已经发生了巨大变化。劳方、战争、科学、外国的竞争以及政府的发展,已经结合在一起,改变着整个高层管理人员的地位。过去,每个工厂都是一个自给自足的单元,现在则存在着与工会、劳资协商会、各种工业联合会、雇主联合会、政府机构、科学社团、当地市政机构以及其他行业中类似公司的不断联系。过去,英国工业处于领先地位,现在,它在每个方面都面临着挑战。过去,公众对工业几乎一无所知,现在,公众具有强烈的了解和评论工业的愿望。过去,工人被粗劣地组织在一起,现在,绝大多数工人已经处于强大的、全国性的组织之中。朗特里先生最近说:"在我看来,一个工业管理者所必须进行的协商,在规模上比卢森堡政府所进行的协商更大,几乎像他正在管理比利时或荷兰这样的国家一样。"既然涉及如此大的责任,笨拙的管理几乎是无法让人容忍的。我们无疑不能容忍这样的管理——没有至少伴随着它所控制的工人和所运用的科学这二者的发展速度和程度而发展。在更高级别上的管理方,应该坦率地问问自己是否能胜任这份工作。它必须诚实地质问它的理想、目标、方法和能力。它必须以完全的诚实对它的责任的增长和它的能力的增长进行对比。它已经尝试过把自己大体上看作是工业中的一个控制性团体,使自己取得更高的效率,明确自己的理想和目标,在素质、精神、知识方面获得必要的资格来适当解决当前阶段工业演化中出现的问题吗?我们过多抱怨工作技艺的缺点和工人的较低产量。这样的浪费,与由于不当的成本核算、漫不经心的组织、技术研究缺乏、无创造力的领导、低劣的销售、缺乏理念和理想所造成的浪费,是可以相比的吗?高度兴奋地竭尽全力设法调动劳方;不顾一切地使用史前方法集结劳动;紧张地尝试种种权宜之计;在新闻媒体面前、在演讲台上情绪激动,请求公众在惊惧中理解它的棘手处境;顽固地坚持套话和口号,就像只有依靠教条才能得到拯救;渴望地把目光投向大洋彼岸,但几乎找不到什么安慰——对于当今管理方的描写不是还经常地给我们这样一幅画面吗?难道这不正说明,尽管管理方正在从沉睡中醒来,但仍然有待提高自己的能力,形成自己的信念、知识和理想吗?

作为更高层级的管理人员,我们能够采取什么步骤来获得知识、应用知识,并且激励下一代改进我们的遗产呢?对我们很多人来说,学习是一件过去的事情。我们满足于我们能够及时了解报刊信息。我们几乎丢掉了集中学习的习惯。我们的确不可能在大学中再重新学习一遍。那么,我们能做什么呢?我们必须阅读。我们必须去听演讲,并在自己的工厂里组织演讲。我们必须与其他公司的执行官进行交流,与越来越多的、无论从理论上还是从实践上看都正在从外部给工业带来相关重要信息的人们进行交流。我们必须参观其他工厂,注意其他工厂中人们的方法,与他们交流经验,讨论彼此的问题。

我们必须与聪明的工人商谈,与领班讨论我们所遇到的困难,倾听思想家们对工业未来的看法,尤其是在他们的看法和我们的看法完全相反的时候。首先,我们必须意识到我们的需要以及无能的不利后果;然后,培养追根究底和渴望提高的心灵。我们决不能满足于已经知道的东西。我们需要减少未经思考的行动,需要更多的真正建设性的思想。我们过于被常规事情的镣铐所束缚。我们必须脱离这些束缚,每天抽出一部分时间用于学习和理论思考。我们已经把自己的日程安排得太满;我们必须跳出工厂,从外部观察我们自己。我们必须在我们的组织形式中为思想留出余地。我们必须为研究和调查留出空间，用更多的时间去消化研究结果。只要我们的人生视野仅仅是明天的工作，我们的进步就只能是间歇性的、困扰于冲突、没有愿景的引导。我们的无知与其说是源于缺乏主动学习的意愿，不如说源于缺乏学习的机会。我们必须给自己创造这种学习机会。

对于那些愿意跟随我们的人，我们必须坚定地为他们提供可能的最好的培训。对上过大学的人的陈旧偏见——常常不是没有一些理由——必须加以摒弃。我们必须认识到大学及其毕业生都发生了变化。越来越多的上过大学的人正在工业领域找到自己发展的道路，或者正在工业中开辟自己的道路。[1] 还有更多的人们正在从外部研究工业问题，其中的许多问题都与劳方的事业有关，这难道不是对管理层的一个意味深长的批评吗？大多数大学开始满足工业管理方向的学生的需求。理想的培训可能就是实践经验与理论学习的结合。在中学生活结束后，紧接着的应该是在大学培训两年，第三年开始在工厂里积累工作经验，第四年再回到学校完成最后的课程。如果可能的话，对年龄偏大的人们来说，保证其接受为期一年的大学集中培训，会取得很好的效果。人们期望我们的大学尽快为那些需要根据自己时间进行学习的人们做好准备。[2]

无论在大学里学习，还是自己学习或寻找机会学习，应该学习

---

[1] 1920 年，大学选派委员会为 108 家商业公司选送了剑桥大学的毕业生，参见《商业组织和管理》，1922 年 1 月。

[2] 这个想法是由已故的圣约翰·西斯先生在曼彻斯特技术学院的一次演讲中提出的。参见《工业管理演讲录》，1919 年。

的科目是什么呢?

首先,对于通识教育的价值,人们估计的再高也不过分;这主要并不是因为它给予学生的知识,而是因为它教给学生一种"开放性的态度"。自然地,培训效果取决于个人情况。"培训总是会对在自己的工作领域里具有一定能力的普通人产生最大效果,而对于通过培训能够学会如何最充分地运用自己能力的人,则效果更大。"[①]

一般能力主要通过通识教育进行提高。这种教育的方法比教育科目更重要。重要的一点在于,应该使学生在观察、推理、从给定事实中得出结论、平衡论点的正反两方面、在任何情况下都能抓住事物的优势或弱势等方面,能够更加充分地运用自己头脑。一个人学习的是语言还是数学,相对来说并不怎么重要。要紧的是他在学习过程中应该增加自己的适应性、才智、心理平衡和首创精神。

以通识教育为基础,应该建立起来的是与管理直接相关的培训科目的课程。某些根据工厂产品所进行的技术培训,对那些直接负责制造的经理来说是必要的,但是,如果把这个人从实际的流程控制中抽离出来,产品技术对他的重要性就降低了,与此同时,他对于管理技术的需求加大了。例如,对人事经理或运输经理来说,分别掌握劳动管理和运输管理的技术是最重要的,而了解饼干生产技术则是第二重要的。管理科学被阐明得越详尽,那么,管理科学的技术完全不同于任何特定工厂的技术这一点就变得越清

---

① 见圣约翰·西斯先生的演讲。

楚。因此，在执行官的培训过程中，我们应该认识到，在他们应该学习的内容中，了解特定工厂的特殊流程，是不那么重要的。

可以认为，在任何培训课程体系中，无论是通过个人的自觉努力，还是作为标准课程的一部分，有四个科目是不可缺少的部分，它们是：(a) 工业历史、(b) 经济学、(c) 企业伦理和(d) 管理科学。

学习工业历史、特别是上个世纪的工业历史，对于正确地思考当前问题是必要的。的确，对于当前的问题，历史决不能作为一位确实可靠的向导起作用。历史的相似性并不是证据。每个问题都有其独有的特征，而这要求按照它的特点来对它进行思考。但是，历史提供了必要的背景，并把各个历史事件放到了它们自身的真正范围内。它提供了尺度和一种相对价值感。它显示出促使今天那些问题滋生的力量。例如，工会并非是这一代的一种现象，不能被看作这个时代的突出的赘生物。只有研究工会的过去，才能理解它的当前状况。还有，建筑行业的历史，是形成今天这个行业的态度的关键。如果没有广泛的工业历史知识，管理就容易只被当前的形形色色的情况所影响。

再者，学习经济学，无论是在抽象思维领域，还是在现代工商业应用活动中，都是十分重要的。工厂的董事和经理们，每周、每天都在讨论问题，这突出地使人想起演讲室和大学。需求问题、价格问题、工资问题像在教科书里一样被讨论。间接来说，经济学原则处处都被视为与福利工作、惠特利委员会、工资制体系、产出和成本问题相联系。亚当·斯密的劳动分工论、马尔萨斯的人口论、李嘉图的地租论、穆勒的价值论、杰文斯的统计学等，所有这些在任何现代工厂的理事会议室和办公室都找到了它们的现代的和经常是无意识的倡导者。如果关于市场、生产成本、价格、需求、边际效用等所有这些涉及政策制定的事情，都充分地建立在经济学原则的基础之上的话，那么，就能够在每次销售战役打响前将关于这些问题的讨论提高到一个更高的水平。

还有，那些从事于控制和指导工业的人们，应该理解我们称之为企业伦理的重要意义，这一点是非常必要的，正如圣约翰·西斯先生将企业伦理定义为"企业与人类福祉之间的关系"。对于这个问题究竟包含什么，没有比西斯先生的论述更好的了。他说："从广义上来说，企业伦理是对财富、物质事物与人类的精神本性之间关系的研究或对与财富相对的福祉问题的研究，以及对企业的精神目标和理想的研究。这涉及对当今时代普遍提出的如下要求的研究——企业的根本目标在于为公众提供民族的精神生活所必需的物质产品。它还包含对有些人提出的必要花费和奢侈花费之间的区别的研究、对奢侈和精神福祉的关系的研究。它包含着对在现代人们为了劳方的利益所提出的精神理想的研究，以及对闲暇和教育在这种精神理想方面所起的作用的研究。它还包含着对如下问题的考虑——企业职业是否能够被看作是精神意义上的职业，为了使职业的意义能够有自由发挥的空间，企业结构需要做出什么样的改变。如果哲学意味着对事物的意义进行不懈的执着探索的话，那么，这个最后的研究问题就是哲学的一个分支；如果宗教意味着探索生活的精神价值的话，那么，这一研究就可以被真正称为宗教学的一个分支。"

他继续说道，"因而，在这种意义上，我赞同那些主张下列观点的人们:脱离开哲学而研究经济学是充满风险的,而且,如果没有对什么是生活中真正有价值的事情的研究,就不可能有对财富生产的真正研究。"①

这的确是我们的管理实践赖以建立的根本原理——哲学原理的研究。但是,对于那些从事工业的人们来说,认真思考管理的伦理意义并不是一个纯粹的学术追求。它意味着形成关于工业在社会结构中的地位的一种清晰判断。它也意味着对个人目的的追问,心灵的追寻,对物质事物和精神事物的权衡,对当前的事情和终极的事情的权衡。对一个决心从伦理观点证明他对工业的态度是正当的人而言,这些都是必然要加以思考、解决的。在所有的人类活动中,问题起因于我们的目的和结果,而答案则隐藏在我们关于整个生活的哲学之中。然而,在构思这种哲学的过程中,我们不能以个人的倾向或偏见为引导,而是应该以通过广泛而精深地阅读、努力地思考和诚实地接受经验教训所获得的深刻知识为引导。对管理来说,伦理学与经济学同样不可缺少。它们一起为管理提供了一种前后一致的哲学。随着我们的知识和思想的扩展,我们作为一个管理者团体所必须引导的工业发展的目标就变得更加清楚,工业的目的是某种比纯粹的商品生产更加高尚的事情这一点也变得更加清楚——这个目的是如此高尚,以至于使我们的日常任务充满了新的精神,使我们的努力充满了新的热情。

最后,高层管理者必须致力于管理本身的学习——他的专业

---

① 约翰·西斯:"工业管理培训",在曼彻斯特技术学院的一次演讲,1919年。

技能的学习。他必须学习以下各个领域的理论与实践:组织领域;商业和工业法律;银行、金融和保险;成本核算、研究和统计;标准及其应用;计划系统;工厂安排和位置设定;促销和广告;办公室日常事务;交易管理;应用心理学;人事管理。当然,管理者将专注于学习他所直接从事的管理分支,但是,他具备的其他分支的知识越广,他提供的服务将越有效。也许,既然工业的高层管理越来越与人员关系、领导能力以及合作相关,那么,他将更加特别地集中关注人的各种因素。他将研究工资体系和收益分配计划、福利工作、疲劳和单调的影响程度。他将研究支配工业与国家、工业与工会、工业和消费者的关系的各种原则。他还要研究劳动时间的问题、民主控制的可能性、以及失业和生产率问题。

一般说来,如果我们打算了解自己的职责范围,我们就必须研究管理的每种职能。在这方面,美国人的许多思想和经验都可以进行详细研究和吸收。我们不能允许对"效率"的任何偏见阻碍这项研究。我们在批评之前必须了解,在建构之前必须吸收,这意味着要详细、全面地研究来自大西洋两岸的管理理论和实践中所有最好的东西。

我们现在可以考虑对管理方中领班人员进行培训的必要性。

职能链的组织涉及对领班职责的再造。当职能链改变了领班的职责时,对他的资格要求也会发改变。泰勒关于八个具有同等地位的领班负责车间的观念,我们可以认为在英国工厂中是不可行的而加以抛弃,同时,领班作为车间独裁者的那种传统观念也一定过时了。我们必须在这两种方式之间找到一种可行的折衷办法。无疑,在管理团队需要与工人发生不断的日常联系的情况下,这种联系必须通过一个个体中介——领班。对于工人来说，领班必须是管理的综合代表。把领班看作是一个纯粹的独裁者已经不可能了。制造过程已经变得如此具有技术性质、工作计划也如此细致、对劳动的控制与除自己以外的其他人的关系如此密切，以至于这些方面的进展和其他进展，使得领班需要由管理的不同领域中的合格专家进行援助成为不可缺少的事情。因此，领班的新作用的本质，如同经理的作用的本质一样，在它们影响车间或部门的一线员工的范围内，也是职能活动的协调。但是，与部门经理为了最好的部门管理所进行的职能活动的协调不同，领班对职能活动的协调是为了保持他对工人的单一领导。他的工作是在各种职能之间、在各种职能与他的领导能力之间保持一个真正的平衡，并且在直接影响他的员工的那些活动中担当所有职能的代表。因此，在过去，他的主要职责在于保持对工人的控制，现在，为了保持对工人的控制，他必须作为众多职能和工人之间的中间人而行动。

在过去，工业管理很少考虑领班职位问题。它没有努力去界定在现代管理的新情况下一个领班的实际职责和资格，也没有努力去确定培训和选拔领班的方式以及领班与管理方其他部分之间的关系等问题。很明显，人们还没有认识到过去的领班职位，完全落后于工人的精神状态的变化，对于说明高层管理的政策和构成已经是不适当的。因此，几乎没有人去尝试训练能够应对新情况的具有不同资格的领班。组织的每一种改进都涉及对领班职位的内涵的重新认识。例如，如果我们引进一种计划系统、一种研究组织、一种修订后的成本计算或者库存系统，我们就必须考虑，作为这个新方案的一个极其重要的部分,将必需在领班的职责和作用方面做出什么样的调整。在现实中十分经常的情况是,人们没有进行任何这样的考虑便实施上述方案,结果是把领班置于不知道自己的作用的尴尬境地,因而使得新方案的执行面临种种困难。如果说,在过去,强加给领班的职责任务太多,结果导致不可能实施科学的管理方式,那么目前所出现的那些新情况,甚至是打算从根本上解放领班的那些要求的出现,是否将有益于和谐管理,也是不清楚的,除非根据这些新的情况而对领班的职责和地位进行明智和及时的调整。从技术的角度来说,对于较高级别的管理层而言,如果领班没有在相同的方向上以相同的速度前进,那么,推进科学效率这样的事情就显然是危险的。我们经常倾向于批评领班在引进新方法的道路上充当了绊脚石的角色,其实,我们自己应该负责。我们在引进新方案的时候,并没有事先向他们解释,获得他们的支持,明确他们的职责和所处的位置。在没有改变铁路道岔的情况下,人们不能改变火车的轨道。

在以往的情况下,领班的职责是不适当的,这几乎不需要说明。卡森先生描述了在旧的组织形式中领班的职责——负责产量、使大家遵守纪律、为人们安排适当的工作、确定工作速度、支付薪水、解雇无效率的人、分配工作、获得原料、设立工作岗位、培训新工人、阻止偷懒行为、安排维修、做记录和统计,等等。① 这简直是一个工业大力士的工作。结果是,许多工作并未完成,而所完成的工作都是以不科学的方式进行的,许多工作是表面文章、马马虎

---

① H.N.卡森:《工厂效率》,效率杂志出版公司。

虎地完成，许多工作是为了得到管理者的满意而进行了"伪装"。然而，最突出的后果是领班变成了承担多种职责的一个职员。他被给予了一个办公室，花费大量时间从事超出了他的经验和训练所能允许的工作，常常从事一名低层次职员比他更能胜任的工作。他被期望成为一名老师、统计学家、心理学家、工程师、技术专家、职员，特别是成为工人的领导者。在工业的发展既不受科学、也不受理论的影响而仅仅靠努力的时代，一名领班尽最大努力去执行各种混杂的职责，可能是胜任的。但是现在，要依照科学时代的标准执行如此混杂的职责，则是完全不可能的。众所周知，为了完成这些职责，领班们已经做出了勇敢的尝试。在过去，他们被认为是、也的确是不可替代的，因为很少有人能够跟随他们的脚步。英国的领班，作为一个层级，在现在的工业中可能是最坚定的要素，但是，如果他们继续走在原有的道路上，他们就将面临一个没有希望的未来。

如果领班的作用仍然主要是过去的那种作用，它最终将会失败，因为它身上背着管理部门所加给的各种负担。"科学管理"的倡导者坚持认为，当前管理方法的错误是把每一件事情都交给"工人去做"，而管理部门则逃避了它的真正职责。至少同样真实的是，领班承担了太多的职责，而管理的剩余工作则轻松自在。我们期望，当需要与工人联系时，处于管理层底部的领班们，既具有管理层的智慧，也具有管理层的机体。我们高兴地看到，除了一些疏忽以外，企业管理的费用是很低的，然而却没有注意到，这是由于我们的领班正在从事大量的职员工作和行政工作，而这会对管理、领导能力、培训和车间员工的士气造成损害。我们十分关切地看到了在劳动力领导方面的内在困难,却很少认识到,由高层管理部门承担合理的和科学的职责,可以减轻领班的过多负担,可以使领班的任务变得更加容易。的确,劳动力不是由董事会直接领导的。但是,只要领班被束缚于已剥夺了其真正的车间领导机会的那些职责上,如果在他的员工中滋生出怀疑和不满的话,我们只能责怪我们自己。忠诚是密切合作的结果,当领班在办公室从事资料统计,而他的工人完全按照个人选择干多或干少的时候,密切合作的局面就不会形成。

如同管理正在发生变化一样,领班的作用也必须发生相应的变化。重要的一点在于,应该以一种和谐连续的方式对领班的作用做出改变,这是必需的。

因此,当谈到"领班"时,我们应该清楚我们所指的是管理层的哪些特有层级。作为一种一般的称号,"领班"这个词并没有传达出确切的含义。在一个工厂里,领班可能直接负责一个工序;在另一个工厂里,他可能与其他领班一起负责几个工序;在再一个工厂里,他可能被任命负责某项技术,有一到两个人归他领导;在又一个工厂里,他可能在实质上控制着一个部门的各种工作。在这里,如同对工厂的所有活动一样,我们需要一种标准的术语。困难的根源在于不科学的组织活动。由于我们没有确定职责,我们就不能确定称呼。尽管他们的职责发生了变化,但由于他们没有那种被模糊地归之于"经理"这个头衔的身份,人们仍然把他们称之为领班。在头衔方面存在着这样的不明确,是一个混乱的组织的明显标志。我们之所以满意,是因为"它在起作用",但是,它之所以能够被看作是在"起作用",或者是因为我们的任务标准低,或者是因为我们的职员,为了实现一种特定业务的需要,在积累了长期的经验之后,显示出一种自我适应的能力。在一般的企业中,新进来的人员可能会完全无所适从,他花费几个月的时间才能确切知道某些职责究竟由谁承担。实际上,毫不夸张地说,每一位官员的相当一部分办公时间都被用来发现人们之间职责的分配或纠正自己在这方面的错误。他浪费时间去发现其他人的职责,以便能与其他人的工作相一致,而不是去履行自己的职责。

然而,一个领班的根本特征是直接领导他的员工。当然,根据所控制的员工人数和所执行的工作的复杂性,领班也分为不同的层级,但是,在领班和那些并不直接管理员工的职员之间,总是能够找出非常清晰的区别。例如,仓库管理员、考核员、检查员或工资职员等,虽然他们的职责也包括亲自到工作车间现场去,但是,在严格意义上,他们并不是"领班"。

因此,领班的职责可以被概括为监督和领导工人的工作,在车间中创造合适的氛围。然而,领班无法代表没有领导精神的组织而从事领导工作。尽管在实际上,领班单独管理手下的工人并且天天指导他们,但在一定意义上,整个管理层才组成了领导者机构。太常见的现象是,领班从事于提供收益、制订工作计划、制定工作的详细说明,以及面试工作应聘者。这不是领班的作用。领班的作用是对工作进行监督,并且营造一种车间精神,这种精神是精力充沛、令人信服的领导能力的结果。人们经常把这些方面看作是管理一个车间、部门、工作间这种一般业务的附属部分。然而,我们自己必须确信,这样的工作不是附属的,而是主要的。世界上所有的机器、人们的智慧可以发明的所有工资激励机制、效率专家能够提供的所有工作安排,都不能创造出使工厂充满活力的那种热情的、坚定不移的、勤劳的工作动力。领导活动是对工作和忠诚的巨大激励,它使人们为实现某种难以表达的事情而付出最大努力,它通过结合人们的能力而创造出一个团队,它消除人们的不满和怀疑,建立起一种集体工作精神。

领导者的形成,是人们的自然能力和这种能力的后天发展相结合的结果。对于一个人来说,"天生具有领导者的特质"通常比天生的才能对于他的成功作用更大。我们在工业领域中有"名望很高的人",但由于缺乏努力、机会和培训,他们仍然是不重要的。领导的才能需要在它被运用的领域中得到发展。一个天生具有一点领导天赋的人并非必然能够成为优秀的领班。因此,我们必须确定一个领班应该拥有的基本素质。

在评估领班的资格时,制造过程中的技术已经占据太大的地位。领班应该同时使自己成为一名技术员和一名领导者的时代正在成为过去。工业正在变得越来越技术化。制造过程正在成为工程师和化学家的领地。如果领班还要当一个领班的话,就不能与技术过程的复杂和深奥进行竞争。戈斯特先生谈到福特汽车公司时说:"这家令人惊奇的公司拥有专业化的生产方法,要求领班人员成为任何特定领域中通常意义上的技术骨干,已经在根本上是不必要的。"[①]技术能力并非是领导能力的保证。最好的工人绝不必然意味着是最好的领导或最好的老师。在这个意义上,对于要

---

① "领班的选拔与培训",T.戈斯特先生在工业科学发展协会上宣读的一篇论文,1919年1月。作者来自福特汽车公司,系工业科学发展协会副主席。

做什么和怎样做有一种明智的理解，通常就足够了。

在领班必须具备的能力中，首要的能力是被称为首创精神或进取心的敏锐特性——心灵总是敏捷、热情、有理解力、渴望努力、不畏困难、充满"完成工作"的动力。它把自信、可靠、勇气、智谋、毅力、人格、常识结合在一起，把它们熔铸为一个令人信服而强有力的整体。第二位的能力，由于缺乏一个更好的词，可以把它称之为"宽广的心胸"——包含正义感、可教性、机智、同情心、对人性和道德动机的了解、开放的思维和得当的行为举止、以及同其他人一起工作、领导其他人的工作、在他人领导之下进行工作的能力。第三位的能力是对管理技术的知识——对经济学、管理的科学方法、职能组织及其含义、劳动力管理的知识。最后一位的能力是实践技术能力，既包括手工操作的技巧，也包括专业化的行业知识。

显而易见，我们正在假定一种近乎尽善尽美的事情。不过，树立指导我们选拔领班的某种理想是必需的。而且，考虑所选拔的个体在多大程度上能够经过培训而获得高于领班的能力，以及我们将在多大程度上为他们提供发展的手段，也是重要的。

那么，我们到哪里去寻找理想的领班呢？我们可以等待自然产生的领班，或者我们可以培养领班。如果我们不选择后者的话，我们可能只是徒劳地等待。换句话说，我们必须对拥有足够的整体能力和一定程度天赋才能的人们进行培训。因此，选择正确的培训对象就成为第一步。管理者应该注意车间里表现突出的工人，他们在智力、首创精神、可靠性和品质上都优于其他人。在这方面，负责雇用员工的经理应该提供协助。

对领班的实际培训和对管理层中高级官员的培训，在本质上几乎没有差别。如果我们对领班的选拔是明智的，那么，无论如何，我们都可以期望他们中的一部分人员最终有资格承担经理的职责。因此，对他们的培训应该成为迈向我们所提到的高级官员培训的一个自然阶段。首先，它应该包括那些有助于培养广阔心胸的所有科目。以往对高级官员的培训，通常就是为了形成他们看待事物的广阔视野而进行的。而对领班的标准培训却不是如此。他受培训的领域受到了限制，他的机会也受到了限制。对高级官员来说，管理技术培训是头等重要的事情；对领班的培训来说，全面拓宽他们的视野则是第一位的。这包含的一定程度的通识培训。但是，要拓宽视野，广泛学习技术科目与广泛学习通识科目同样重要。工业历史学习对于获得适当的背景是必要的。到目前为止，如果适当地教授的话，历史是培养判断力、心理平衡以及广阔的人性视野的最好科目。经济学也是必要的，对它的主要理论的无知，对于形成广阔的工业视野是一个无法跨越的障碍。此外，学习经济学，可以开发推理、正确判断、平衡论点的能力，这些因素是形成正义感的基础。心理学也是必须学习的——更多的是学习处理工厂人际关系的日常心理学，而非高深层次的科学家的心理学。我们还必须认识到，个体精神，以及致力于共同事业的集体精神，向我们提出了深刻的问题，这是一个到目前为止还很少有光线照耀的深渊。在我们能够获得对存在于人们之中的这些因素的理解之前，我们还有很长的路要走。正是这些因素，导致了他们在一定情况下采取一定的态度，几乎迫使他们结合在一种非自觉的观念或信仰之中，激起了他们的模仿倾向，引起了他们对某些处理事情的方式的特定反应,引导了他们的脾气和情感的难以解释的倾向。这种车间心理学必须是领班学习的一部分。个人或群体的心态,对具有理解力、洞察力、同情和知识的领班,比对科学家、工程师或经济学家所提供的手段,将会做出更加确实的反应。领班的这种作用,只有通过对男人和女人性格的充分理解才能获得。

进一步说,领班需要经过企业精神的培训。作为管理的整体机构在车间的代表,他们应该向工人指明整个组织赖以立足的核心之处,这一点十分重要。对于领导者来说,如果他们用不能够在车间中得到回应的动机鼓舞自己,那么,一切都是徒劳的。领班应该了解公司的历史,熟悉它的产品、工作方法和它的声誉。他们应该能够采取更加宽广的视野,而不是局限于可能由自己在组织中的直接地位所产生的狭隘视野。他们应该被训练和鼓励去获得那些鼓舞着企业政策制定者的理想和方法。企业领导者由于进取心、高尚的道德标准、信誉精神、服务理想而在他们的政策方面表现突出,这些品质也应该同样鼓舞着领班。董事会会议室的气氛应该就是车间的气氛。

同样地,领班也需要实际的管理技术培训,包括个人方面和非个人方面的培训——成本、标准和记录的意义,计划、控制和相应机制的必要性,工序研究的作用,制定劳动额所依据的原则,雇用、维持和解雇劳动力的方法,选拔和培训的心理学,健康和安全的重要性,工厂理事会和委员会的地位。这些科目是领班在与各种职能官员打交道时所需要的科目。当然,这些科目也是关于通向高级职责位置的途径的知识。

最后，领班必须构想出他的任务哲学。他必须决定是把他的工作看作是服务于同伴的一种慷慨努力，还是看作一种对自我私利的追求。他必须考虑自己的动机，并且追问自己，这些动机在企业的日常运转中能在多大程度上实现。为了他的最好自我的根本实现，他必须为他的工作找到一种伦理基础。每一个领班都应该被鼓励将他的管理看作是公众服务的一个重要部分。在他领导之下的工人所听从的是他作为一名公共托管人的安排。每个工人都是一座具有无限潜能的宝藏，开发它们的权利已经被委托给了领班。他处于他的同伴之中，负责指导他们的福利和运用他们的努力。领班的职位要想做得出色，那么，这种职位就必须超乎处于次要地位的困难和权力利益之上，用极大的责任心全身心地奉献于果断的领导和有力的控制。

然而，对一个理想领班的培养，并不完全由领班自己决定。它需要高层管理者做出某些考虑。管理层作为一个团体，在把领班当作它自己公司的成员这一点上进展缓慢。许多尽责的公司已经在追求一种令人钦佩的劳动政策，但仍然忽视了它的领班。它既没有为他们提供工人所能得到的利益，也没有明确地把他们纳入到公司的管理层。领班是管理层所不可缺少的一部分，对这一事实的充分认识是培养领班的第一步。公司应该利用每一个机会与领班就部门政策事宜进行商谈，而反过来也应该鼓励领班在他们自己之间举行定期会议。社会职能所允许的自由交流应该得到促进。我们不断需要在俱乐部或会议上会见我们的领班，和他们一起运动、消遣和娱乐。我们应该帮助他们在会议上与工人畅所欲言，和他们讨论工厂委员会的议程，并且一般来说，形成一种他们也认可的应对问题的管理态度。

因此,我们应该制定明确的领班培训课程。指定一个心胸开阔和受过良好教育的人协助接受培训的领班,这种花费将会得到很好的补偿。他将建立用于学习和讨论的俱乐部,组织演讲、辩论会和公共会议。他将在工作日以及工作时间之外安排上面已经提到的那些科目课程,亲自给领班讲课并且从有资格的职员那里获得帮助。他将鼓励每一个领班对同伴演讲自己的主题。他将在班级之间安排友谊性质的竞赛。他会安排班级去其他公司、展览会或其他令人感兴趣的地方参观。他会通过让大家写和说而培养他们的自我表达能力。他会让领班传阅演讲的总结、阅读的书目以及从当前工业和经济杂志上所提炼的内容。他将为有资格成为领班的人和已经获得任命的领班提供课程。他还会为最合适的候选人做出推荐,并通报他们的个人能力。在他的培训中,他会根据学员的水平、部门、兴趣、气质和能力,把他们划分成"学习小组"。他也许会把学习小组限定到12个人,并设立"组长"。每一小组将在他的领导下控制自己小组的学习;每一小组将会有自己的远足和旅行,将会在一个友好的氛围内定期会面并讨论自己小组的主题,将会让大家大声读书或者安排一些成员在会议上朗读。这样密切的培训形式对已经被任命的领班比对领班的候选人更加必要。前一类中的大多数人已经超过了他们的青年时期,对于到学校接受教育有一种自然的反感。他们只会对友善的和轻松的教育做出积极反应;在教室的气氛中那种老套的班级学习,不会取得成功。有一点也很重要——要让领班们都知道,高层管理者支持这样的培训。如果培训与选拔和提升有关的话就可以确保做到这一点——

选拔和提升不是通过考试,而是通过领班在培训过程中表现出来的兴趣、热情和主动性。①

有一点很清楚,如果没有开明的领班的作用,现代工业就不可能被有效地引导。无论高层管理如何有效,除非在管理层与工人进行直接和不断接触的地方,作为代表管理层整体的领班既熟悉高层管理者的政策和方法,也了解工人的思想动态,否则,高层管理的结果大部分都必定是非建设性的。对领班的适当培训并在工厂组织中确立领班的适当作用,是促使工业更加有效和稳定发展的任何努力的一个必不可少的部分。

伴随对高层官员以及领班的培训的讨论,考虑工业中职员的培训和地位将是适当的。② 工业总是对它的职员存在怀疑。对工厂的工人来说,职员总是有点像寄生虫,对管理者来说,职员则有点像是无法避免的讨厌的人。粘附在管理层的边缘,同时受到工人的束缚,例行公事的职员被双方所忽视。他摔倒在两条凳子之间,被坐在凳子上的人们所践踏。在目前的研究中,有上千种著作和文章是讨论工厂劳动的,而其中只有一到两种是涉及办公室劳

---

① 读者可以参阅以下关于领班培训方案的例子:
(a) 奥德韦·蒂德、H.C.梅特卡夫:《人事管理》,第 12 章,麦格劳—希尔图书公司,1920 年。
(b) 联邦职业教育委员会:《领班培训课程》,商业和工业系列,第 7 卷,第 36 份报告,华盛顿,政府印务局,1920 年。
(c) C.W.克拉克:"领班及其培养",载《工业管理》,1920 年 8 月;"领班的资格",载《工业管理》,1920 年 3 月。
(d) 国际收割机公司所采用的"领班培养课程计划",芝加哥,1920 年。
② 接下来的这些关于工业中职员作用的注释,是以本书作者从 1920 年 3 月到 9 月发表在《组织者》杂志中的一系列文章为基础的,并且在有些地方重复了那些文章。作者在此对这个杂志表示自己的感谢。

第七章　工业管理培训

动的。然而,有一个大致的估计表明,在从事小商品生产如各种食品生产的工业中,除了经理、秘书等人之外,有10％的人员在从事办公室工作,甚至在制造大件商品如机车或汽车的企业中,职员的比例也在4％到6％之间。我们再也不能忽视工业中这部分人的作用了。

这一问题自然是对讨论工业管理所必需的培训和资格问题的补充,因为可以确定,管理效率在未来必然不仅需要更多的办公室工作,而且需要更高层次的办公室工作。我们将不得不修正关于办公室劳动与体力劳动的关系的观点。F.E.卡度罗先生在几年前写道:"对于使用间接劳动的一种新态度,是许多车间获得更高效率的一个先决条件。"如果车间的效率被损害,那么,低廉的间接劳动成本也没有优点;如果我们的领班和经理投身于他们工作领域之外的办公室工作而抑制了他们的真正职能,那么,就算办公成本低廉,也不值得自夸。组织职能形式的发展已经证明了对更大量的和更高标准的办公室工作的需要。计划职能和比较的职能在性质上主要是办公室的职能,而设计、装备、劳动力人事和运输等职能则涉及比我们以前所想象的更大比例的办公室工作。为了认识到这一陈述的真实性,我们只需要考虑不断增长的对统计学、记录和图表的使用,以及在工资计算、计划数据、雇用工作记录、制造过程的标准操作、成本计算等方面不断增长的复杂性就足够了。

因此,显而易见,根据新的发展,必须把新的内涵赋予"办公室职员"、"办公室工作"这些称呼以及"办公室"这个一般称号。常规的办公室工作正在越来越大的程度上变成机器的运转和妇女所从事的工作——对妇女而言,并不是因为她们在能力方面有任何欠缺，而是因为她们为工业服务的正常期限大约在24岁或25岁时就结束了。现在，我们正要求男性职员所从事的工作达到更高的水平。所谓的"文书人员"时代正在成为过去，因为职员的工作现在变得更加专业化甚至更加职业化了。从事成本计算和计划工作的职员显然需要比处理例行公事更多的能力。随着促进职能的发展，办公室工作正在迅速变成通向管理职位的阶段——不是制造部门的管理职位，而是辅助制造工作的那些职能活动的管理职位。实际上，现代的发展表明，在未来的工业管理职位中，大约将会有50％的职位需要由在各种分支领域中接受过培训并且合格的人员来充实，这些分支领域包括统计、分析、调查以及协调等，这些都是职员的工作。这种趋势把职员的工作置于新的视角之下。为了胜任自己的工作而武装自己，职员有义务把他的工作看作是职业性的，并且有义务为了学习而做出职业人员在年轻时必须做出的牺牲。对雇主来说，他有义务为职员的学习提供手段、机会和激励等条件，并且随后为那些通过自己的努力和勤勉而胜任担当新型管理工作的职员，提供职位、责任和报酬。

我们依然束缚于"办公室"概念所传达的旧观念。它现在的作用是误导性的。根据最近的发展来看，办公室与工厂之间明显是紧密关联的，所以，对于它们所作的区分是错误的。在从事成本核算、计划工作或统计工作的职员与从事账目分类、订单联络、清单开具工作的职员之间，没有共同的联系。从工作的角度看，它们是分离的。因此，我们必须依赖于把办公室的工作职能化——把从事计划工作的职员归属在计划职能之下，把从事成本核算的职员归属在比较职能之下，把从事账目分类的职员归属在销售职能之下,把管理钱款往来工作的职员归属在财务职能之下,把管理工资的职员归属在劳动力人事职能之下,把管理采购的职员归属在设计职能之下。不能再坚持旧的"办公室经理"观念了。既然某些职能在性质上明显地几乎完全是办公室性质的,每一种职能就要负责它自己的办公室工作;否则,职能化将归于失败。职员的未来在于最近的职能化发展的方向。商业职员将会发现自己的工作越来越多地被机器设备和女性职员所代替。将来,大多数男性职员会出现在成本核算部门、雇用部门、计划部门和运输部门的工作岗位上。

因此,我们必须认识到,职员的选拔和培训与管理方法的成功密切相关。未来的管理人员,除了制造部门的直接管理人员以外,将从两个主要来源中获得——首先,为了更多的诸如研究之类的技术性职能活动,从技术类大学选拔人员;其次,为了更多的诸如计划和比较职能之类的统计和协调活动,从新型的职员队伍中选拔人员。因此,未来的选拔工作应该包括像选拔公务员一样的某种形式的考试,这种考试与人们在不同年龄离开中学和大学时通常所取得的教育水准有关,不仅包括统一的历史、地理、英语和数学等考试,而且包括对候选人的商业能力、有序工作感、主动性、运用实用性理念的能力的全面考察。甚至可以设想,如果职员被高度有效地组织在对职员应该做什么工作具有高水平的概念和明智的预见的一个职业团体中,那么,他们自己会为他们的职业建立起合乎资格要求的考试。

此外,在现代条件下,对职员的培训要求新的内容。我们需要在某种明确的职员分级基础上建立一个学徒身份系统。我们必须做好准备,不仅为了允许并鼓励职员参加由若干大学和函授学院提供的成本核算和其他课目,而且为了在工厂中对他们进行培训。公务员培训所确立的重点有理由值得注意。1920年由联合委员会所提出的分级标准,针对即将就任执行类别职位的人们,设定了一个培训阶段,规定"在雇用期间,这个等级上的官员,应该在他们被任命的部门或分支的所有领域的工作方面,得到尽可能广泛的培训"。[①] 还有,对于行政类别来说,必须先经过被称为训练营的阶段,然后再从培训之后的人员中为了高级行政职位作出选拔,在工业中,我们需要某种类似的系统。如果我们的职员将在未来占据重要的职能岗位,我们必须为他们提供机会:不仅提供一般的素质培训机会,而且提供他们在许多工作领域中获得经验的机会。我们完全可以把上述"公务员报告"中所提倡的"中央统一安排"的方法运用于工业目的。它所说的这个"统一安排",是为那些虽然适合于进入执行类别班子、但在他们的部门中无法找到机会的职员提供安排。工业领域中部门之间的人员交流与政府服务部门之间的人员交流,是同样必要的。

在这一点上,无论对于培训还是对于人员流动来说,在工厂的教育系统的顶层,有一个明智而有远见的行政官员——他认识到他的培训系统对未来企业整体管理的影响程度——是一份无价的资产。几乎与对领班的培训一样,为满足新秩序而对职员进行培训,将是这一行政官员的最重要任务。的确,为了使职员能够在日

[①] 国家公务员惠特利委员会:"联合委员会关于公务员组织等事宜的报告",皇家文书局,1920年。

益突出的、已经高度发展的管理系统层级中承担合法的职位,对职员的培训是必要的,这也是对工业领域中如下趋势的必然的和实际的认可——打造一支接受过高质量培训和广泛教育的职员队伍,是有效管理所必需的。

第八章 结论

在本书这样的著作中,我不打算分析和评估人们所竭力宣扬的各种各样的方案,这些方案主张通过革命或进化途径把工业铸造为一种根本不同于当前状态的组织形式。在任何情况下,所有这样的方案都必定大部分是由梦想的原料组成的,因为,尽管在某些情况下它们可能直接以当今的充足事实为基础,但它们没有能够以任何可以设想的方式把客观状况和影响因素充分考虑在内,而这些状况和因素,在我们的万花筒式的社会走向即将到来的黎明时,将会对它产生影响。对于那些把自己定位于设计未来的工业形式或构想工业未来可能的景象的人们而言,所面临的问题不是来自逻辑的建构或科学的规划,而是来自对不能够预言的客观形势的不断调整和适应。这些方案的价值在一定程度上在于它们可能描绘了我们的理想蓝图,并因此也许能够指导我们取得进步。但是,就像乌托邦本身不大可能会成为现实一样,我们的进步也不大可能把我们引向任何可以预见到的希望的田野。

因此,尽管更加大胆和更加深思的人们的观点可能领先于时代,在我们面前树立起种种社会制度理想,在那里,现在的弊病将会消失;但其他人的观点为未来几代人所提供的礼物同样重要,它们在接受说它们是机会主义这样的指责的同时,只考虑预言在其

第八章 结论

中具有某种实现机会的那个领域的当前趋势。对这样的人们来说，对当前形势的分析为他们提供了广阔的天地，就如同未知的将来为另外一些人提供了广阔的天地一样。

在较广的意义上，目前的工业形式是由工业内部和外部的力量、趋势相互作用所决定的。工业外部的主要力量，当前似乎正在对工业结构的进化产生最大影响。可以把这些力量概括为以下几个方面：第一，国家行为，不是作为有组织的社会整体、而是作为社会组织形式之一的国家的行为；第二，以消费者和批评者为主体的普通大众的态度；第三，教育状况；第四，外国竞争和对外贸易条件；第五，金融状况。影响工业发展的内部力量主要包括，第一，劳方的地位和发展状况；第二，在管理、组织和制造技术方面的科学的进步。

除了在管理和组织方面的科学的进步之外，我们并不直接关心其他方面。在我们的演变过程中有一种稳定要素，即管理。无论是国家继续不断地加强对工业活动的限定，还是让工业自己开辟走向未来的道路；无论是外国竞争使我们不知所措，还是这种竞争迫使我们彻底重建我们的工业形式；无论是随着教育的进步，社会对于那些为了它而辛勤劳作的人们的责任意识不断发展，还是随着工业变得日益复杂，社会的这种责任意识变得更加淡薄；无论是生产资料将变成国有还是继续由私人资本控制——无论怎么变化，管理作为一种职能都保持不变。我们无论是采取工团主义的自我治理和"自我所有"观念、国家社会主义的"国家所有和政府管理"观念、基尔特社会主义的"基尔特管理和国家所有"观念，还是采取在当今俄国作为典型的苏维埃制度——都不会有管理在其中不能够大致发挥像在我们国家现行制度下那样的职能的工业结构。不可能设想有这样的工业结构。

工业重建的每一个方案主要关系到生产资料的所有权,然后只是作为这一问题的附带因素才关系到工业管理。无论工厂的管理者是按照苏维埃模式而由部长或"政治经济最高委员会"的地方代表所任命,还是按照基尔特社会主义者所设想的那样,由特定行业中所有从业者的代表(这些代表或者从事体力劳动、或者从事技术劳动、或者从事脑力劳动)所构成的国家基尔特所任命,还是如同在我们目前的制度下,是由私人资本所有者的执行代表所任命,这在本质上不会影响他们必须履行的职责。当然,每一种制度都会引起管理和劳动、管理和所有权、管理和国家、管理和有组织的消费者之间的不同关系,但是,管理的职能在每种制度下都是基本相同的。无论国家、基尔特还是工联主义者掌握最高指挥权,效率工程师都是必要的。管理方和劳方一样是工业的内在组成部分。而且,根据管理方的职能,它是工业中这样一种要素——无论出现什么变化,它都将负责带领工业之船在变化的风浪中前行。因此,建立起一个稳固的管理机构,是抵挡破坏性变化的最强大的保证。

直接展望未来,有两个主要的力量正在引起变化,是管理方必须去处理的,这就是劳方与科学。这两种力量所预示的变化越强烈,管理方对于工业之船的安全领航所承担的责任就越大。这两种力量的运动最充分地表明,工业之船在未来岁月必须穿越的大海将不再是平静的。劳方,作为这个时代的一种有组织的实体或一种起伏剧烈的运动,是与进步结合在一起的。由于对经济逻辑的限制感到愤怒,劳方把自己的信心建立在一种对社会的意义深

第八章 结论

远的道德重建之上。劳方正迈步走向未来，它深信，不管经济学家、统计学家和政治家的不切实际的观念如何，社会秩序的伦理原则的改变之日总会到来。劳方坚信这一点，这既不是由争论所确认的，也不是由经验所确认的。劳方坚持自己对新的正义世界的信念；它思考的是道德水准。它之所以相信进步，从根本上主要不是因为进步意味着更多的物质条件和更广阔、更高级的人类智力，而是因为进步指向了这样一种社会状态，在其中，支配社会体制和行为的原则不是建立在权宜之计或暴力的基础之上，而是建立在道德上是正当的基础之上。在广泛多样的趋向、多种多样哲学的令人眼花缭乱的运动中，劳方的终极目标已经清晰地建立起来。它的不满既不是心理的，也不是身体的，而是精神的。它要求一种持续前进的推动力，它憎恨一切退步和障碍。

科学同样充满远见的精神。它使每一个已经建立起来的范例经受不偏不倚的研究。它不断地改进制造和管理的方法。它推动我们追求越来越高的效率标准。它在混乱的地方提供秩序，在单凭经验方法的地方提供规则，在无知的地方提供知识。它筛查我们的经验，分析我们的实践，为我们的能量提供新的目标。它为我们的体力劳动发明机器，为我们的管理程序发明新的方法，为我们的组织设计新的形式。它进行试验、比较、测试、实施标准化、进行组织和重建。它认为没有最后的标准，没有不能够改善的完美方法，没有不可探索的领域。它把分析过程应用于生产中的物和人。它没有什么偏袒，而是整理事实、发现原则，然后毫不犹豫地应用它们。它提高产品的质量，降低成本，设计产品并对经济产生影响。它坚持认为效率不是关于消除浪费的消极意义上的美德，而是关于建立最美好的事物的积极的美德。在它自己的领域,它带来了一个同劳方的精神在人际关系领域中所带来的变化和进步一样伟大的时代。二者都不满足于现状,都坚持要求发展和创新。

就工业外部的力量来说,国家所实施的更大的调节活动、共同体的所有层级的人们对工业行为的更多的关注、一般智力的稳定提高、对我们国家的工业霸权的更大威胁,以及金融力量更加复杂化,甚或造成惊人的混乱——所有这些对工业的影响,至少预示着不断进步的变化过程不会停滞,也不会暂时延缓。

在这样的海洋中,所有这些力量的强烈运动掀起了巨大风暴,而管理方掌握着工业之船的舵轮。劳方在自身的构成和关系方面可以带来变化;科学可以在方法和材料方面带来改变,但是它们都不能够改变管理的职能。主管舵轮的人可能被替换,也可能被置于一个新的权威之下,也可能被全体船员看作是不同的人,也可能以不同方式使用不同的工具,但是他的职能保持不变;在每个可以设想的情况下,他的职能都是必需的。因此,我们应该发展出一种通过科学方式而确定并且被普遍接受的管理哲学、一套原则;因为它以终极的事情为基础,所以可以把它作为管理职业日常实践的指导。这是十分重要的。在这个或那个工厂中采用这个或那个原则将会收效甚微。管理必须把它的所有从业者联系为一个团体,追求共同的目标,意识到共同的目的,以共同的动机为激励,坚持合作信条,服从共同的行动准则,分享共同的知识财富。没有这一点,我们不仅不能保证效率,不仅不能希望团结一致,而且也不能确保稳定。

因此,作为本书的适当结尾,我将尽可能简要地陈述这样一种哲学的启示性的内容要点。不过，我并不期望人们原封不动地采用它，我宁愿期望它能够建立一个具体的开端，在对它的批评、解释、完善和修改中，最终能够形成一些可以接受的信条，去指导未来的管理实践。

工业管理哲学

I

工业的存在是为共同体的美好生活提供必需的商品和服务，无论共同体在什么范围内需要这些商品和服务。工业必须在充分保证质量的情况下以最低的价格提供这些商品和服务，并且以直接或间接地促进共同体的最高目标的方式分配这些商品和服务。

II

从广义上说，工业管理是任何负责指导工业达到上述目标的人们或阶层所从事的职能。因此，工业管理必须由某些原则所支配，这些原则是服务于共同体这一动机中所固有的。

这些原则包括：

第一，工业的政策、条件和方法必须有助于公共福祉。因此，以伦理的尺度评价这些政策、条件和方法，是管理方的任务的一部分。

第二，在这种伦理评价中，管理方必须尽力说明作为一个整体的共同体的最高的道德约束，这种约束不同于任何建立在群体利益或阶级利益基础上的约束，换句话说，管理方必须努力将通常被公共观念最无偏见地所接受的那些社会正义理想付诸实施。

第三,尽管共同体通过某种代表性的组织表达自己的决定,因而在决定诸如合理的工资和利润方面是最终的权威,但对于管理方来说,它作为共同体中必需的和受过高等训练的一部分,需要在自己的领域内尽可能采取主动,提升普遍的伦理标准和社会正义观念。

III

作为工业的一个综合分支,管理一方面与资方不同,另一方面与劳方不同。可以把管理分成三个主要部分:

第一,行政。它涉及决定公司的政策,协调财务、生产和分配,确定组织的范围,以及对执行官实行最终控制。

第二,狭义的管理。它在行政所确立的范围内执行政策,为实现已经确立的特定目标而使用组织。

第三,组织。它是这样一个过程:把个体或群体必须执行的工作与执行工作所必需的能力结合起来,以便使这样建立起来的职责为有效地、系统地、积极地、协调地运用人们的努力而提供最好的渠道。

IV

对于包括行政和组织在内的管理来说,在保持使工业建立在经济基础之上的同时,要去实现它之所以存在的目标,这既要开发个人的或人力的效率,包括工人个体、管理职员以及二者之间关系方面的效率,也要开发非人力的效率,包括工厂所使用的方法和物质条件方面的效率。

V

一般而言,这样的效率是通过管理而得到提高的:

第一,以确定操作和管理实践的标准为目标,通过科学的分析方法和对已证实的知识的综合利用,对每一个工业领域中的所有特征进行分析;把公认的科学运用于对它们所适合的那些工业特征的分析;逐步形成和完善管理的科学,它区别于它在实践中所运用的那些公认的科学。

第二,共同接受工业的明确动机和理想,并在由此带来的合作中,对所有服务于工业的那些人们的潜能的开发;实行影响生产中人的因素的政策,这种政策是工业对共同体的社会责任所要求的。

VI

通过这些一般方法去实现管理方面的效率,主要依赖于组织的结构,此种结构的基础应该是对所要执行的工作和所必需的能力的详细分析,而建立这种结构的原则应该是把人们的所有相关活动以有利于节约、持续发展和不断协调的方式结合起来。

VII

除财务和行政这两者之外——财务主要致力于资金的获得和使用,行政则决定狭义管理的领域、并最终控制和协调狭义管理的活动——根据上述原则,可以把狭义管理的各种活动划分为如下职能:

第一,在制造活动开始时所必不可少的那些职能:

设计活动,即决定产品的最终特性和种类、为产品的制造提供原料的那类活动;

装备活动,即提供并维持生产的必要手段的那类活动。

第二,处理实际生产活动的职能,该职能涉及技术和努力被运用于把原料转变为最终产品的所有活动。这项职能被大体上描述为制造职能。

第三,由促进产品制造所必需的工作而组成的那些职能:

运输,即把生产的各个单元联结起来、在制造过程中储存或搬运原料、以及为各种职能提供运输手段的那类活动;

计划,即决定工作的数量和进度的那类活动;

比较,即分析每一种职能工作、利用已经为各种职能建立起的科学标准来比较每种职能工作的那类活动;

劳动力人事,即关注生产过程中人的因素的运用和保持、以及促进所有从事生产的人们的合作。

第四,由产品销售活动所必需的工作而组成的那些职能:

销售计划,即根据可以利用的数据而确定销售政策和销售方法的那类活动;

销售执行,即实际处理和销售产品的那类活动。

VIII

为了确保工业中非人力因素或纯粹被看作是生产单元的人的因素达到最经济的利用而使用科学方法,这特别涉及以下方面:

第一,开展对管理方所承担或控制的每一项活动分支的研究和准确测量,伴随着对这样的研究所得出的数据进行试验和推导。

第二，形成和使用对实际构成每项职能的每一项工作的确切定义和陈述。

第三，在分析了任何活动的构成部分和它们的综合再建以后，确定制造和管理的参照和工作标准，它代表着当前对可期望取得的成就的一种合理而准确的评价。

第四，建立必要的监督、权威和机制以确保应用、坚持和改善这样的标准，按照这样的标准衡量实际工作，并把它们应用于制定最经济的生产和管理方式的计划活动之中。

IX

实施工业对于共同体的责任所要求的那种政策，涉及关于生产过程中人的因素——无论是体力因素还是脑力因素——的某些实践。这包括以下方面：

第一，在这样的人的因素与共同体的关系方面：(a) 承认共同体为了促进从事工业的人们的目的所可能建立的各种联合形式，并且与它们进行合作，这自然以共同体认为这样的目的无害于公共福祉为前提；(b) 在工业行为的必要的经济限度内，促进个体在自我发展方面发挥更高的才能，使他们更好地服务于共同体。

第二，在这样的人的因素与其工业工作的关系方面，通过以下方式促进个体和组织的有效努力：以令人信服的领导工作和公平的纪律作为激励，进而培养他们的共同忠诚和高度努力的精神；提供使个体能够合格有效地执行他们的工作的培训，同时，提高他们的一般心智能力；尽可能为每一个体提供需要发挥他们最好能力以及在任何情况都适合他们心智类型的工作；提供有助于达到最高工作效率的物质条件和精神条件;在个体的特定任务与企业的一般政策和进步方面,为人们兴趣的发挥提供合理和公平的激励及机会;在所有相关的生产活动中培养合作意识,把它作为一个工作原则。

第三,在这样的人的因素与作为个体的人的生活之间的关系方面:(a) 创造各种手段,使所有相关人员能够参与决定和维持开展工作所需的各种条件;(b) 提供必要的手段,以实现一个文明的共同体所要求的适当的生活标准;(c) 提供充分的闲暇,以维持作为工人和作为公民的个体的身心健康以及他们的能力的发展;(d) 在由于商业条件或其他不利环境所造成的非自愿失业这种偶然的艰难情况下,为高效员工提供安全保障;(e) 让员工分享工业繁荣的成果,获得相应的提升;(f) 按照一种严格的公平精神,指导在工业活动过程中产生的各种关系。

X

通过按照科学的分析和综合方法而完善工业的物的方面的标准,通过对关于个人的或人力的方面的管理原则和方法的推演确定,不论行业和企业的分支如何,通过分享知识和经验,形成一门截然不同于工业管理所应用的其他各种科学和任何特定工业技术的**工业管理科学**,是那些从事管理实践的人们的目标所在;发展这样一门工业管理科学,是为了形成一种支配工业的一般行为的准则,为了提高工业效率的总体水平以及提供一种衡量工业效率的标准,为了进一步的发展和改善而打下基础,为管理的职业实践建立一种必需的资格标准。

译 后 记

奥利弗·谢尔登(Oliver Sheldon,1894—1951)出生于英国的柴郡,毕业于牛津大学默顿学院,获得文科学士学位。第一次世界大战期间曾经服过兵役。其后主要是在英国朗特里巧克力制品公司工作,先后担任过公司经理、董事会董事等职。

现在来看,谢尔登作为管理哲学创始人的地位应毋庸置疑。他于1923年出版的《管理哲学》(*The Philosophy of Management*),以自己的企业管理经验为基础,以西方社会的工业管理为反思对象,在管理思想史上第一次创立了独特而深刻的管理哲学理论,是第一部自觉以管理哲学命名、第一次以真正的哲学意识对工业管理和企业管理进行审视、第一次系统提出和探讨了管理哲学许多重要问题的著作,形成了一种全面完整的思想体系。这样的重大贡献,使他成为管理思想史上第一位真正意义上的管理哲学家。

为了证明这一点,我们在这里愿意做一点简单的提示。从谢尔登管理哲学的整体内容来看,有三个主要思想决定了他的历史地位。第一个是,他在把工业管理看作是一个整体的同时,把它看作是社会共同体整体的一个部分,因而提出它必须服务于共同体整体的最高福祉。第二个是自觉以科学与伦理相统一的高度,深入分析了工业管理的根本原则、成长路线、内容特点、方式方法、评价标准,第一次突出澄明和强调了管理的哲学伦理维度。第三个是充分探讨和展现了管理的人性与社会性内涵,深刻阐明了管理的人文与社会要求,突出地从社会历史的演进中来分析和确定工业管理的主要问题和指导理念,这一思想,同样具有丰富而深刻的启发意义。

下面是对谢尔登的几个主要观点的陈列。显然,即使仅仅根据这种陈列,也可以充分表明他的思想的哲学意蕴和历史地位:

哲学是一种广泛追问的要求,面对日益扩展的管理,哲学必须追问管理的目的和本性,把管理的新发展与某种根本信念联系起来,并且根据某种终极目的来审视它们;

工业管理的最高目的是服务于整个共同体(社会)的福祉,为整个共同体的美好生活提供必需的商品和服务,它必须在充分保证质量的情况下以最低的价格提供这些商品和服务,并且以直接或间接地促进共同体的最高目标的方式分配这些商品和服务;

工业管理必须由下列原则所支配:工业的政策、条件和方法必须有助于公共福祉;管理方必须努力把公共观念中的社会正义理想付诸实施;管理方作为共同体中必需的和受过高等训练的一部分,需要在自己的领域内尽可能采取主动,提升普遍的伦理标准和社会正义观念;

生产中人的因素高于物的因素,管理方的管理必须把物的因素从属于人的因素;

正确地管理人,是工业管理的首要问题:人是具有思想、信念、动机和承担着多种社会关系的人,因此,需要尽可能按照人的这些本质要求管理人。

上述这些思想,无疑都是极其自觉、极其深刻的管理哲学思想,对于当今的管理理论与实践,显然具有极其重要的指导价值。

遗憾的是,当今国内外管理学和管理思想史的大多数研究,虽然强调了谢尔登的企业应该承担社会责任这一重要内容,但对他的整个管理哲学理论却还没有给予应有的高度评价。原因无疑是多方面的。西方学术规制下哲学与具体科学的明确划界应是一个主要原因。西方近代以来,各门具体科学与哲学逐渐分离,最终界定了各自的研究范围,各自成为相互独立、截然不同的学科。到了现代,以泰勒1911年出版的《科学管理原理》为标志,管理学产生,成为社会科学中一门独立的新学科。[①] 就在12年后的1923年,谢尔登出版了他的《管理哲学》。这一著作,一方面,由于出版在管理学诞生后不久,因而人们一般把它作为管理学发展的一个环节,同时另一方面,它在内容上的确十分不同于在此之前的泰勒、法约尔、韦伯的管理学,因为他的思想广阔而明确地深入到了管理的终极层次,所探讨的内容、观点在根本上属于他所命名的管理哲学范畴。由于现代以来具体学科对哲学的漠视,也由于现代西方逻辑实证主义对所谓"形而上学"的拒斥,最终造成了管理学这门年轻学科迄今为止对谢尔登管理思想重要性的严重低估。

目前,国内还没有见到对谢尔登《管理哲学》的翻译。同时,就

---

① 顺便指出,管理学在本质上是一门社会科学,是研究如何管理人、如何管理组织的科学,研究内容主要涉及如何确立组织的目标,如何激发人们的精神,如何协调人们的利益关系,如何整合人们的行为以实现组织目标等问题。由此,国内把管理学划归到自然科学中,是不够恰当的。

对谢尔登的研究而言,除了译者发表过一篇评价谢尔登管理的社会责任理论的论文、以及在《西方管理哲学》中对他的思想进行了比较系统的阐述之外,也还很少见到其他研究成果。这样来看,本书的翻译,对于完整了解和深入研究谢尔登的管理哲学,就是十分必要的。

  在本书的翻译过程中,译者态度十分认真,力求做到准确无误,通达意蕴。尽管如此,也肯定还存在不当之处,还望哲学界和管理学界的同仁提出宝贵意见。在搜集资料、研讨文本、文字校对的过程中,陈元、胡永嘉、邓济乾、宋作宇、洪澄等提供了大量认真有益的帮助,特别是洪澄,还与我同时进行了最后一遍通读,并在内容和表达方面提出了许多宝贵建议,使我的译文更加可读。所以,我对他们表示真诚感谢。

  商务印书馆陈小文先生对本书的翻译计划提供了大力支持,责任编辑朱希滨女士为本书的编辑出版付出了认真、辛勤和高质量的劳动。在此,我衷心地感谢他们的工作。

刘敬鲁

2010年12月19日

2025年修订重印说明

2013年,我翻译的谢尔登《管理哲学》由商务印书馆出版发行。十多年来,在国内管理哲学、管理学、管理实践等领域产生了重要影响。期间重印过一次,当时没有来得及对一些不够准确之处进行修改。这次重印,再次对照英文原版相关地方,校对得更加准确。

在我国,管理哲学仍然主要处于发展过程之中,理论内容的确定和体系建构还远不成熟,对中外历史上管理哲学思想的挖掘和阐发还未达到学科分类的精准要求,立足本土实际融合中外现代管理哲学的工作也才刚刚起步。这意味着管理哲学研究还存在很大创造空间。希望本书这次重印,能够对完成上述任务有新的促动。

这次重印,商务印书馆贾曼霖编辑付出了大量高质量的辛勤劳动,使得本书更加完善,我对她表示衷心感谢。

刘敬鲁
2025年1月

图书在版编目(CIP)数据

管理哲学/(英)谢尔登著;刘敬鲁译.—北京:商务印书馆,2013(2025.11 重印)
ISBN 978-7-100-09206-7

Ⅰ.①管… Ⅱ.①谢…②刘… Ⅲ.①管理学—哲学 Ⅳ.①C93-02

中国版本图书馆 CIP 数据核字(2012)第 105612 号

权利保留,侵权必究。

管 理 哲 学

〔英〕奥利弗·谢尔登 著
刘敬鲁 译

商 务 印 书 馆 出 版
(北京王府井大街36号 邮政编码100710)
商 务 印 书 馆 发 行
中煤(北京)印务有限公司印刷
ISBN 978-7-100-09206-7

2013年6月第1版　　开本 850×1168 1/32
2025年11月北京第3次印刷　印张 9¼
定价:58.00元